認識
職場
20

在大腦外思考

各領域專家如何運用身體、環境、人際關係，
打破只靠大腦思考、決策、學習、記憶的侷限

THE EXTENDED MIND

The Power of
Thinking Outside the Brain

ANNIE MURPHY PAUL

安妮．墨菲．保羅 著
龐元媛 譯

國內、外各界專家好評推薦

善用大腦外思考，破除學習侷限，教育工作者必讀！

——林怡辰　閱讀推廣者、資深教師

多年來，「往內」開發大腦的著作汗牛充棟，效果也因人而異。《在大腦外思考》作者反其道而行，尋找「往外」開發的方法。大量的科學文獻與合理的論述，讓人折服並躍躍欲試，非常推薦。

——姚侑廷　「姚侑廷的自學筆記」版主

沒想到原來大腦之外的思考還有這麼多的撇步，此書讓我看了大呼過癮！《在大腦外思考》作者所指導的每一個方法，都讓我躍躍欲試！

——愛瑞克　《內在原力》作者、TMBA共同創辦人許多人都曾向我說過，需要透過和另一個人談話，才能清楚知道自己在想些什麼。事實上，只限於自己封閉的內部思考是非常狹隘和缺少啟發的。《在大腦外思考》值得我們閱讀。

——蘇絢慧 諮商心理師

人類竟然能不只用大腦思考？不可思議！但《在大腦外思考》列舉了許多科學證據，讓你不得不信！

——蔡方之 《心理學便利貼》粉絲頁版主

《在大腦外思考》告訴你如何在理解大腦與身心運作的同時，進一步善用外在資源，優化大腦的最佳運作狀態，讓行為改變更有效率，進而發揮潛能、改善生活。

——陳志恆 諮商心理師、暢銷作家

身心並非二元，不管是心情或思考，都明顯受到生理狀態影響。譬如說，一個有睡飽的人，通常心情比較好，也容易朝正面思考。擴大來說，我們所在的人文與自然環境，跟我們的內在狀態也有密不可分的交互作用。

——洪仲清　臨床心理師

資訊爆炸的時代，我們都需要優化和「外部化」的大腦思考路線，才能活出有效率與效益的人生，《在大腦外思考》教你多種方法打破思考侷限。

——鄭俊德　閱讀人社群主編

《在大腦外思考》以專業解說大腦如何運作，從身體手勢操作、自然環境影響到關係互動，透過專家操作成果與文獻佐證，具體說明如何正確聰明思考。

——李政憲　林口國中教師、教育部師鐸獎得主、藝數摺學FB社團創始人

《在大腦外思考》作者是廣受好評的科普作家，這次她為我們揭開了思考的神祕面紗：我們最重大的思考如何在我們的頭殼之外進行。

——Adam Grant　《紐約時報》暢銷書《反思的力量（*Think Again*）》作者

《在大腦外思考》作者安妮．墨菲．保羅，解釋了為什麼少用點腦筋是更好的思考方式。將我們的心智擴展到身體、環境和人際關係，我們會更有效率地工作，也能更有創意地解決問題。這本書透過真實故事和科學研究，告訴我們這是怎麼一回事。

——Charles Duhigg 《為什麼我們這樣生活，那樣工作？》作者

科普作家安妮．墨菲．保羅在《在大腦外思考》說明了，我們可以如何「在大腦外思考」，也就是如何把外部的各種資源拉進我們的思路中。當我們只靠大腦思考時，其實是限制了自己。擴展我們的心智，就會打開各種新的可能性，讓我們更專注、更有創造力，也更有創意，簡言之，就是更聰明。

——Susan Cain 《安靜，就是力量》作者

《在大腦外思考》說明了我們的創意、我們的智慧，甚至我們的記憶，不只是儲存在我們的大腦裡，而是在圍繞著我們的世界中。這是一本深刻又有趣的書，邀請我們徹底重新認識思考這件事。

——Joshua Foer 《大腦這樣記憶，什麼都學得會》作者

結合最新的研究、真實的案例，以及深刻的洞見，《在大腦外思考》為我們提供了全新的架構，以了解我們的大腦是如何運作的。這本書是少數有趣到我一讀就停不下來的書，我一讀完就立刻應用裡面的知識來改變我的生活。

——Gretchen Rubin　《過得還不錯的一年》作者

正當我覺得自己被我的大腦所困住時，安妮．墨菲．保羅讓我知道，我可以做得更好！而且是非常地好！《在大腦外思考》以最新的科學研究告訴我們所有讓自己變得更聰明的方式：改造我們所處的環境、動一動我們的手腳，以及和其他人一起思考。這是一本非常具啟發性的指引，只要走出我們的大腦外，可以生活得更美好。

——Amanda Ripley　《教出最聰明的孩子》作者

充滿力量、可操作，以及有智慧的一本書，當你重新思索我們是怎樣進行思考的，《在大腦外思考》打開了通往各種新的可能性的大門。我可以掛保證，安妮．墨菲．保羅書中提到的概念、案例研究，以及以研究為基礎的操作方式，可以幫助你和你的團隊，以新的方式連結、創造和工作。

——Daniel Coyle 《高效團隊默默在做的三件事》作者

當你談到自我認同時，你身體、環境、文化的起點在哪，以及你大腦的終點在哪，都是沒有一條清晰的界線的。在這本精采的《在大腦外思考》，作者，安妮·墨菲·保羅揭開了「我們是誰」的龐大故事。

——David Eagleman 史丹佛大學神經科學家

引人入勝，《在大腦外思考》的內容有根有據，也涉獵廣泛。

——《華爾街日報》

目次

顯——坐著的放射科醫師，平均發現X光片有百分之八十五的異常處；邊走邊看的醫師則平均能找出整整百分之九十九的異常處……

第三章／以手勢思考 111

做手勢的人，是以人體去體現抽象的概念，是一種翻譯，讓旁觀者更能在大腦中模擬做手勢的人的觀點。也許最重要的是，手勢能讓人覺得，一家原本沒什麼存在感的企業，此時此刻卻是可觸及的現實。一個研究團隊表示，將手勢用於這種用途，在新創企業界就能獲得巨大優勢……

第二部 以我們的環境思考

第四章／以自然環境思考 139

人類經過幾十萬年的野外生活，已經完全適合青翠野外的環境，所以即使到了今天，我們的感覺與認知，仍能迅速且輕鬆處理自然環境中的某些特色。我們大腦能接收有機世界的頻率，但這種演化的校準，並不能讓我們適應現在幾乎一直待著的、近代才出現的新世界……

第五章／以人造環境思考 171

建築空間最重要的關鍵功能，除了遮風避雨，就是提供思考的安靜空間。這種具有保護作用的空間

第八章／與同儕一起思考 267

社會互動似乎是促進智慧思考的重要因素，但威曼發現，傳統大學課堂上似乎完全缺乏這種互動。以前上課就是學生坐著聽課，彼此之間並無交談。他開始改變上課方式，要在他的大學課堂上，重現將他實驗室研究生變成一流思想家的「心智歷程」……

第九章／與團體一起思考 299

在資訊氾濫、高度專業化、問題複雜的世界，個人的認知根本不足以應付所有挑戰。在這樣的環境下，一個大腦要獨自奮鬥以解決問題或是產生新構想都很不容易。除了獨自思考，還需要別的東西，必須營造一種對人類來說完全自然，卻又覺得陌生而新奇的狀態，即團體心智……

結論 335

中英名詞對照 350

導言

動筆寫一本關於如何聰明思考的書，就這個主題，包括認知科學家、心理學家、生物學家、神經科學家，還有哲學家，都能說上幾句。我在寫作過程中，參考這些學者專家的大作，常覺得他們彷彿透過論著，直接對我說：**「對，在寫書的，我說的就是妳！」**他們時而勸誘，時而堅持，時而爭論，時而警告，時而論斷。你把他們的建議一一攤開給讀者看，他們則丟出一個尖銳的問題：**「妳給別人的建議，妳自己做到了沒？」**

我讀到一段一百三十幾年前的文字，頓時覺得好像有人跟我當面對話。彷彿作者穿越攤開在我桌上的書頁，直接與我面對面。更嚇人的是，與我對話的作者是個令人畏懼的角色：德國哲學家尼采。就是那個目光凜冽，留著有點邪惡的小鬍子的尼采。

俏皮的尼采說道：「我們一下子就能看出，一個人的想法是從哪裡來的。我們只要看到一個人面向桌上的墨水池坐著，餓著肚子，埋首在紙張之中。我們馬上就知道，此人寫的書不值得一看！餓扁的肚子就是明顯的線索，不會有錯的，就好比小房間的空氣、小房間的天花板、小房間的狹窄空間，也暴露了真相。」

正在寫作的我，突然覺得自己置身的房間狹小得很，還不通風。

我看見尼采這段話的時候，正在撰寫探討身體動作如何影響思考的章節。尼采的這段話，出現在當代法國哲學家斐德利克・葛霍的著作《走路，也是一種哲學》。葛霍對於這個題目，也有一番見解。他說，不要以為作者寫的書，全是作者的腦袋生出來的。「想想作者的身體：他的雙手、雙腳、雙肩與雙腿。把他寫的書當成是身體的一種表述。在很多的書中，讀者都能感覺到作者坐著的身體，它彎折著、駝著背，縮得小小的。」

我坐著的身體感到內疚，在坐了一整個早上的椅子上動了動。

葛霍又說，「行走的身體」的創作能力，遠超過坐著的身體。他說，行走的身體「像一把用力拉開的弓，像一朵朝向陽光的花，向遼闊的空間敞開。」他又說，尼采曾經寫道，我們應該「能不坐著就不坐著。他認為唯有在開闊空間自由活動的身體，才能出產有價值的思想。」

這幾位哲學家朝我步步進逼，我闔上筆記型電腦，出門散步去。

當然我並不全是因為他們的話才這麼做。我的研究到了這個階段，已經看過幾十項實證研究。這些研究證實，人體活動一陣子之後，注意力會更集中，記憶力與創造力也會提升。我自己也發現，我的雙腿往前走，眼前閃過一連串景象，心率微微升高，確實也會改變我的大腦。我再回到書桌前坐下，瞬間解決了一個折騰我一早上的難解概念問題。（我只希望我寫出來的文章，也能像葛霍說的：「保有並展現身體的活力與輕快。」）我的大腦究竟是能自行解決問題，還是需要活動的肢體幫忙？

我們的文化堅稱，大腦是思考發生的唯一地點，是一個隔絕的空間，認知在裡面發生，就像我的筆記型電腦的運作，也是發生在封閉的鋁殼內部。這本書則要提出相反的主張：大腦比較像我走路途中所看見正在築巢的鳥兒，這裡採一條線，那裡拔一根細枝，用現有的零碎材料，建構出一個整體。對人類來說，這些零碎材料就是我們的身體的感覺與動作、我們學習和工作的實體空間，以及與我們互動的其他大腦，包括我們的同學、同事、老師、上司還有朋友。有時候這三項合作無間，阿莫斯．特沃斯基與丹尼爾．康納曼傑出的知識分子團隊就是明證。這兩位心理學家率先研究啟發式教育法以及偏誤（也就是人類心智走捷徑、扭曲）的習慣。他們的研究方式，多半是一起步行，說話，走過耶路撒冷熱鬧的街道，也走過加州沿岸連綿的山丘。康納曼說：「我這輩子最精闢的思考，是跟阿莫斯悠閒散步途中出現的。」

探討人類認知的專書、理論與研究不少（包括特沃斯基與康納曼的），帶給我們無數啟發，但還是侷限在「思考只發生在大腦裡」的觀念。很少人探討人類如何運用世界來思考，包括雙手的手勢、素描本的空間、聽別人說故事，或是指導別人。這些「神經外」輸入，改變了我們的思考方式，甚至可以說是思考過程的一部分。但**這種**認知模式的研究在哪裡？我們的科學期刊的立論前提，多半主張大腦是一個脫離肉體、沒有固定位置、無社會性的實體，是「大桶中的大腦」。我們的史書所講的故事，把改變世界的創舉，歸功於個人自行歸結的偉大思想。但有一種平行的敘述，一直擺在我們所有人眼前：大腦之外的思考密史。科學家、藝術家、作家、領導者、發明家、企業家，全都把世界當成編織思路的原料。這本書要發掘這段鮮為人知的傳說，要揭露人類之所以能發揮智慧與創造力，成就不朽偉業的真正原因。

我們在這本書會發現，遺傳學家芭芭拉．麥克林托克如何運用想像力，「體現」她所研究的植物染色體，進而獲得重大發現，贏得諾貝爾獎。心理治療與社會評論先驅蘇西．奧巴赫，是如何留意自己身體內部的感覺（這種能力叫做**內感受**），進而察覺她的病患的感受。我們也會發現生物學家詹姆士．華生，是如何擺弄他自己從硬紙板剪下的圖案，從而判斷出DNA的雙螺旋結構。作家羅伯特．卡羅又是如何運用一整面牆的大小，鉅細靡遺安排他筆下傳記人物的人生故事。我們會探討病毒學家約納斯．沙克，是如何在十三世紀的義大利修道院閒逛之時得到靈感，才得以完成他的小兒麻痺症疫苗研究。藝術家傑克森．波拉克搬出最繁華的曼哈頓市中心公寓，移居到長島綠意盎然的南叉半島的一間農舍，進而掀起一場繪畫革命。我們也會現，皮克斯動畫的導演布萊德・博德之所以能拍出《料理鼠王》、《超人特攻隊》這樣的現代經典電影，是因為與他合作多年的製作人發生爭執，而且是激烈的爭執。另一位贏得諾貝爾獎的物理學家卡爾・威曼也發現，促使學生彼此對談，是引發學生像科學家一樣思考的關鍵。

這些例子推翻了「大腦有能力、而且也應該一切自己來」的主流觀念，反而是「我們以身體、空間、關係思考，能得到最有智慧的思想」的鮮明例證。但就像尼采盛讚步行的好處是有憑有據的，在大腦之外思考的成效，也絕非道聽塗說，而是有實例為證。三個相關領域的研究發現，神經外資源確實是我們思考過程的核心。

首先是**體感認知**研究，亦即探討身體在我們的思考中所扮演的角色。例如做手勢能讓我們言語更流暢，更能理解抽象概念。第二種是**情境認知**研究，探討我們所在的場所對思考的影響。例如能帶給我們歸屬感，或是自己能控制的感覺的環境線索，為何能提升我們在那個環境的表現。第三種是**分布認知**研究，探討跟別人一同思考的效應。例如，團體合作要如何協調各自的專業（這個過程叫做「交換記憶」），以及為何團體成員的合作，成效會超越成員各自進行的成效的總和（這個現象叫做「集體智慧」）。

我身為記者，二十多年來報導心理學與認知科學研究，這些領域的研究結果，我是越看越興奮。這些研究總結起來，似乎指向同一個道理：我們的聰明才智是來自大腦**外面**的東西。這個主張深深影響我們的教育、工作，以及日常生活。唯一的問題是，沒有「總結」，沒有一個總括的架構，將這些眾多的結論，整理成連貫的整體。這三個領域學科的研究學者，在不同的期刊、不同的研討會發表研究成果，很少探討彼此的專業領域之間的關連。能不能有一個統一的概念，把這些很有意思的研究結果串連在一起呢？

又有一位哲學家拯救了我：這次的救星是英格蘭薩塞克斯大學認知哲學教授安迪・克拉克。他在一九九八年與另一位學者發表〈擴展的心智〉一文，一開頭就提出一個看似簡單的問題：「心智的終點與世上其他事物的起點，究竟在哪裡？」克拉克以及這篇論文的共同作者，也就是哲學家戴維・查爾莫斯發現，我們向來以為心智只在腦袋裡，但他們主張「頭顱與皮膚沒什麼了不起」。大腦之外的世界的元素，能「擴展」我們的心智，我們就能以僅憑大腦無法做到的方式思考。

克拉克與查爾莫斯一開始的分析重點，是**科技**如何擴展我們的心智。這個題目很快就從荒謬可笑，變成不證自明：自從他們的讀者有了智慧型手機，便開始把他們大部分的記憶轉到新手機上（另一位哲學家奈德・布洛克說，克拉克與查爾莫斯的論點，在一九九八年發表的時候並不成立，後來卻成立了，也許是因為二〇〇七年蘋果推出了第一隻 iPhone 手機）。

但克拉克早在發表那份原始論文之前，就暗示還有其他方式能擴展人類的心智。他跟查爾莫斯問道：「社會能不能擴展人類的認知？我的心智狀態，會不會有一部分是來自其他思想者的心智狀態？我們沒有理由否定這種可能。」後來的那幾年，克拉克繼續發掘能擴展心智的其他實體。他主張我們的身體動作與手勢「在擴展的神經與身體認知經濟性（cognitive economy）上，扮演重要角色」。他說，人類傾向創造「設計環境」，也就是一種精心打造的空間，「改變並簡化我們的大腦為了解決複雜問題而必須執行的運算工作」。克拉克後續又發表了許多論文與著作，提出一個廣泛又有力的理論，駁斥他所謂的「侷限於大腦」的觀點。「侷限於大腦」的意思是：思考只發生在大腦裡。他提倡自己稱之為「擴展」的觀點，也就是世界上豐富的資源有能力、也確實會進入我們的思路。

你可以說我改變了信仰。擴展心智的概念就此擄獲我的想像力，至今仍未放手。在此之前，我多年來的記者生涯從未遇見過一種思想，能徹底改變我思考、工作、育兒，以及日常生活的方式。我發現克拉克的大膽建議並不是（或者並不只是！）一位象牙塔哲學家晦澀難懂的思想實驗，而是一種很務實的邀請，鼓勵大家換一種更好的思想方式。我開始列舉學者專家測試過、驗證過的幾十種在大腦之外思考的方法，同時自己也積極實踐。

這些方法包括鍛鍊更敏銳的內感受能力，進而運用體內信號進行決策，管理我們的心智歷程。還要懂得運用某些類型的手勢或身體動作，提升我們的記憶力與注意力。這些研究告訴我們如何藉由接觸大自然，恢復專注力，增強創造力，也建議我們該如何設計學習與工作環境，生產力與表現才會更好。我們在這本書所提及的研究，會告訴我們如何藉由有結構的社會互動，吸收他人的認知，增益自己的認知，也教導我們將自己的思想卸載、外化，與自己的思想靈活互動，成效將遠遠超過「只用大腦思考」。

後來我發覺，自己正在經歷二次教育，而且二次教育的內容，在我們所重視的大腦教育當中越來越重要，卻幾乎總是被忽視。我們用了許多年，念完小學、高中，甚至還完成大學與研究所學業，但一路上從未有人明確告訴我們，要在大腦之外思考。從來沒有人教導我們，如何運用身體、環境與關係，進行有智慧的思考。但我們只要知道該請教誰，就能得到這些資訊。我們的老師是自行參透這些方法的藝術家、科學家，以及作家，還有終於開始研究這些方法的學者。

至於我自己，我認為如果沒有這本書詳細介紹的方法，我不可能寫出這本書。有時候我也會重回我們的文化的預設模式。我本來一直停留在只用大腦思考的模式，「埋首於」我的鍵盤，鞭策我可憐的大腦更努力工作，而不去想辦法擴展大腦，直到那天早上有幸得到尼采的開示。我很慶幸我的研究提醒了我自己，而這本書也要輕輕地提醒讀者，走向更具生產力的方向。

帶我認識尼采金玉良言的法國哲學家葛霍，主張思考者應該要活動身體，「尋找不一樣的光」。他發現「圖書館總是太暗」，在圖書館寫出來的書，也帶有一種沉悶的昏暗，而「其他的書則是流露出山上耀眼的陽光，或是在陽光下閃耀的海洋」。我希望這本書也能帶來不一樣的光，在我們身為學生與工作者，身為父母與國民，身為領導者與創作者的思考過程中，注入一股新鮮空氣。我們的社會正面臨空前的挑戰，因此我們必須聰明思考，才能克服挑戰。多數人依循的只用大腦思考的模式，顯然無法滿足這種需求。我們到處都能看到注意力與記憶力、動機與堅持，以及邏輯推理與抽象思考的種種問題。真正的原創與創新似乎很稀少，學校與企業的參與率也低迷。團隊很難有效合作，成效也不盡理想。

我發現之所以會有這些問題，主要是因為很多人根本誤解了思考發生的方式與**場合**。我們要是繼續將就於只用大腦思考，就會繼續受困於大腦的侷限。只要拿出決心，掌握技巧，突破大腦的侷限，就能徹底改善思考方式。思考可以變得跟我們的身體一樣靈動，跟我們的空間一樣通風，跟我們的關係一樣豐富，也跟整個廣大的世界一樣遼闊。

前言

在大腦之外思考

用你的腦袋。

這句話你聽見過幾次？說不定你還跟別人說過，也許是對你的兒女、學生、員工說。也許你跟一個特別棘手的問題搏鬥，或是努力保持理性的時候，也曾對自己輕聲說：**「用你的腦袋！」**

無論在學校、職場，或是在日常生活的種種考驗，我們常聽見這句話。類似的訊息隨處可見，從高端到低端文化，從羅丹塑造的那位下巴放在拳頭上、陷入深思的「沉思者」，到各種產品與網站，例如教育類玩具、營養補充品、認知訓練課程上常見的圓滾滾的漫畫大腦圖案。我們講這句話，想表達的意思是：發揮你豐沛的腦力，運用你頭顱裡面那一大塊組織。我們很信賴那一塊組織，不管是什麼問題，我們都相信大腦能解決。

但是，這種觀念萬一是錯誤的怎麼辦？「用你的腦袋」這句話儘管很普遍，但萬一是錯誤的怎麼辦？急速增加的研究顯示，我們完全弄反了。實情是我們過度使用大腦，反而有損智慧思考的能力。我們應該要在大腦**之外**思考。

所謂在大腦以外思考，意思是巧妙運用我們的頭腦之外的實體，也就是我們的身體的感覺與動作，我們學習、工作的實體空間，以及我們身邊的人的心智，把它們納入我們自己的心智歷程。我們到大腦之外，善用這些「神經外」資源，就能更專注、更深入理解，創作也會更具想像力，還能想到僅憑大腦絕對無法想到的構想。我們確實比較習慣把我們的身體、空間與關係，當成思考的**主題**。但我們也可以**運用**、**透過**它們來思考。例如我們憑藉雙手的動作，能理解、也能表達抽象概念，或是布置能夠激發構想的工作環境。從事教學、講故事之類的交流活動，就能擁有更深層的理解，更精確的記憶。我們與其鞭策自己與他人要用腦袋，還不如善用神經外資源，努力跳脫頭顱狹隘的框架，在大腦**之外**思考。

但你可能會問：「等一下，何必那麼麻煩？光用大腦思考不就夠了嗎？」其實不夠。我們一直以為，人類的大腦是無所不能的萬用思考機器。那麼多公開的新發現，一再提及大腦驚人的能力，快如閃電的思考速度，還有千變萬化的可塑性。人家說大腦是深不可測的奇蹟，「全宇宙最複雜的結構」。但這些誇大的言詞之下，藏著不爭的事實：大腦的功能其實只有少少幾樣。過去幾十年來，科學界比較不為人知的真相是，越來越多研究學者發現大腦的**侷限**。人類大腦的專注力有限，記憶力有限，理解抽象概念的能力有限，持續處理困難工作的能力也有限。

重點是，**每個人**的大腦都有這些侷限。這跟個人智商的差異無關，而是跟每個人都擁有的大腦的特質、生理架構，以及演化過程有關。大腦有些功能**確實**很發達，例如感覺身體與移動身體、在空間當中掌握方向，以及如何與其他人產生連結。這些事情大腦都能勝任愉快，簡直不費吹灰之力。但要準確記得複雜資訊？進行嚴謹的邏輯推理？理解抽象或違背直覺的想法？那可就沒那麼厲害了。

於是，我們面臨兩難困境，一個無人能逃過的困境。現代世界複雜至極，資訊充斥。這些資訊以非直覺觀念為基礎，蘊含概念與符號。要在這樣的世界成功，需要堅定的專注力、極強的記憶力、巨大的腦容量、持久的積極性，還要具備嚴謹的邏輯能力，以及抽象概念的理解力。我們大腦的生理功能，與現代生活的需求之間，存在十分巨大而且還不斷變大的差距。每逢實驗結果發表，我們對世界的直覺「通俗」理解，與科學研究所呈現的真實世界之間的差距就更明顯。每次有大量資料湧進人類的知識庫存，我們天生的能力相較之下就更顯不足。世上問題的複雜程度每升一級，我們僅憑大腦就更無力解決問題。

面對現代生活的種種認知挑戰，然而，我們的應對之道卻是更努力奉行哲學家安迪・克拉克所稱的「侷限於大腦」的思考。問題是，僅僅依賴大腦的能力，完全不足以應付需求。我們敦促自己還有其他人咬牙硬拚，「做就對了」，**更努力思考**。但硬拚的結果往往是失望，我們常說大腦具有可塑性，然而，大腦裡面裝的東西卻是頑固得很。我們面對大腦的侷限，只覺得我們自己（或是我們的子女、學生、員工）純粹不夠聰明，或是缺乏「恆毅力」。其實真正有問題的，是我們處理自己的心智不足的方式，要記住，每個人的心智都有不足。我們處理的方式，說穿了就是（詩人威廉・巴特勒・葉慈在另一個情境說的）「用意志力去做想像力該做的事情」。聰明的做法不是給大腦更大的壓力，而是學會發揮大腦以外的力量。

在十七世紀法國劇作家莫里哀筆下的喜劇《中產階級紳士》，一心想成為貴族的朱爾丹先生發現散文與詩歌的差別，頓時欣喜若狂。他喊道：「天哪！原來我四十多年來講的都是散文，我自己都不知道！」同樣的道理，我們要是知道，原來我們早就會將神經外資源用於思考的過程中，原來我們**早就**懂得在大腦外思考，應該也會大表驚奇。

這是好消息。壞消息是我們常常不經意這樣做，沒什麼刻意，也不需要技巧。會這樣子並不奇怪。我們的教育與訓練，還有管理與領導，幾乎完全只是將目標放在強化大腦思考的能力。從小學開始，我們受到的教育就是好好坐著別亂動，安靜念書，努力思考。接下來的許多年，一路到高中、大學還有職場，都是依循這種心智活動模式。我們養成的技能，學到的技巧，全都需要用腦袋：把資訊輸入記憶中，進行內部推理與思考，努力鞭策自己，激勵自己。

但我們這一路上，完全沒有培養在大腦外思考的能力，例如沒人教我們傾聽身體內部的訊號，去領會那些能正確指引我們的選擇與決策的感覺。我們沒學到以身體的動作與手勢，理解科學、數學這些非常概念化的學科，也不知道要怎麼想出全新原創的思想。學校沒有教導學生，只要接觸大自然與戶外環境，原本耗盡的注意力就能恢復，或是該怎麼安排念書的環境，才能擴展有智慧的思考。老師與主管也沒有教我們將抽象概念化為能操作、能改變的實物，才能有所領悟，也才能解決問題。也沒人教導員工，藉由模仿與替代學習這些社會行為，能更迅速培養專業。課堂分組與職場團隊也沒有接受訓練，不懂得以經過科學驗證的方法，提升團隊成員的集體智慧。我們在大腦外思考的能力，幾乎全無培養，全無開發。

會有這種忽略，是因為我們具有所謂的「以神經為中心的偏誤」，意思是說，我們將大腦理想化，甚至盲目崇拜，因此看不見認知在大腦之外的各種延伸。（正如喜劇演員艾摩・菲利浦斯曾說：「我本來以為大腦是我全身上下最完美的器官，直到我發現這個想法是從哪裡來的。」）但從另一個角度看，這種幾乎全天下人都有的通病，顯然也是一種良機，能讓我們看見許多未實現的潛能。多年來，科學與主流文化都有忽視在大腦之外思考的問題，直到最近才有所改變。現在可不是這樣了。心理學家、認知科學家，以及神經科學家現在能夠解釋，神經外資訊如何影響我們的思想，甚至還能指導我們善用大腦之外的這些資源，提升我們的思考。這些發展反映出一種趨勢，也就是我們對於心智，對於我們自己的理解，已經有所不同。

但首先，為了了解我們曾走過的路，還有未來的方向，我們應該先回顧過往，回到我們目前對於大腦的觀念誕生的那一刻。

⁂ ⁂ ⁂

一九四六年二月十四日，美國費城摩爾電機工程學院萬頭攢動。就在這一天，學院要公開展示珍藏寶物：ＥＮＩＡＣ電腦。在學院一間上鎖的房間裡，電子數值積分器及計算機隆隆作響。這是世上第一台極快速度運算的機器。體積巨大，重達三十公噸的ＥＮＩＡＣ電腦含有大約一萬八千隻真空管、大約六千個開關，以及超過五十萬個銲接處，總共花費超過二十萬工時打造。

這台跟公車一樣大的新玩意，是摩爾電機工程學院隸屬的賓州大學兩位年輕科學家約翰·莫奇利與小約翰·皮斯普·埃克特的心血結晶。ＥＮＩＡＣ電腦開發案由美國陸軍資助，目的是要計算在歐洲參戰的美軍砲兵的砲彈軌跡。為了讓軍方引進的新武器能發揮效用，必須製作軌跡表。這可是件苦差事，需要幾個團隊的「活人計算機」二十四小時輪班。若是能有一台機器能迅速、精準完成任務，軍方就能握有無比的優勢。

離二次世界大戰勝利日，已經過了六個月，戰時需求逐漸被不斷成長的經濟需求取代。莫奇利與埃克特在此時召開記者會，向世人介紹他們的發明。他們兩位精心準備這場記者會，打造不少舞台效果。嘎嘎作響的ＥＮＩＡＣ電腦努力執行任務之時，電腦蓄電池內建的三百個霓虹燈會同時閃爍。外號叫「皮斯」的埃克特覺得這些小燈泡的效果不太起眼。在記者會當天早上，他跑出去買了一堆乒乓球，把每一個切成兩半，寫上號碼，再把這些塑膠半球，貼在霓虹燈泡上面，燈泡一亮就發出燦爛光芒，尤其是在室內天花板上的燈光調暗以後。

到了既定的時間，ＥＮＩＡＣ電腦所在的房間的門開了，一群嘰嘰喳喳的官員、學者、記者魚貫而入。實驗室成員亞瑟·柏克斯站在笨重的機器前迎接來賓，希望來賓能感受到這一刻何等重大。他說，打造ＥＮＩＡＣ電腦的目的是執行數學運算，而這些數學運算「如果執行得夠快，有朝一日也許能解決所有問題」。他說，今天的示範，他首先要請ＥＮＩＡＣ電腦將九萬七千三百六十七這個數字連乘五千次。現場的記者埋首於筆記本。他說：「仔細看，不然一不小心就錯過了。」說完按下按鈕。記者都還來不及抬頭，運算就已經完成了。執行結果出現在一張打孔卡片上，送到柏克斯的手上。

接下來柏克斯提出的問題，正是當初打造ENIAC的原因。他請ENIAC計算一顆花了三十秒從砲口飛行到目標的砲彈軌跡。一群專家通常需要三天才能算出來，ENIAC只用了二十秒就計算完畢，比砲彈本身飛行的速度還快。潔茵・芭蒂克是協助設計ENIAC程式的女性工程師先驅的其中之一，當時也在場協助示範。她說：「從來沒聽說有一台機器運算速度如此之快，在場的每一個人，即使是知名數學家，簡直不敢相信自己親眼見證的速度。」

隔天，全球各大報皆是一片對於ENIAC的溢美之聲。《紐約時報》頭版報導：「費城訊：戰爭的最高機密，一台神奇的機器，史上第一次以電子速度，解決迄今繁重難解的數學問題，今晚由美國戰爭部於本市公開。」《紐約時報》記者小甘迺迪似乎對於親眼所見的奇蹟讚嘆不已：「這台機器絕頂聰明，」他寫道：「發明它的人已經拿不出能難倒它的問題。」

ENIAC的問世，不僅是科技史上的里程碑，也是**我們如何了解自己**的轉捩點。這台機器剛推出的時候，常有人拿它與人類大腦比較。報章雜誌盛讚ENIAC是「巨型電子大腦」、「機器人大腦」、「自動化大腦」，以及「大腦機器」。但不久之後，這個類比就顛倒過來，變成常有人說**大腦**像**電腦**。一九五〇與一九六〇年代席捲美國大學的「認知革命」的核心思想，確實是將大腦看成活生生的運算機器。第一代認知科學家「真的認為大腦是一種電腦，」布朗大學的史蒂文．史洛曼教授說，「也把思想當成是一種在人類大腦內部執行的電腦程式。」

數位時代開始之後，大腦像電腦的比喻也只是變得更主流、更普遍，不只是研究學者這樣說，普羅大眾也這樣說。這個比喻就像一種思想運作的架構，時而明示，但通常是暗示。按照這個比喻，大腦是一台獨立的資訊處理機器，封閉在頭顱之內，一如ＥＮＩＡＣ關在上鎖的房間。由此可得到第二個推論：人類的大腦有其特質，類似十億位元組的ＲＡＭ，以及百萬赫茲的處理速度，很容易計算、比較。接著誕生的是第三個，或許也是最重要的推論：有些人的大腦，好比有些電腦，真的就是**比較好**，含有更多記憶儲存空間，更強的處理能力，更高解析度的螢幕。

直到現在，我們對於心智活動的觀念與言論，仍然深受「大腦像電腦」的比喻影響。但我們對大腦的觀念，也受其他因素影響。ＥＮＩＡＣ問世五十年之後，另一種類比躍居主流。

＊＊＊

一篇新聞報導的粗體字標題印著：「新研究證實大腦與肌肉皆可鍛鍊」。那是二〇〇二年，哥倫比亞大學研究生麗莎・布萊克威爾與心理學教授卡蘿・杜維克合作，將這篇報導的影本，發給紐約市某公立學校滿滿一教室的七年級生。師生二人想測試一項新理論，研究我們對大腦的概念，是否會影響我們的思考能力。在這項研究，布萊克威爾要引導學生進行八堂吸收資訊的課程。這一堂是第三堂，學生必須輪流朗讀新聞報導內容。

「很多人認為一個人聰明、普通或是愚蠢都是天生的，而且一輩子都不會改變。」一位學生開始唸道，「但新研究發現，大腦其實比較像肌肉，使用後就會改變，會更強壯。」另一位學生接著唸道：「大家都知道舉重能讓肌肉變大，身體也會更強壯。一個剛開始運動的人，無法舉起二十磅，經過長時間運動，就會強壯到能舉起一百磅。這是因為運動能讓肌肉變大，變得更強壯。一旦停止運動，肌肉會縮小，身體就會變弱。所以很多人說：『不用就會失去！』」教室泛起一陣咯咯笑聲。「但是，」第三位學生接下去唸，「大多數人並不知道，我們練習以及學習新東西的時候，大腦某些部分會改變，變得更大，很像運動過後的肌肉。」

杜維克的概念，正是她一開始稱之為「智慧漸進理論」、最後成為世人熟悉的「成長心態」。她認為連結起來的心智活動，能讓我們更聰明，就好比劇烈運動能讓我們更強壯。她與幾位同事合寫一篇文章，提及他們先前在學校進行的研究。文章寫道：「重點在於學習會形成新的連結，進而改變大腦，而且整個過程都在學生的掌握之中。」從這些初始研究開始，成長心態逐漸成為一種廣為人知的現象，造就了暢銷數百萬冊的《心態致勝》一書，也衍生出無數針對機關與企業，以及學生與教師所舉辦的演講與研討會。

這一切的核心就是一個隱喻：大腦就像肌肉。依據這個比喻，心智就像二頭肌或三角肌，是一種生理實體，力量因人而異。另一種源自心理學，同樣廣為人知的概念，也蘊含這種比喻。這個概念叫做「恆毅力」。賓州大學心理學家安琪拉・達克沃斯將「恆毅力」定義為「追求長期目標的堅持與熱情」。她在自己的著作也呼應杜維克的理論。她在二〇一六年出版的暢銷著作《恆毅力》寫道：「就像肌肉越使用就會越強壯，你努力克服新的挑戰，大腦也會改變自己。」這本書強調要多多善用個人的體內資源，與大腦類似肌肉的比喻一拍即合。也有一些廠商推出所謂的「認知適能」運動，更凸顯大腦與肌肉的相似程度。類似「認知適能」、「大腦健身房」之類的商品，吸引數百萬名懷抱希望的使用者。（大腦與肌肉的比喻太過普遍，有些科學家擔心會助長「神經迷思」，也就是關於大腦的常見錯誤觀念四處散播，因此開始澄清大腦**並不是**一種肌肉，而是由稱做為神經元的特別細胞所組成的器官。）

「大腦像電腦」與「大腦像肌肉」這兩種比喻，有一些共同的主要假設：大腦是封閉在頭顱內部的獨立的東西。這個獨立的東西能決定人類的思考能力。這個東西有穩定的特質，很容易衡量、比較、排名。這些假設聽起來很自然，很熟悉。即使在首次提出的時候，也並不顯得特別新奇。幾百年來，一直有人將大腦比喻成機器，比喻成當時看起來最先進的機器：液壓泵、機械鐘、蒸汽機、電報機。

哲學家約翰·希爾勒在一九八四年的演說表示：「我們不太了解大腦，所以經常喜歡從最新的科技角度去理解大腦。在我小時候，大家總是說大腦就像電話總機。」他說，老師、父母，還有其他大人，全都把大腦比喻成總機，因為「不然還會是什麼？」

多年來也有不少人將大腦比喻為能透過運動鍛鍊的肌肉，例如十九世紀與二十世紀初的醫師與健康專家，就大肆推廣這種比喻。約翰·哈維·凱洛格醫師在他一八八八年出版的《生理學與衛生學的第一本書》，提出一個與卡蘿·杜維克非常類似的主張。他向這本書鎖定的年輕讀者問道：「我們要強化肌肉，會怎麼做？難道不是每天努力鍛鍊？運動能壯大肌肉。我們的大腦也一樣，我們認真念書，把書念好，大腦就會更強大，念書也會更輕鬆。」

根深柢固的歷史根據，也呼應這些比喻。這些歷史根據也有深厚的文化基礎。大腦像電腦、大腦像肌肉的比喻，與我們社會重視的個人主義非常契合。個人主義主張我們是獨立自主的個人，擁有僅屬於我們自己的能力。這些比喻也符合我們的文化「好，更好，最好」的思考傾向。科學家與作家史蒂芬·古爾德曾經發表「我們的哲學傳統最古老的問題與錯誤」，其中就有根深柢固的「將東西按照價值，由低而高線性排列」的傾向。無論是我們自己還是其他人的大腦，都將電腦區分為快或慢，肌肉則區分為強與弱等等。

我們之所以接受這些關於大腦的觀念，似乎跟根深柢固的**心理**因素有關。「大多數的智慧蘊藏在我們的腦袋裡」的想法，與人類共有的思考模式相符。這種思考模式是心理學家所謂的「本質主義」，意思是說我們遇見的每一個實體，都擁有能定義這個實體的內在本質。「每個我們研究過的社會，都有本質主義，」耶魯大學心理學教授保羅・布魯姆表示，「它似乎是我們的世界觀的基本元素。」我們會思考長久的本質，而不是不斷改變應對外部影響的策略，因為我們覺得我們的心智比較容易處理長久的本質，處理起來的情緒也較為愉悅。從本質主義的觀點來看，人只有聰明、不聰明兩種。

我們對心智的假設，也就是「心智的特質是因人而異的，與生俱來的，而且品質有好有壞」，背後的歷史、文化與心理學基礎，是這種假設最有力的後盾。這種假設深深影響了我們對於心智活動的本質，對於教育與工作方式，以及對於自身與他人的價值的觀念。所以一想到這些觀念可能完全錯誤，確實令人不安。要理解這個錯誤，我們必須研究另一個比喻。

⁂ ⁂ ⁂

二〇一九年四月十八日早晨，南韓最大城市首爾多台電腦螢幕突然熄滅。在這個面積六百〇五平方公里、居民一千萬人的大都市，學校與辦公室的燈光熄滅，路口的紅綠燈熄滅，電動火車行駛速度變慢，最後完全停止。相較於大停電的影響範圍，起因可說是渺小得很：喜鵲造成停電。黑白相間的喜鵲在電線杆與輸電塔築巢。喜鵲與烏鴉、橿鳥、渡鴉同屬鴉科動物，最為人所知的特色，就是懂得就地取材築巢。我們看過喜鵲幾乎什麼材料都能拿來築巢，不僅是細枝、細繩與苔蘚，甚至還有牙線、釣魚線、塑膠碎片、筷子、湯匙、吸管、鞋帶、眼鏡鏡框，還有槌球球門。一九三〇年代美國爆發黑色風暴事件，西部大片植被消失，喜鵲的鴉科親戚還會用有刺的鐵絲網築巢。

在人口密集的現代首爾市區，樹木與灌木稀少，喜鵲只能就地取材，拿金屬曬衣架、電視天線、鋼絲築巢。這些材料都會導電，所以喜鵲在首爾高高的輸電塔上築巢，電流就經常受到干擾。韓國電力公社指出，喜鵲每年在韓國各地引發數百起停電事件。韓國電力公社的員工每年移除超過一萬個鳥巢，但喜鵲馬上就會重建新巢。

喜鵲是電力公司的天敵，但喜鵲的活動卻很像人類大腦的運作。可以說我們的大腦就像喜鵲，運用周邊的材料製作成品，將到處蒐集來的零零碎碎的材料，編織成一條條思路。把這個比喻，跟「大腦像電腦」還有「大腦像肌肉」的比喻放在一起，顯然「大腦像喜鵲」的比喻非常不同，對心智歷程的詮釋也很不一樣。首先，要說明的是，思想不只會發生在頭顱裡面，也會發生在頭顱以外的世界。思想是一種運用大腦之外的資源，不斷組合與重新組合的行為。其次，還有一個重點：能拿來「思考」的材料，會影響最終產出的思想的本質與品質。最後：一個人正確思考的能力，也就是智慧思考的能力，並不是固定的，而是一種時時變動的狀態，過程中必須使用、且要懂得如何使用神經外的資源。

坦白說，這的確是關於思考的全新觀念，也許我們會覺得難以接受。但幾種科學領域都出現越來越多的證據，證明這確實極為貼近人類認知的真實運作模式。此外，這還是一種可以激發構想的概念，因為能開創許多提升思考能力的機會。這個概念來得正是時候。近年來，重新定義大腦的運作方式，已經變成一種當務之急，因為我們發現，兩種對立的力量對我們的擠壓越來越嚴重：我們越來越需要在大腦之外思考，卻又越來越堅持只用大腦思考。

第一，說到我們越來越需要在大腦之外思考，很多人應該也發現，我們生活步調越來越快，在學校、職場的種種責任越來越複雜，對思考的需求逐漸升高。我們必須處理的資訊**更多**。我們必須處理的資訊來得**更快**。而且，我們必須處理的資訊**種類**越來越專業，越來越抽象。種類的差異尤其重要。我們身體培養另一套能力的需求，已經超越了學習的知識與技能，而且這一套能力很難自然養成，學習起來困難得多。密蘇里大學心理學教授大衛・吉爾里提出很實用的「生物初級」與「生物次級」能力的定義。他說，人類天生就有能力學習某些東西，包括學會生長環境的語言，如何在熟悉的環境掌握方向，如何面對小群體生活的挑戰。我們並不是天生就有能力學習複雜的微積分，或是違反直覺的物理法則。我們並不是天生就能理解金融市場的運作，或是複雜的全球氣候變遷。但在我們所生活的世界，這些生物次級能力，卻是進步甚至生存的關鍵。現代環境的需求，已達到、甚至超出我們的生理大腦所能應付的極限。

人類確實有一段時間能跟上文化的進步，有各種方法能善用生理大腦。日常生活的環境越來越需要思考能力，人類也隨之提升自己的認知。人類不斷面對現代生活的嚴苛心智挑戰，擁有更好的營養與生活環境，較少接觸傳染疾病及其他病原體，因此全球各地的智力測驗結果顯示，人類的平均智商分數這一百年來持續上升。但這條上升的軌跡，現在逐漸呈現水平。近年來，在芬蘭、挪威、丹麥、德國、法國、英國這些國家，智力測驗分數不再上升，甚至開始下降。有些研究學者認為，我們已將心智能力發揮到極限，尼可拉斯・費茲與彼得・瑞納在《自然》期刊寫道，也許「我們的大腦已經逼近能力上限。」他們說，想從大腦擠出更多智慧，「就會撞上神經生物學的硬限制。」

也許是要對抗這種不受歡迎的真相，近年來試圖突破這種限制的舉動，得到的關注越來越多。市面上類似 Cogmed、Lumosity 以及 BrainHQ 的大腦訓練課程，吸引了不少想要提升記憶力，增強專注力的消費者。僅僅是 Lumosity 就宣稱在一百九十五個國家，擁有一億個註冊用戶。所謂的神經增強，也就是號稱能讓使用者變聰明的「聰明丸」、腦電刺激之類的新發明，不僅引來媒體一片讚嘆之聲，也獲得製藥業與生技業的大手筆投資。

但是到目前為止，這些方法多半在失敗與希望破滅中收場。一群科學家研究各大型大腦訓練公司網站上所引述的同儕審查介入性研究，發現這些研究有「很少證據」可以證明「訓練能提升日常的認知表現」。大腦訓練確實能提升使用者的表現，但僅限於與他們先前練習的活動非常近似的活動。成效似乎無法轉移到在現實生活中需要記憶力與專注力的活動。二〇一九年針對 Cogmed 的一項研究，發現訓練成效的轉移「很罕見，可能不存在」。二〇一七年的 Lumosity 研究，也發現「訓練對於健康的年輕成年人似乎無效」。用在年紀較大的成年人身上，效果依然不佳。二〇一六年，Lumosity 因為廣告不實，遭到美國聯邦貿易委員會罰款兩百萬美元。「聰明藥丸」的命運也好不到哪裡去。臨床試驗證明，廣受矽谷科技人員喜愛的一款「聰明藥丸」，增強記憶力與專注力的效果，還不如一杯咖啡。

未來也許會有真能提升智商的藥物與科技，只是目前都還在實驗室測試的初期階段。我們想變聰明，最好的辦法，至少是目前**唯一**的辦法，就是培養在大腦之外思考的能力。但我們不認同這種觀念，甚至完全不考慮。我們明顯偏愛只用大腦思考，已養成根深柢固的習慣，但這終究是一種偏誤，我們不能繼續固守。在大腦之外思考，才是我們的未來。

⁂ ⁂ ⁂

我們想進一步了解在大腦之外思考的未來，不妨回顧這種觀念首次出現的情況。一九九七年，當時安迪．克拉克是密蘇里州聖路易的華盛頓大學的哲學教授。他把筆記型電腦遺忘在火車上。他後來寫道，失去長伴左右的筆電，是個沉重的打擊：「就像突然爆發惡性（希望只是暫時的）腦損傷。」他一時之間「茫然困惑，露出全身無力的模樣，彷彿輕度中風的半機械人。」這次經驗雖然慘痛，卻也滋養了他已經思考一段時間的概念。他發現，他的筆電可以說已經變成他的心智的**一部分**，是他的思考過程不可或缺的一部分。他的心智容量，也因為使用筆電而擴大，他的大腦也因此得以拿出超水準表現，思考的效率、成效還有**智慧**，都勝於不用筆電的時候。克拉克將這種激進的見解命名為「擴展的心智」。

兩年前，克拉克與同僚戴維．查爾莫斯一同發表論文，形容的正是這個現象，同時也為這種現象命名。這篇文章名為〈擴展的心智〉，一開頭提出一個看似容易回答的問題：「心智的終點與世上其他事物的起點，究竟在哪裡？」克拉克與查爾莫斯給了一個新奇的答案。他們說，心智的終點**並不是**「皮膚與頭顱組成的邊界」。應該把心智看成一種「擴大的系統，生物有機體與外部資源的結合」。他們說，了解這個現實，「將有重大的影響」，不僅在「對於心智的哲學觀點」，也在「道德與社會層面」。他們知道，他們提出的觀念，需要大家徹底重新思考人類的本質，以及人類的運作。他們認為重新思考有其必要，也有道理。他們說，一旦「推翻皮膚與頭顱的霸權，我們也許能看見自己身為活在這世界上的生物的真實面。」

世人一開始普遍存疑。這篇論文在一九九八年刊登在《分析》期刊之前，曾被三家期刊拒絕。〈擴展的心智〉刊出之後，引發的反應是困惑還有大肆嘲弄。但論文提出的主張，卻有不小的影響力，甚至遠遠超出學術界之外。這個主張一開始顯得很激進、很極端，但很快就顯得沒那麼突兀，因為在數位時代的日常生活，一直都能看到人類以機器裝置擴展心智的實例。「擴展的心智」概念一開始被批評為古怪，後來越來越多人發現確實有道理，甚至有先見之明。

〈擴展的心智〉一文刊出後的二十多年來，這個詞已經變成重要的綜合概念，涵蓋許多次級科學領域。體感認知、情境認知、分布認知，每一項都代表擴展心智的一個層面，探討我們的身體、我們學習與工作的環境，還有我們與其他人的互動，如何能擴展我們的思想。此類研究不但提出關於人類認知的新知識，也衍生出大量經過研究驗證確實有效的擴展心智的方法。

這本書就要從這個角度切入，目的是要將擴展的心智**操作化**，將這個哲學的妙語，變成實用的東西。在這本書的第一章，我們要學習傾聽我們的內感受，也就是來自體內的感受，以及如何使用內感受，做出更好的決策。第二章要告訴我們，運動身體能促進大腦走向更深層的理解。第三章要探討，我們的手勢為何能增強我們的記憶力。第四章的重點，是接觸自然環境，能恢復我們耗盡的注意力。在第五章，我們會發現人造的環境，也就是我們在學校、在職場的室內環境，要如何設計才能提升創造力。第六章要探討我們將思想移出腦袋，放進「思想的空間」，為何會獲得新的領悟與發現。第七章要研究如何與專家的大腦一起思考。第八章告訴我們如何與同學、同事，以及其他同儕一起思考。最後的第九章則是要探討，團體一起思考的成效，為何會優於個別成員思考的成效的總和。

從這些擴展心智的例證，可以發現幾個共同的主題。第一個與安迪・克拉克最初的靈感來源有關：科技在擴展我們的思想所扮演的角色。當然我們的裝置有能力、也確實會擴展我們的心智，但也不見得始終如此。有時候裝置會讓我們的思考**更不聰明**，任何曾被標題黨或GPS系統誤導的人，應該會有同感。科技之所以無法持續提升我們的智慧，與我們在這篇前言提到的比喻有關：大腦像電腦。現在的電腦與智慧型手機的設計者，往往忘記使用者生活在生物的身體，居住在實體的空間，而且會跟其他人類互動。科技本身就是只用大腦思考，但同樣的道理，科技本身也能擴展，擴展之後就能包含神經外資源，能大大豐富我們在離線世界的思考。在接下來的每一章，我們都會看到這種「延伸技術」的例子，從鼓勵使用者做手勢，而不是只複誦字詞的線上外語學習平台，到類似 Waze 的應用程式，規畫的並不是可以最快到達的路線，而是綠色植物最多的路線，還有一款電玩遊戲，要求玩家不要看著螢幕，而是看著彼此，將彼此的動作同步，以追求共同的經驗。

參考「擴展的心智」相關研究，可以發現第二個主題，是對於專業的本質的獨特見解。關於專家定義的傳統觀點，是非常偏向只用大腦思考，強調個人內部的努力（想想已故心理學家安德斯．艾瑞克森知名的研究結論，即想要精通任何領域，都需要投入「一萬小時」的練習）。以擴展的心智為主題的相關研究，卻提出不同的見解：所謂專家，意思是一個人懂得以最佳方式，善用神經外資源，處理眼前的工作。這種不同的觀點，對於我們如何理解、如何達成理想表現，產生了實質的影響。舉例來說，雖然專業的傳統見解，著重的是行動的經濟、效率與最適性，天才與超級巨星都是「做就對了」，但擴展的心智的相關研究卻發現，專家做的實驗、測試與回溯，其實比初學者還多。專家比初學者更懂得巧妙運用自己的身體、實體空間，以及與他人的關係。研究發現，在大多數的情境，專家比較不會「用腦袋」，而是傾向於擴展心智。我們在練就技能的路上，也能仿效這種習慣。

最後，參考擴展心智的相關研究，也絕對不會錯過另一個主題：我們所謂的「擴展不平等」。我們的學校、工作環境，整個社會結構，都是基於「有些人的思考比其他人更有智慧」的假設。這種假設認為人與人之間會有這種差異，原因不言可喻：顯然是因為有些人比較聰明，腦袋裝了比較多那種叫做「智慧」的東西。擴展心智的相關研究，則是提供另一種解釋：有些人的思考更有智慧，是因為**擴展心智的能力較強**。他們可能比較了解擴展心智的方式，而這本書的目的，就是要推廣這種知識。但能提升我們的思考能力的心智擴展方法，例如個人身體活動的自由、鄰近綠色的自然環境、個人工作環境的主導權，或與博學的專家、傑出的同儕之間的關係，這些資源的分配也確實不平等。我們閱讀接下來的章節，也應該記住，能否掌握心智擴展的方法，也許會影響我們的學生、員工、同事，以及其他國民的思考。

比喻的力量很強大，最強大的莫過於我們用以了解自己的心智的比喻。這本書介紹的方法，最終的價值在於提供全新的比喻。我們可以在日常生活應用這種比喻，促進學習與記憶，還能解決問題，想像各種可能性。我們要突破自己的侷限，方法並不是把大腦當成機器一樣加速，也不是將大腦當成肌肉一樣鍛鍊，而是將豐富的材料攤開在我們的世界，再編織成我們的思想。

第一部

以我們的身體思考

第一章
以感覺思考

約翰．科茨在高盛、美林、德意志銀行擔任金融交易員的那些年，看見這種事情一再發生。擁有劍橋大學經濟學博士學位的他說：「我竭盡所能分析，運用我在學校所學，參考了好多經濟報告，還有統計數據。」他設計的交易很精明，邏輯無懈可擊，但終究還是賠錢，每次都賠錢。

他也碰到其他同樣令人費解的情況。「我從眼角餘光看見另一種可能性，另一條通往未來的道路。就像我的意識裡出現一個光點，注意力被拉扯了一下，但就是靈光一閃，心裡直覺很有可能成真。」他發現，他只要按照「心裡直覺」行事，通常就能獲利。他不由得歸納出一個反傳統的結論，與他所有的想法，所有的訓練背道而馳。「也許要有能力仔細傾聽身體給出的回饋，才能有好的判斷。」

他也發現：「有些人在這方面比其他人更在行。」在華爾街的任何一個交易室，「你都會看到頂著常春藤學歷的高智商明星交易員，分析得頭頭是道，卻完全賺不了錢。而坐在走道另一邊的交易員，拿著名不見經傳的大學的普通學位，也不懂最新的分析工具，卻能像印鈔機一樣一直賺錢。看在那些照理說應該比較聰明的同事眼裡，是一頭霧水又生氣。」科茨說，「這樣想雖然有些奇怪，但能賺錢的交易員之所以判斷力較佳，可能是因為有能力發出身體訊號，而且也有能力傾聽這些訊號。」

科茨在他精采的著作《犬狼之間的時刻》分享這些思考。這本書提及他擔任交易員的那些年，還有他後來轉換跑道，成為應用生理學家的令人驚奇的第二職涯。他的金融業生涯提出的幾個問題：「我們能否判斷一個人的直覺優於他人？我們能否感受到身體給出的回饋？」經過長時間的沉澱，如今比他的金融業工作更為強而有力。科茨後來離開華爾街，轉而向科學研究尋求這些問題的答案。他在二〇一六年於《科學報告》期刊，發表他與學術界的神經科學家與精神病學家合作研究的結論。

科茨與他的新同事研究一群在倫敦交易室工作的金融交易員。他們請每一位交易員說出自己一連串的心跳瞬間，以衡量他們對於身體訊號的敏感度。研究團隊發現，交易員的表現遠遠超越依據年齡與性別分組，且並非從事金融業的控制組。而且這群交易員當中，最能準確掌握自己的心跳瞬間的那幾位，不僅賺更多錢，在這個流動率出名的高的行業，也任職較久。團隊得到的結論是：「我們的研究結果證明，身體發出的訊號，也就是對金融知識的直覺，是市場獲利的原因之一。」根據科茨親身的觀察，能在金融業成功的人，並不見得學歷較高或智商較高，而是「對於內感受訊號較為敏感」。

所謂內感受（interoception），簡單說就是對於身體內部狀態的意識。好比我們具有能從外面的世界吸收資訊的感應器（視網膜、耳蝸、味蕾、嗅球），我們的體內也有感應器，不斷將體內資料傳送給大腦。身體各處都會產生這些感覺，在我們的內臟、肌肉，甚至骨骼，透過許多途徑，前往大腦的腦島。這些體內訊號與其他來源的資訊結合，例如我們的主動思想與記憶、從外部世界蒐集的感官訊息，再整合成我們對目前狀態的簡報。簡報內容包括「我在當下的感覺」，以及意識到我們該採取哪些行動，才能維持內部平衡。

每個人都能感受到這些身體訊號，但有些人的感覺比其他人更敏銳。科學家藉由心跳偵測測試，也就是約翰．科茨針對一群金融交易員進行的測試，衡量內感受意識。受試者必須說出自己心跳的瞬間，不能將手放在胸部，也不能將手指放在手腕上。研究人員發現，受試者的得分高低竟然差異很大。有些人是內感受專家，能持續準確判斷自己的心跳發生的瞬間。有些人則是內感受遲鈍，感覺不到自己心跳的節奏。很少人知道內感受能力的差距竟能如此之大，更不知道自己內感受能力的強弱，畢竟我們忙著發揮傳統的只用大腦思考的能力。我們可能記得自己的SAT分數，或是高中時期的平均成績，但完全沒思考過這種能力。

這種忽略很常見，薇薇安．安莉就記得一個明顯的例子。她是倫敦大學皇家哈洛威學院的內感受研究人員，當時針對一群民眾進行心跳偵測測試，作為倫敦科學博物館展出的一部分。參觀的民眾必須將一根手指，放在能偵測脈搏的感應器上。只有安莉看得見感應器的讀數。

安莉對著每一位前來參觀的民眾說：「請告訴我，你的心臟什麼時候跳動。」一對年長的夫婦經過測試舉行的小隔間，聽見安莉的要求，露出很不一樣的反應。

太太滿臉狐疑問道：「我怎麼會知道我的心臟在幹麼？」她的先生轉頭凝視著她，也是目瞪口呆。

「妳當然知道啊！」他說，「少蠢了，誰不知道自己的心跳！」

「那位先生一直都聽得見自己的心跳，太太卻從來沒聽見自己的心跳。」安莉在訪談中憶起這段往事，笑著說，「他們結婚幾十年，從來沒談過這方面的差異，甚至根本不曉得。」

雖然我們可能沒注意到，但這種差異確實存在，科學家使用大腦掃描技術，甚至能看見這種差異。每個人的大腦內感受中心，也就是腦島的大小與活動程度不一，與個人意識到的內感受相關。目前尚未得知為何會出現這種差異。每個人打從出生，內感受能力就已開始運作。這種能力在兒童期與青春期持續發展。對於體內訊號的敏感度之所以會有差異，可能與基因有關，也有可能與我們成長的環境有關，例如照顧者指點我們，該如何回應我們身體的提示。

我們知道內感受意識是可以刻意培養的。只要透過一系列的簡單運動，我們就能接觸到來自體內的訊息，就能運用我們本就擁有，只是通常被排除在意識之外的知識。這些知識包括關於自己的知識，關於其他人的知識，以及關於我們所處的環境的知識。我們一旦能接觸到這種來自體內的知識，就能善用其中的訊息，比方說可以做出更好的決策，更能回應挑戰與挫敗，更能完整品味我們情緒的強度，同時也將情緒管理得更好，還能以更強的敏感度，更多的領悟，與他人來往。為我們領路的是心，而不是腦袋。

⁂　⁂　⁂

要想理解內感受為何能蘊含如此豐富的內容，我們必須知道，世界所蘊含的資訊，遠遠超過我們有意識的大腦所能處理的量。幸好我們也能蒐集、儲存大量**非意識**（non-conscious）遇到的資訊。在每天的生活，我們不斷理解、儲存經驗中的規律，並為它們加上標籤作為往後的參考。我們透過這種蒐集資訊、找出模式的過程，得以**獲得知識**，但我們通常無法說出這種知識的內容，也無法確認我們怎麼會得知這種知識。這些珍貴的知識多半會保留在意識的表面之下，這通常也是好事，我們就能保留有限的注意力與工作記憶，用於其他用途。

認知科學家帕維爾・萊維基所領導的一項研究，展現人類所歷經的這個過程。受試者必須看著電腦螢幕，一個十字形的符號出現在畫面上，然後消失，接著又出現在畫面上的另一處。每隔一段時間，研究人員請受試者預測符號下一次會出現在哪裡。受試者在觀看符號移動的幾小時之間，預測越來越準確。他們判斷出符號移動的模式。然而，即使研究人員提供金錢獎勵，受試者依然無法以言語說出自己領悟到的知識。萊維基說，受試者「甚至無法稍微形容符號移動的模式」。符號移動的模式太過複雜，我們的意識無法容納，但對於意識之下的遼闊空間，卻是綽綽有餘。

萊維基所謂的「非意識資訊取得」，以及所取得的資訊的應用，一直在我們的生活中發生。我們面臨新狀況，會回顧大腦儲存的所有過往模式，找出適用於當前狀況的幾種選項。我們並沒有意識到自己在進行這種搜尋。正如萊維基所言：「人類的認知系統，無法在意識控制的層面處理這些工作。我們的有意識思考處理事情時，需要參考『如果怎樣就會怎樣』的筆記、流程圖與清單，或者要使用電腦，然而，我們的非意識演算法處理同樣的事情時，則不需要外部協助，就能立刻完成。」

但如果我們意識不到自己知道這些模式，又怎麼能運用呢？答案是，我們一旦發現可能適用的模式，我們的內感受能力就會告訴我們，透過顫抖或嘆氣，呼吸變快，或是肌肉緊繃的方式告訴我們。身體就像敲響的鐘，告訴我們這個我們無法透過其他管道得知的實用資訊。我們通常認為是大腦命令身體做事，但其實身體也會透過各種微妙的敦促與刺激，指導大腦。（有位心理學家將這種指導稱為我們的「身體羅盤」）研究人員甚至發現身體在敦促的過程中，會提醒我們有一個模式可能就是我們要尋找、卻沒有意識到自己要尋找的。

南加州大學教授，同時也是神經科學家的安東尼奧．達馬西奧進行的一場賭賽實驗，證實這種內感受敦促確實存在。賭賽是在電腦螢幕進行，每一位玩家擁有兩千元的「賭資」，螢幕上有四副數位紙牌。玩家必須將紙牌正面朝上翻開，要判斷翻開哪一副牌，才能輸得最少，贏得最多。玩家用滑鼠翻牌，也開始收到獎勵，這邊五十塊，那邊一百塊，但也會受到懲罰，損失小額或大額賭資。玩家並不知道A副牌與B副牌是「壞牌」，含有很多張會讓他們損失慘重的牌。C副牌與D副牌則是「好牌」，一路給出的獎勵多於懲罰。

在賭賽過程中，研究人員透過固定在玩家手指上的電極，觀察玩家的生理激發狀態。透過電極也能觀測玩家的「皮膚電導」。我們意識到潛在威脅，神經系統受到刺激，就會開始出汗，只是幾乎察覺不到。汗水發出微微的光澤，將我們的皮膚暫時變成更好的導體，所以研究人員就能利用皮膚電導，衡量神經系統激發的程度。達馬西奧與團隊研究皮膚感應器蒐集的資料，發現一項很有意思的事實：玩家玩了一段時間之後，若是考慮點選壞牌時，皮膚電導就會激增。更驚人的是玩家會開始避開壞牌，選擇好牌的頻率越來越高。這項研究的結論與萊維基的研究雷同，研究對象長期下來對任務會越來越擅長，輸得更少，贏得更多。

但與玩家訪談就會發現，他們直到賭賽後期，皮膚電導開始激增很久以後，才會意識到自己為何選擇某幾副牌，不選其他副牌。翻到第十張牌（大約是賭賽開始四十五秒之後），皮膚電導數據顯示，這些玩家的身體已經清楚賭賽的設定。但研究人員說，即使再翻十張牌，也就是翻到第二十張牌，「所有的玩家都表示，自己完全搞不清楚狀況」。要等到賭賽進行幾分鐘，翻到第五十張牌，所有的玩家才能說出，他們意識到A副牌與B副牌比較危險。身體的判斷比大腦早了許多。後續研究得到另外一項重要結論：內感受意識更強的玩家，更容易在賭賽中做出正確決定。他們可以明確接收到身體明智的勸告。

達馬西奧的快節奏賭賽，顯示出幾個重點。身體不但會提供我們**複雜**到超出有意識的大腦所能容納的資訊，而且傳遞這項資訊的速度，也遠遠**超過**我們有意識的大腦所能承受的速度。身體干預的好處，絕不只是能贏得紙牌遊戲而已。畢竟真實世界充滿了變動與不確定的情況，我們不見得有時間衡量所有利弊。我們要是只依賴有意識的大腦，就輸定了。

＊＊＊

因此，我們有必要培養內感受能力：較能察覺自己的身體感覺的人，較有能力運用非意識知識。正念冥想可以提升這種意識。研究發現正念冥想能提升我們對於體內訊號的敏感度，甚至能改變腦島這個重要的大腦結構的大小與活動。正念冥想的其中一個環節似乎格外有效，也就是冥想一開始通常會做的活動，叫做「全身掃描」。全身掃描源自緬甸、泰國、斯里蘭卡的佛教傳統，後來由現為麻州大學醫學院榮譽教授的正念先驅喬．卡巴金引進西方。卡巴金說：「大家認為全身掃描有益，因為可以將有意識的大腦，與身體狀態的感覺重新連結。定期練習全身掃描，就更能感受到先前從未感受到、或是很少注意到的身體部位的感覺。」

他說，若要練習身體掃描，首先我們可以選個舒服的地方坐下或躺下，輕輕閉上眼睛。他建議先花一點時間，感受身體的整體，也感受每次吸氣、吐氣時，腹部的起伏。接下來開始「掃描」身體，從左腳腳趾開始。卡巴金說：「你把注意力放在腳趾上，看看能不能把呼吸也放在腳趾上，感覺就像你的腳趾在**吸氣**，也在**吐氣**。」將注意力放在腳趾上，呼吸幾次之後，我們再把注意力轉移到腳底、腳跟、腳踝，一路往上延伸到左臀。再換到右腿，將整個過程重複一遍，每個部位呼吸幾次。我們注意力的焦點，現在一路往上經過軀幹、腹部、胸部、背部、雙肩，再沿著每一隻手臂到手肘、手腕與雙手。最後將注意的焦點往上移動到頸部與臉部。如果你在練習過程中注意力一時跑到別處，可以慢慢將其引導到應該關注的身體部位。卡巴金建議至少每天要做一次全身掃描。

全身掃描的目的，是以無偏見的意識，感受身體內部浮現的所有感覺。在繁忙的日常生活，我們可能會忽視或不理會這些體內訊號。就算有所留意，我們可能也不耐煩，或是會自我批評。全身掃描能訓練我們以平靜、關注的態度，觀察這些感覺。但留意這些感覺只是第一步，下一步是將這些感覺**命名**。我們將內感受感覺貼上標籤，就能開始管理。如果沒有這種專注的自我調節，我們可能會覺得無力承受我們的感覺，或是可能弄錯這些感覺的來源。研究顯示，僅僅是將我們的感覺命名，對於我們的神經系統都有深遠的影響，身體的壓力反應立刻會降低。

加州洛杉磯大學的研究人員進行一項實驗，研究對象必須在一群觀眾面前，完成一連串的即席演說（這必然會引發焦慮）。半數的研究對象接下來要參與研究人員所謂的「情緒標籤」，完成「我覺得＿＿＿＿」的填空。另外半數的研究對象，則必須完成一個尋常的形狀配對任務。相較於控制組，「情緒標籤」組的心率與皮膚電導大幅下降。控制組的生理激發則依然居高不下。大腦掃描研究結果，進一步證明了「情緒標籤」能鎮靜情緒。僅僅將感受命名，就能減少杏仁核的活動。杏仁核是大腦負責處理恐懼等強烈情緒的區塊。相反地，若是更專注投入自己的感覺，以及引發這些感覺的經驗，則會讓杏仁核的活動**更為**活躍。

情緒標籤就像全身掃描，是一種心理訓練，目的是養成習慣，懂得留意體內出現的感覺，再將這些感覺命名。心理學家建議製作情緒標籤要記得兩件事。第一是要盡量**多產**。加州洛杉磯大學的科學家發現，能用較多詞彙形容自身感受的研究對象，生理激發（physiological arousal）的下降幅度也較大。第二是要盡量**詳細**，也就是要用精確具體的詞彙，形容我們的感覺。將內感受精準歸類，做出的決策會更理想，行為會少一些衝動，未來規畫也能更成功，也許是因為我們經過歸類，更理解自己需要什麼，想要什麼。

感受我們的內在感覺，一一打上標籤，這些感覺就會是更有效率的身體羅盤，帶領我們走在睿智的道路，輕鬆處理日常生活的眾多決策。但身體是否真能協助我們思考，真能推動我們向來認為只會發生在大腦的思考？確實是。最近的研究甚至還發現一種相當驚人的可能性：身體比大腦**更理性**。我們記得在約翰・科茨的研究，內感受意識較為敏銳的交易員，賺錢能力較佳，意思是說，以市場的角度判斷，相較於較不留意內在感覺的投資人，他們對於買進與賣出的選擇更為**理性**。會有這樣的結果，可能是因為我們有意識的思考常常會被認知偏誤所扭曲，這似乎是人類大腦無法擺脫的毛病，身體則沒有這種毛病。

舉個例子，我們常堅持公平的概念，絕不退讓，就算為難自己也在所不惜。行為經濟學家常常使用一種叫做「最後通牒賽局」的實驗典範。研究對象分為兩人一組，研究人員發給每組其中一人一筆錢，那個人可以按照自身意願分配。另外一人可接受或拒絕搭檔提議的分配方式。即使只是接受一小筆錢，都比完全拒絕更為理性，畢竟完全拒絕就拿不到半毛錢。但各項研究一再發現，很多玩家聽見搭檔要分給自己的錢不多，乾脆完全拒絕，因為覺得自己受委屈，不公平，認為自己**應該**拿到更多。

在二〇一一年發表的一項研究，維吉尼亞理工學院的研究人員掃描最後通牒賽局的兩組玩家的大腦。兩組玩家當中，一組有冥想的習慣，控制組則沒有。掃描結果顯示，有冥想習慣的實驗組成員的腦島，也就是大腦的內感受中心，在賽局過程中是活躍的，代表他們是依據身體的訊號做決策。控制組的思考模式則不同，掃描結果顯示他們的前額葉皮質，也就是大腦有意識判斷是否公平的區塊，有活動的跡象。研究人員也發現，兩組的行為也存在差異。具有內感受意識、有冥想習慣的實驗組多半較為理性，寧願接受小錢也不會完全拒絕。反覆思考的控制組，則是傾向於拒絕搭檔提出的自肥分配。

社會科學家經常提及「經濟人」一詞，經濟人是個理想化的角色，總是做出最有道理、最理性的選擇。這種人在真實世界相當稀有，但是維吉尼亞理工學院的研究人員寫道：「在這項研究中，我們發現有一群玩家，玩起最後通牒賽局很像經濟人。」他們接著以驚訝的語氣寫道：「經驗豐富的冥想者，在半數以上的試驗中，即使是最不對稱的分配，他們也願意接受。而成員為一般人的控制組，願意接受懸殊分配的次數，僅略高於總試驗次數的四分之一。」

在維吉尼亞理工學院所做的研究，沒有冥想習慣的控制組所展現的偏誤，是行為經濟學家列舉的眾多偏誤之一。其他偏誤包括**定錨效應**，意思是我們太依賴我們所遇到的第一項資訊，把它當成參考基準。還有一種是**易得性捷思法**，也就是我們高估了輕易就想到的事件的發生機率。另外一種叫做**自利偏誤**，是說我們個人的偏好衍生出過度樂觀的思想。如何克服這些偏誤？許多經濟學家與心理學家採取的策略，是讓眾人知道這些偏誤的存在，然後建議大家觀察自己的心智活動，看看思想是否出現偏誤。用心理學家丹尼爾．康納曼發明的術語來說，我們應該以理性沉思的「系統二」來思考，取代速度更快、卻充滿偏誤的「系統一」。

英國開放大學組織行為學教授馬克．芬頓歐克雷維曾經也相信這種只用大腦思考的方式。但他後來接連訪談六家投資銀行的專業交易員，發現他們幾乎從未以這種方式思考。這些交易員對他說，他們非常依賴自己體內騷動的感覺。其中一位交易員，以格外發自內在的言語，向芬頓歐克雷維形容他的思考過程。「你一定要信任你的本能，很多決策都是在一瞬間做出，所以要知道自己敏感的點在哪裡，該怎麼處理。」他說：「擁有感覺就像擁有鬍鬚，就像是一頭鹿，僅僅是聽見人類的耳朵聽不見的聲音，突然就緊張了起來。不知道從何而來的一股力量，讓你微微打顫，你不確定是什麼原因，但你知道應該小心，身邊有危險。」

芬頓歐克雷維發現，成功的金融家對於這些細微的生理線索格外敏感。而且他們似乎能在一開始，在這些感覺剛剛浮現的時候，就有所察覺，而且在當下就有所反應，而不是不當一回事、壓抑，或拖延到以後再檢視。芬頓歐克雷維說，這種方法能快速進行，不需耗費多少心力，因此非常適合我們必須處理的複雜的、快節奏的決策。而且這樣繞過我們的認知偏誤，要比辛苦去改正它更有效。「想要去除偏誤，若只是將認知從系統一轉移到系統二，是不可能成功的。」他說，「人類自我監控，以及主動進行系統二認知的能力有限，而且很快用盡。若要透過了解偏誤、自我監控的方式減少偏誤，很快就會到達人類認知的極限。」

芬頓歐克雷維測試了幾種提升投資人的內感受意識的方法，包括正念練習，以及提供頻繁的生理回饋。在他的實驗室，他安排研究對象玩一款特別設計的電玩遊戲「太空投資人」。在遊戲中，研究對象每隔一段時間，就要估計自己的心跳有多快。估計的數字越接近他們胸前的無線感應器所顯示的正確數字，得分就越高。芬頓歐克雷維發現，研究對象重複玩這款遊戲，內感受意識似乎出現持久的改善。

從這項研究的結果來看，顯然有一種新方法，能促進一個人做出聰明的決策。不是辛苦深思與分析，而是發展我們所謂的「內感受學習」能力。首先要學習如何感受我們的體內訊號，再加以命名、管理。其次，要找出我們感受到的某些內在感覺，與我們遇到的事件型態之間的關連。我們採取某種行動，感覺肚子一陣顫動，那接下來會有什麼樣的後果？我們面對一種選項，感覺心跳得好快，面對另一種選項卻是心往下沉，這代表我們最終會做出什麼樣的選擇？

我們可以透過「內感受日誌」理解身體的訊息，並加以命名。「內感受日誌」記錄了我們所做的選擇，以及當時內心的感受。日誌的每一項紀錄分為三部分。首先是簡述我們面臨的決策，其次是盡量詳細、精確敘述我們衡量各種選項時，內在的感受。內感受日誌能幫助我們將眼前的選項逐一考量，想像選擇了其中之一，會有什麼樣的感受，再記錄下來。第三部分則是我們最終決定的選項，以及最終敲定時體內浮現的其他感覺。

等到你知道某個決策的結果，例如這項投資是否賺錢？新聘請的員工能否勝任？出城的旅程是否愉快？你知道了結果，就可以回頭看看做決定的那一刻的紀錄。長期下來，你可能會發現這些時刻有一種固定的模式。也許你回顧當時，會想起你當初思考某個日後會失敗的行動時，胸部覺得緊緊的。但你考慮一個最終會成功的選項，感覺卻稍有不同，覺得胸膛挺起，變得開闊。這種差異很微妙，轉瞬即逝。內感受日誌能保存這些差異，我們日後就能查證和發現。

***

所以，身體可以是睿智的嚮導，引導我們做出明智決策。約翰・科茨說，身體就像幕後掌權的「灰衣主教」，比起會被壓垮的有意識的大腦，「灰衣主教」更有知識也更睿智。身體以及身體的內感受能力，還能扮演另一種角色，像個教練鞭策我們追求目標，面對逆境堅持不懈，遇到挫折要打起精神重新振作。簡言之，我們的內感受意識能讓我們變得更有**復原力**。

這樣說也許會讓你感到意外。但若說人類有哪一種能力是精神重於物質，心靈勝於肉體，那就是復原力。我們認為自己要**決定**堅持到底，**決心**要發揮意志力，往往是強硬逼迫不情願的身體。但復原力其實深植於我們對於來自器官與四肢的感覺的意識。我們越能察覺這些體內訊號，就越能從人生的困境中復原。

這其中的原因，是我們採取每一個行動，都需要耗費稀少且珍貴的精力。我們在意識之下的層面，經常記錄我們還有多少精力，採取世界要求我們採取的行動，又必須用掉多少精力。內感受就像一個不斷更新的測量儀器，反映我們目前的狀態。內感受線索能告訴我們，何時該鞭策自己，何時又應該放鬆休息，也能指引我們依照挑戰的難度，付出相應的努力，而且要控制節奏，才能堅持到底。而且就像有些人比其他人更擅長把身體的感覺，當成決策的依據，有些人則是比較擅長使用內感受訊號，監測並管理自身每一刻的精力消耗。

加州聖地牙哥大學精神病學教授馬丁．保拉斯研究內感受能否提升復原力。他在二〇一六年進行一項研究，發給研究對象一份清單，列出類似下列的陳述，研究對象必須逐條閱讀，表示贊成或反對：

無論遇到什麼狀況，我都有能力應對。
我歷經困境或疾病，通常有能力復原。
無論如何，我都會盡最大的努力。
即使看似沒有希望，我也不會放棄。
我處於壓力之下，仍然能保持專注，思考清晰。
我不會輕易因為失敗而灰心喪志。

依據研究對象的答案，可將研究對象畫分為截然不同的兩組：復原力高與復原力低。從研究對象的自述，可以發現同樣是面對逆境或挑戰，復原力高的一組會堅持到底直到成功，復原力低的一組則是苦苦掙扎、筋疲力盡，或放棄。保拉斯發現兩組之間還有另一個不同之處。平均而言，以心跳偵測測試評估內感受能力，就會發現復原力低的一組內感受能力較差，復原力高的一組對於自己的體內訊息則較為敏感。

為了探索如此有趣的發現，保拉斯設計一套方案，安排志願者接受困難的體內經驗，同時掃描他們的大腦。過去十年來，保拉斯在數百人身上執行這一套「吸氣呼吸負載工作」方案。他最知名的研究對象，是游泳冠軍黛安娜．奈雅德。奈雅德是長泳世界紀錄保持人，在一九七五年寫下歷史，成為史上第一位繞著曼哈頓島游完一圈的女性。四十年後，六十四歲的她又挑戰從古巴游向佛羅里達州。在一百八十公里的長征途中，奈雅德必須與疲勞、噁心搏鬥，還要冒著被水母螫死的風險，是復原力的典範。她歷經四度失敗，最後終於在二〇一三年八月完成壯舉。

她在同一年接下來的時間，在另一領域也成為先驅，走進保拉斯的實驗室，成為研究對象。研究人員將她送進核磁共振造影（ＭＲＩ）機器之前，先在她的鼻子夾上夾子，不讓她用鼻子呼吸，也將一條管子放在她口中。管子的尾端有一個塞子，把塞子拿掉，奈雅德就能透過管子呼吸。裝上塞子，就只有非常少量的空氣能流通。

進入核磁共振造影室之後，研究人員請奈雅德看著她眼前的電腦螢幕。螢幕變藍色，呼吸管就會開啟。螢幕變黃色，呼吸管就有百分之二十五的機率會塞住，奈雅德就會呼吸困難。保拉斯與研究團隊觀察奈雅德的大腦在不同情況下的活動，藉此研究她對於壓力源的**預期**、**回應**，以及後續的**復原**。在研究過程中，奈雅德同時也要接受認知能力測驗，回答一連串的問題。（她後來在自傳寫到這段經驗，說道：「我當然有好勝心，所以我要拿到比其他做過核磁共振的人更高的分數。」）

奈雅德的大腦掃描結果，顯示她的大腦對於這次不舒服的經驗的反應相當明顯。在壓力源出現**之前**，也就是螢幕變成黃色之前，她的腦島出現強烈的預期反應，但在壓力源出現**期間**，以及出現**之後**，她的腦島相對平靜。至於認知測試，奈雅德記得保拉斯給她看結果，是一張數位圖，上面有一些點。「擠在最下方的是一般人，在氧氣供應量受限，以及預期氧氣供應量即將受限的時候，測試成績非常差。」她說，「接下來的一組成績大幅超越控制組，是海軍陸戰隊。再接下來的一組，成績又超越前一組很多，是美國海軍海豹部隊。然後保拉斯博士指著右邊的最上方，螢幕快要看不到的地方。她說，我在這裡。」

奈雅德確實是異常值，但保拉斯在其他各種菁英身上，也發現同樣的模式。令人意外的是，這一段極為不適的內感受經驗，竟然能**改善**研究對象的認知表現。這些菁英對於身體的線索極為敏感，因此迎向挑戰時，也較能控管身體的資源。他們就像經過校準的高效率馬達，保持足夠的能量，不浪費一絲一毫的動力。

相較之下，復原力較低者的表現完全不同。在「吸氣呼吸負載工作」的過程中，他們的大腦掃描顯示出與奈雅德相反的模式：在壓力源出現**之前**活動量低，壓力源出現**期間**以及**之後**活動量高。這些人的自我管理鬆散混亂，很像校準不佳又會漏電的馬達。他們遇到難關就停下腳步，然後又浪費精力拚命趕上。他們回答測驗問題顯得吃力，因為挫折而灰心，耗盡儲存的能量，失去動力，最後放棄。

需要身體展現勇氣或耐力的時候，這種差異確實重要，但在偏重腦力的事情上面，這種差異同樣重要。心智活動就像我們從事的任何活動，需要調動並管理精力。這倒是真的，大腦會消耗整整百分之二十的身體能量。有效分配我們的內部資源，解決心智難題的能力，是研究學者所謂的「認知復原力」。

對於馬丁．保拉斯的一位合作對象而言，認知復原力有一種特別的重要性。喬治城大學安全研究副教授伊莉莎白．史丹利來自一個相當傳奇的軍人家庭。她擔任美國陸軍情報官多年，曾駐守德國、南韓、巴爾幹半島。無論在軍旅生涯還是平民生活，她都不斷鞭策自己。她說，她的一貫做法是「深深挖掘，取用存量豐富的意志力與決心，堅持到底。」她寫道，幾十年來，「我一直覺得我能這樣無視身體與情緒的聲音，是件好事，代表我有力量、自律與決心。」但她後來發現，「這種預設策略其實不利於我的表現與健康。」（她曾經一連幾個月，每天十六小時寫她的博士論文，最後嘔吐在電腦鍵盤上，就是個徵兆。）

她想換一種方式，後來接觸到正念冥想，養成每天冥想的習慣。她也發明了「正念心智適能訓練」課程，培養面臨高壓力狀況的軍人的認知復原力。這項課程簡稱ＭＭＦＴ（Mindfulness-based Mind Fitness Training），重點在於辨識與管理體內的訊號。她與學術界的心理學家與神經科學家合作，測試這項課程對於準備前往戰鬥的軍隊是否有效。研究結果顯示，學員即使在最艱難的狀況，仍能維持專注力與工作記憶。史丹利在全球各地的課程傳授這種方法，傳授的對象不只是軍人，也包括其他高壓力職業的從業人員，例如消防人員、警察、社工人員、醫療人員，以及救災人員。

一如馬克・芬頓歐克雷維訪談過的專業交易員，以及馬丁・保拉斯研究過的菁英運動員，史丹利也發現，認知復原力最強的軍人，會在困難出現的**初期**，壓力跡象剛開始累積之時，就細心留意自己身體的感覺。她指導課程學員仿效喬・卡巴金的正念法，留心身體的感覺。她說，留意這些初步的訊號，就不會先是措手不及、然後又反應過度，進入難以平息的生理激發狀態。（史丹利滿懷遺憾地說道，很多人跟以前的她一樣，採用完全相反的做法，也就是不理會體內發出的警訊，只希望能「努力撐過去」，把事情做完。）

史丹利也向學員傳授她所謂的「穿梭法」，亦即一個人的注意力在體內發生的事情，以及身體外面發生的事情之間不斷穿梭。學會這種穿梭，我們就不會太專注在外部的事情，也不會被內在的感覺壓垮，而是在平衡的位置，接收來自體內外的訊息。我們可以在心情放鬆的時候，練習這種注意力的穿梭，直到成為第二本能。不斷重複接收訊息，內感受訊息就會定期湧入。重點在於時時仔細留意我們的內在現實，史丹利說，要訓練自己「在事情發生的當下，專注觀察發生的事情」。她所提出的復原力，並不是她曾經樂於展現的強烈意志與恆毅力，而是在體內與體外，時時刻刻靈活回應變動的狀況。

＊＊＊

我們能意識到內感受訊號，就能做出更理想的決策，遇到有壓力的狀況，也更容易恢復。我們的情緒也會更豐富，更美滿。研究發現內感受意識較強的人，較能感受到自己的情緒，同時也較為擅長管理自己的情緒。這是因為內感受感覺，是構成我們最細微情緒的基礎，這些情緒包括情感、仰慕、感恩、悲痛、渴望、遺憾、惱怒、妒羨、怨恨。內感受意識較為敏銳的人，能運用內感受感覺協助建構的情緒，更親密且更有技巧地與他人互動。

但要理解內感受與情緒之間的關係，首先要改正大多數人對於情緒是如何產生所抱持的錯誤基本觀念。我們常誤以為的觀念是這樣的：根據我們遇到的狀況，大腦判斷該有怎樣的情緒（快樂、悲傷、害怕），再指示身體做出相對應的行為（微笑、哭泣、尖叫）。其實這種觀念是**倒果為因**。應該是身體產生感覺，身體發動行動，然後大腦才會將這些零碎的證據，組合成我們稱之為「情緒」的實體。

美國心理學先驅威廉・詹姆士在一百多年前就參透這個道理。他寫道，想像你在森林中撞見一隻熊，你的心狂跳，手心出汗，雙腿開始狂奔……為什麼會這樣？也許你以為是因為你的大腦產生恐懼感，再命令你的身體動起來。但詹姆士說，其實應該倒過來才對。應該說我們之所以感覺害怕，是**因為**我們心跳加快，**因為**我們手心出汗，**因為**我們的雙腿推動著我們往前走。正如詹姆士所言：「常識告訴我們，我們失去財富要傷心哭泣。我們遇到熊要驚惶逃竄。我們被敵人羞辱，要發怒打人。」但他也說：「這種先後次序並不正確。」他寫道，比較正確的說法應該是「我們哭了所以感到傷心，打人所以覺得憤怒，顫抖所以覺得害怕。」

近年來，科學家開始運用大腦掃描之類的現代研究法，將詹姆士的理論發揚光大。他們的研究證實，我們稱之為「情緒」的東西（以及整體的經驗），其實是由較為基本的部分構成。這些部分包括身體的內感受系統所產生的訊號，以及我們的家庭與文化解讀這些訊號的方式。

這種觀點具有兩項重要的含意。第一：我們的內感受意識越強，感受到的情緒就越豐富、越強烈。第二：我們擁有內感受意識，等於踏出建構情緒的第一步，可以參與打造我們所經歷的情緒類型的過程。

研究情緒建構的心理學家，將這種做法稱為「認知再評估」。所謂認知再評估，就是察覺到內感受感覺，加以命名，我們先前已經學過這些，然後要「再評估」，即換一種方式重新解讀。舉例來說，我們可以將「緊張」再評估為「興奮」。想想伴隨這兩種情緒的內感受感覺：心跳加速，手心冒汗，心慌意亂。**感覺**幾乎是一樣的，是我們賦予這些感覺不同的**意義**，才讓這些感覺變成令人畏懼的苦難，或是令人興奮的享受。我們在這樣的時刻，唯一不會的就是冷靜，但大多數的人都認為，我們落入焦慮的魔掌，就應該盡量**保持冷靜**。

哈佛大學商學院副教授艾莉森・伍德・布魯克斯對於應付緊張情緒另有一番見解。在一系列的三項研究中，她安排兩組人接受會讓大多數人緊張的經驗：在「限定時間內」，完成「難度極高的智商測驗」，即席發表「非常有說服力的公開演說，題目是『如何當個理想的工作夥伴』」。而最大的折磨，是要高歌一首一九八〇年代的流行歌曲（Journey的〈保持信念（Don't Stop Believin）〉）。活動開始之前，研究對象必須要求自己冷靜，或是對自己說「我很興奮」。

將緊張這種感覺再評估為興奮，表現就會產生顯著的差距。智商測驗分數明顯較高，演說能展現較強的說服力、能力與自信，連歌都唱得更好了（這是研究人員使用任天堂Wii卡拉OK革命程式認證的成績）。每一位研究對象，都真正感覺到愉悅的興奮，完全不同於這些活動可能會造成的不自在感。

同樣的道理，我們也可選擇將壓垮我們的「壓力」，再評估為能促進我們的生產力的「因應」。二〇一〇年針對波士頓地區大學生的一項研究，探討這些學生若是知道壓力對我們的思考有哪些**助益**，了解壓力其實能讓我們更敏銳、更積極，會如何面對具有壓力的經歷。在研究過程中，一組學生在進行研究所入學考試GRE之前，必須閱讀這一段文字：「很多人認為，若在標準化測驗過程中感到焦慮，考試成績就會不理想。但是最近的研究證實，心理的激發現象不但不會對標準化測驗成績有負面影響，甚至還有正面影響。在測驗過程中感到焦慮，成績反而會更好。所以你在今天的GRE測驗要是感到焦慮，也不必擔心。若是覺得焦慮，只要提醒自己，這種焦慮對你的成績有益。」另一組學生在測驗之前，並沒有看見這段訊息。三個月之後，兩組學生的GRE成績揭曉，受到這段訊息鼓勵並再評估內心壓力感的學生，平均成績超越另一組六十五分。

探討這種再評估的研究，也逐漸揭露這種方法發揮效用的機制。在GRE研究中，研究人員蒐集每一位研究對象的唾液樣本，分析是否含有能激發神經系統的激素。研究發現參與再評估的學生，唾液激素含量較高，代表身體發現挑戰的存在，也拿出有效的回應，提升敏感度，加強注意力。另外一項研究，則是探討再評估法如何影響對數學焦慮的學生的神經系統。學生在功能性核磁共振造影（fMRI）機器裡面完成一連串的數學問題，大腦由機器掃描兩次。在第一輪開始之前，研究人員指示學生採用平常慣用的策略。在第二輪開始之前，研究對象先了解如何參與再評估。採用再評估法的學生，答題正確率較高。看看大腦掃描的結果，即可得知原因：在再評估的狀態之下，負責執行算術的大腦區塊較為活躍。這些區塊的活動量增加，代表學生藉由再評估，將先前被焦慮消耗的心智資源，轉為運用在數學問題上。

心理學家發現，採用再評估策略的學生，還有另外兩項值得注意之處。首先是再評估策略對於內感受意識較強的學生效果最佳。畢竟我們要能先辨識我們的內在感覺，才能開始改變我們思考這些內在感覺的方式。第二，我們真正感受到的感覺，必須與我們打算建構的情緒**一致**。我們能將「緊張」再評估為「興奮」，是因為與這兩種情緒相關的生理線索非常類似。如果我們感受到的是強烈的冷漠或厭倦，哪怕大喊「我好興奮喔！」也沒用。

我們能察覺到自己的內在感覺，就能處理自己的情緒。也許更令人意外的是，身體的內感受官能，能讓我們更貼近**其他人**的情緒。這是因為大腦單憑自身的力量，無法直接接觸到他人大腦的內容，無法感受到他人的感受。解讀他人的言語與臉部表情，也許只能約略看見他人內心翻騰的情緒。身體的作用就像重要的導管，提供大腦所缺乏的內部資訊。身體是這樣運作的：我們與他人互動，會在不知不覺中略微模仿對方的面部表情、手勢、姿勢，以及聲音的音調。接下來，透過我們對於自己體內訊號的內感受，我們能感受到對方當下的感覺，**因為我們能感受到自己有這種感覺**。我們體察他人的感覺，身體就像橋樑。就好比淺嚐你伴侶盤中的美食，或是借朋友的一隻耳機，與朋友一起聽歌，我們在體驗他們的情緒。

若無法模仿他人，就較難理解他人的感受。舉一個明顯的例子，能減少皺紋的肉毒桿菌，會讓負責產生臉部表情的肌肉輕微麻痺，因此一個人要是注射了肉毒桿菌，比較無法準確感知他人的情緒，大概是因為他們無法在體內模仿他人的感覺。而在光譜的另一端，具有內感受意識的人，相較於內感受意識較低的人，更有可能模仿他人的表情，對他人感覺的解讀也更正確，而且對他人也更有同理心。我們模仿他人，自己也能「感覺」他人的痛苦。研究證實我們看見他人肢體受傷，我們負責感受自身疼痛的大腦區塊也會變得活躍。但具有內感受意識的人看見別人經歷疼痛，會認為別人的痛感更強烈。

人類當中內感受意識最強的人，可能是臨床心理學家。他們受過專業訓練，懂得接收自己身體的訊息，從中尋找有助於解讀病患感覺的線索，在病患還無法說明自己的情緒之時，就能有效判斷。二〇〇四年的一項研究，探討治療師如何運用自己的身體以理解病患，有位臨床治療師說道：「我覺得這就像把身體當成雷達使用，就是那種碟狀的東西，會蒐集衛星訊息，往下傳達，我覺得身體也是這樣。」臨床心理學家蘇西．奧巴赫率先發表探討女性與身體意象的著作。她也發現自己的身體就像一台敏感的儀器，能察覺她的病患的感受。奧巴赫說，她仔細感受在治療期間，在她體內湧現的感覺，「才知道身體的發展，就跟大腦的發展同樣重要。」

我們也可以跟心理治療師一樣發展身體的能力，以強化和他人的連結，這種能力叫做「社會內感受」。研究證實我們直視對話對象的眼睛，能提升我們的內感受協調，微微碰觸對方的手或手臂，也有同樣的效果。研究也顯示，倘若人際關係出了問題，例如我們覺得在社交上被排斥、被排擠，通常就會將注意力從我們自己的內在感覺，轉移到外部事件，也許是因為急著想解決問題。但這種注意力的轉移，即使是基於好意，也會讓我們在最需要理解對方的時候，失去理解對方的機會。最好採取靈活的來回移動，時而關注對方的社交線索，時而傾聽自己的內感受訊號（類似伊莉莎白．史丹利的「穿梭法」）。我們吸收兩處的資料，就能逐漸走入對方的情緒世界，同時也清楚了解自己的情緒世界。

⁂　⁂　⁂

我們在這一章開頭認識的那位先是交易員、後來改行當科學家的約翰．科茨，將人體比喻為「敏感的拋物面反射鏡，提供大量的預測資訊。」他說，這些生理的天線不斷接收與傳送重要訊息，「但要聽見這些訊息非常不容易，就像用收音機收聽遠方電台，時而清楚，時而模糊。」科茨認為科技能派上用場，不是以資料驅動的演算法取代直覺，而是放大身體自行累積的領悟。他已經展開第三段職業生涯，這次是自行創業當老闆。他的公司 Dewline Research 以穿戴式感應器，蒐集金融交易員的生理訊號資料，研究市場的波動與交易員的生理反應之間的關連。

另外一群研究內感受的學者，也開發一款類似的裝置，讓身體更能促進復原力。英國布萊頓與薩塞克斯醫學院的一群科學家研發了 HeartRater 技術，能協助運動員更精確掌握自己的體內狀況，使用精力就會更有效率，運動過後也能更快恢復。也許這種由身體延伸的數位工具，又稱延伸技術，最有意思的用途是由倫敦大學皇家哈洛威學院心理學教授馬諾斯．薩基利斯首創的。他也是專門研究內感受的學者。他與 Empathic Technologies 公司團隊合作，開發一種叫做 doppel 的裝置。這種裝置提供給使用者的身體訊息並未放大，而是刻意扭曲，用意是要讓使用者誤以為自己的心跳比實際上更快或更慢。

想想威廉・詹姆士先前侃侃而談的道理：我們的大腦是從身體產生的感覺，蒐集我們所經歷的情緒線索。薩基利斯發明的裝置，灌輸給大腦的訊息，與身體實際產生的訊息不同，打破這個循環。Doppel可以像手錶或是Fitbit一樣戴在手腕上，會製造一種很逼真的感覺，彷彿心跳速度很慢、很悠哉。也可以設定成很快、很興奮。研究對象原本因為要發表公開演說而緊張，配戴設定為緩慢模式的doppel，會有一種平靜的感覺。配戴設定為快速模式的doppel，在需要長期集中注意力的困難測驗中，表現會更為敏銳，答題也更為正確。薩基利斯說，我們運用這項科技，就能「掌握我們對於類似心跳節奏的自然反應」，進而改善我們的表現。

這種以假亂真的招數竟然奏效，只是更為凸顯身體與大腦之間的強烈關連。雙向的資訊流動，對於我們日常的決策、日常的生活，以及最親密的關係影響甚鉅。這種關連也是一種更重要的東西的基礎：我們的自我感覺。我們所經歷源源不絕的內在感覺有許多功能，其中一項是給予我們個人連續性的感覺。多位思想家始終在思考：我們為何自認為是獨特且持續存在的實體。已故哲學家德瑞克・帕菲特說道：「為何我這一輩子始終是同樣的一個人，而且跟你不同？」這些思想家的答案，通常與大腦有關，與我們的思想或記憶有關。正如法國哲學家笛卡兒所言：「我思故我在。」

神經解剖學家克雷格也是內感受專家。他說，比較正確的說法應該是「我**感覺**故我在」。

克雷格認為，內感受覺察是「物質的我」的基礎。我們對於自己最基本的了解，大多數來自內感受覺察。因為我們的心會跳，肺部會擴張，肌肉會伸展，器官會咕嚕作響，因為從我們出生的那天開始，一直到現在，這些專屬於我們的感覺從未停歇，因此我們知道做一個連續的自我，做自己而非做其他人的感覺。克雷格說，內感受其實就是「活著的感覺」。

第二章

以動作思考

傑夫．費德勒博士是位於美國明尼蘇達州羅徹斯特梅奧醫院的放射科醫師。他的工作經常需要**每天**檢視一萬五千多張影像，而且他以前都是坐著看完。但現在，他是邊走邊看，因為他在顯示X光片的大螢幕前方，放了一台跑步機。他設置這種「行走的工作站」不到一年，體重就減輕了十一公斤，而且他相信，他比以前更能找出隱藏在X光片中的異常現象。

費德勒與一位同僚合作，設計了一項研究，以測試他的直覺是否正確。一群放射科醫師坐著看一組X光片，另一群以每小時一．六公里的速度在跑步機上邊走邊看X光片。這些醫師一共從X光片中找出一千五百八十二處疑似病灶，並研判其中有四百五十九處可能嚴重影響病患健康。他們比較了醫師坐著與運動的「檢測率」，結果相當明顯——坐著的放射科醫師，平均發現X光片有百分之八十五的異常處；邊走邊看的醫師則平均能找出整整百分之九十九的異常處。

其他研究的結果也與費德勒的發現雷同。例如馬里蘭大學醫學中心進行過一項研究，發現放射科醫師若是邊走邊看X光，會比坐著更能從病患的肺部X光片中找出疑似病灶的結節。美國維吉尼亞州朴次茅斯的海軍醫療中心放射科醫師進行過另一項研究，也證實放射科醫師使用跑步機工作站時，工作速度會更快，而且能維持正確度。

從另外一組研究結果可以看出放射科醫師會出現這種結果的原因。身體活動時，視覺會更敏銳，對於出現在視覺邊緣的刺激格外敏感。在人類以外的動物身上也能看見這種演變，從演化的角度來看，這是合理的——我們積極探索環境時，視覺系統就會變得更敏感。所以身體若是處於靜止狀態，也就是坐在椅子上不動，視覺的敏銳度就會下降。

研究證明，身體活動能提升我們處理視覺資訊的效率，但這只不過是身體活動能改變思考的例子之一。科學家在很久以前就發現，整體的體適能可強化認知功能。體適能較高的人，頭腦通常比較敏銳。但近年來，學者開始研究另一種很有意思的可能性——短時間的身體活動，能提升短期認知能力。也就是說，我們進行某些身體活動時，思考會立刻變得更有智慧。科學家從兩個不同的方向研究了這個現象——活動的**強度**，以及活動的**類型**。我們在後面很快會看見，低強度、中強度，以及高強度的身體活動，對於認知會有不同程度的影響。在這一章後面會談到，某些類型的活動，包括一致的活動、新奇的活動、自我參照（self-referential）的活動，以及比喻的活動，都能擴展思考，超越我們在靜止狀態下的思考能力。

思考與活動之間的緊密關連是人類演化史的遺產。就人體尺寸而言，人類大腦大約比「正常」尺寸大三倍。根據化石提供的證據，大約在兩百萬年前，人類大腦的尺寸曾經變大許多。科學家提出各種大腦變大的原因，例如我們祖先的社會互動越來越複雜，或是需要適應不斷變動的生態環境。最近又有人提出另一種解釋，南加州大學生物科學教授大衛・拉奇倫說：「在人類史上，人類大腦開始變大的時候，正好也是需氧活動量出現巨變的時候。人類的祖先從類似人猿的久坐生活，變為狩獵採集的生活，身體活動量比更早期的人族更多。」

拉奇倫研究過不少關於世上僅存的狩獵採集部落，他說，狩獵採集的生活需要大量的體力**以及**認知能力。搜尋食物需要長時間耗費大量體力，也需要注意力、記憶力、空間方向感、運動控制，以及規畫、決策之類的執行力。狩獵也需要體力與腦力——獵人必須找到獵物，並能追蹤獵物難以預測的行動，還要有體力跑得比獵物更快。人類獨特的大腦就是在這樣的環境下進行演化。體力與複雜認知的雙重要求，造就了智人的特殊地位。直到現在，身體活動與心智敏銳的關係仍是密不可分。

生活在現代社會，人類所面臨的情況當然與往日不同，因而我們的身體不再經常運動。拉奇倫曾研究過東非狩獵採集部落之一的哈扎人（Hadza），他們每天平均會進行一百三十五分鐘的中強度運動。相較之下，工業化國家的大多數居民，都沒有做到健康專家所建議的**每周**至少運動一百五十分鐘。換句話說，當代狩獵採集部落的中強度運動量，是一般美國人的十四倍以上。現代社會缺乏運動，主要是因為學術研習與知識工作躍居主流，以及這兩者所衍生出的習慣與觀念。我們認為，思考就該坐著不動。

若要挑戰這種觀念，大概會落得被嘲笑的下場。傑夫．費德勒在《美國放射醫學學會期刊》發表了他的研究結果，結果遭到某些同僚揶揄。康乃狄克州哈特福的放射科醫師羅伯特．菲爾德寫信給期刊編輯，他說：「我發現，但凡我需要解悶的笑料，閱讀貴刊準沒錯。」他說費德勒的研究是「臨床研究出問題的搞笑範例」。在他看來，叫醫師邊運動邊工作，是「精力與資源的一大浪費」。

學生與工作者使用時間的方式，也普遍反映出這種態度。兒童在上學時間中，平均有百分之五十的時間都是坐著，這個比例在他們進入青春期之後還會升高。職場的成年人運動量更少，平均一個工作天有超過三分之二的時間都是坐著。哲學家安迪．克拉克說，我們遺傳了「雙腳上的大腦」，然而在今日的教室與辦公室，雙腳響亮的腳步聲，卻莫名停了下來。

* * *

莫琳．辛克是加州聖拉斐巴耶西托的小學教師，在她領導的四年級班級中，絕對**可以聽見**腳步聲。她的學生可不是一動也不動坐在桌前，應該說，大多數學生根本就不是坐著。二〇一三年，全校將傳統的教室桌椅全換成站立使用的桌子。學校也鼓勵「允許活動」的風氣，學生可以按照自己的意願，或是在課堂上直挺挺站著，或是坐在凳子上，或是坐在地上，或是四處走動。雖然有些人對於這項改革存疑，但辛克以及學校的其他老師現在都說，這項改革完全成功。學生變得更敏銳、更專注、更投入。辛克說：「三十年來，我都是對著坐著的學生講課，但我再也不會走回頭路。」巴耶西托小學校長翠西．史密斯主導學校改用站立式桌子，她認為，允許學生在課堂上自由走動，學生會變得「更專注、更有自信、更有生產力」。

從社會上一開始顯露的不安就能看出問題出在哪裡。我們認為，坐著不動就是穩重、認真、勤勞的表現。我們認為，克制想動的衝動是一種美德。在該工作的時間與場合，活動身體會招致批評，甚至招來懷疑的眼光（例如不少人就認為抖動身體代表人品不甚磊落）。這種觀念沒有考慮到的是，我們管理自身注意力與行為的能力有限，要壓抑「想動」這種非常自然的衝動，會耗掉不少管理能力。

德國基森尤斯圖斯李比希大學的克莉絲汀．朗漢斯與赫爾曼．穆勒的研究，也凸顯出這種取捨。這項研究於二〇一八年發表，研究人員請幾組志願者在幾種不同情境下——坐著不動、可以放鬆「但動作不能太大」，以及有節奏的微幅動作——以心算解決一系列數學問題。在研究過程中，研究人員使用一種叫做功能性近紅外線光譜（fNIRS）的大腦掃描技術，評估研究對象的認知負荷，也就是大腦運作的程度。兩位研究人員表示，研究結果明確顯示出，研究對象被要求「不要動」時，認知負荷就大增。重要的是，「不要動」的指令就跟心算一樣，會增加大腦同一個區塊的活動量。這個區塊就是負責執行運算之類的思考工作，**以及**負責控制衝動的前額葉皮質。在這三種情境當中，坐著不動的研究對象數學成績最差。fNIRS顯示，整體認知負荷越高，研究對象的數學計算成績就越差。研究人員說：「安安靜靜坐著，不見得是在學校上課的最佳方式。」

相較於坐著，人站著的時候會不時有小動作，例如重心在兩條腿之間變換、手臂更能自由活動，這就是研究學者所謂的「低強度」運動。這些動作雖然微小，卻能深深影響生理機能。梅奧醫院的研究人員進行過一項實驗，發現研究對象僅僅是站著而非坐著，就多耗費了百分之十三的精力，而且認知功能也明顯受到影響。研究發現，學生使用站立式桌子時，可增強執行能力，也提升了「任務參與度」，而執行能力正是規畫與決策所不可或缺的能力。研究也證實，成年人使用站立式的桌子工作可提升生產力。

置身在這種允許活動的環境中，不但不需要控制想動的衝動，還能調整生理激發的程度。對於有注意力缺失症的年輕人來說，這種不同程度的刺激格外重要。罹患注意力缺失過動症（ADHD）的年輕人大腦，有長期激發**不足**的問題。他們為了集結解決困難任務所需的心智資源，可能會敲敲手指頭、抖抖腿，或是在座位上蹦蹦跳跳。移動身體是增強激發的一種方式，就像成年人喝一杯咖啡提神，道理是一樣的。

加州戴維斯大學精神病學教授茱莉．舒懷澤，在二〇一六年研究一群罹患注意力缺失過動症的十至十七歲年輕人。這群年輕人必須解決考驗智力的難題。他們的腳踝上綁著一台感應器——活動測量計，在解題過程中監測他們的動作。舒懷澤發現，研究對象的身體動作越強烈，解題的認知表現就越好。換句話說，年輕人動得越多，思考能力越好。舒懷澤說，父母與老師往往認為，要先讓孩子靜下來，孩子才能專心做事。其實比較有效的方法應該是允許孩子動動身體，孩子**才能**專心。

即使是並未罹患注意力缺失過動症的人，維持最佳敏銳度所需的刺激程度也是因人而異。哪怕是同一個人，在一天當中不同時間所需的刺激程度也不一樣。我們有一種靈活且敏感的機制，能做出必要的調整，那就是抖動身體。有時候我們會做出有節奏的小動作以緩和內心的焦慮，集中注意力。有時候我們會敲敲手指頭，或是雙腳踏踏地面以趕走瞌睡蟲，或是一邊思考難懂的概念，一邊把玩一枝筆或一個迴紋針之類的東西。研究學者凱瑟琳．伊斯比斯特在社群媒體邀請大家分享自己最喜歡的「抖動物體」，還要說明使用方式，上述這些就是她募集到眾多答案的其中幾項。

伊斯比斯特是加州聖塔克魯茲大學的運算媒體教授。她認為，許多人對於抖動身體的反感，其實並不正確。我們相信可以只用大腦管理自己的心智活動，但透過身體動作管理心智活動往往更有效，這就是她所謂的「體感自我調節」。她將一般認為的「大腦命令身體」的指揮鏈顛倒了過來。她說：「改變**身體**的運作，就能改變感覺、知覺與思考。」她的研究以及其他人的研究都證明，抖動身體能以幾種方式擴展心智，而非僅僅調節激發。抖動身體像是在玩耍，能創造較為正面的心情，進而促進更為靈活、有創意的思考。抖動身體是重複動作，不需要花腦筋，占用的心智空間不多，我們仍得以專心面對手上的工作，心思不會飄向別處。一項研究發現，同樣進行無趣聽力測驗的兩組人，應研究人員要求在測驗過程中塗鴉的一組，比不塗鴉的另一組，記得的資訊多出百分之二十九。可能是因為不塗鴉那一組的注意力完全溜走了。

最有意思的，也許是伊斯比斯特提出的理論。她認為，抖動身體所帶來的各種感官體驗，是我們與螢幕、鍵盤之間枯燥交流所缺乏的。她寫道：「現在的數位裝置大多平滑、堅硬、時尚。」而網友向她介紹的「抖動物體」，則是有「各種質地，從平滑的石頭，到粗糙的胡桃殼，以及黏黏的透明膠帶都有」。網友形容自己愛用的「抖動物體」形容詞也很生動，例如：「皺巴巴的」「濕軟軟的」「咔嗒咔嗒的」，他們會把這些物體拿來「揉捏」「擠壓」「扭動」「滾動」，以及「摩擦」。彷彿抖動身體時，是在提醒自己不是只擁有大腦，還有一個身體，有著豐富的感覺與行動能力。所以，在運動中思考，將能發揮我們所有的官能。

＊＊＊

至今，允許自由活動的課堂與職場仍是少數，但我們應該努力推廣。我們甚至應該拿掉「允許自由活動」這種帶有歉意的名稱，因為我們本就應該在思考的場所，進行低強度運動。中強度與高強度的運動，對於認知會有不同的影響，心理學家丹尼爾．康納曼自身的經驗就是明證。

康納曼每年會有幾個月的時間待在加州柏克萊，在大多數的日子裡，他會按照固定路線，在山區走上六．五公里的路，路途中，還能看見舊金山灣的風景。他不脫科學家本色，仔細分析走山路的經驗。他寫道：「我通常會記下我所花費的時間，也從中發現不少關於運動的學問。我發現，以十七分鐘走完一．六公里這種速度，對我來說是散步。我以這種速度走路，耗費的體力、燃燒的卡路里當然會比坐在躺椅上來得多。但我沒感覺到壓力，毫不勉強，也不需要逼迫自己。我以這樣的速度走路，還可以同時思考與工作。我覺得走路這種輕微的生理激發，也能促進更廣泛的心智敏銳。」

但他也說：「如果走得比散步速度還快，走路的經驗就會完全不一樣，因為改以更快的速度走路，連貫思考的能力就會大打折扣。一旦加快速度，就會越來越常注意到走路的經驗，也會注意到我刻意維持更快的步伐，所以就比較無法保持完整的思路。我如果以能力所及的最快速度走山路，大概是十四分鐘走一．六公里，但這樣根本沒辦法去想其他的事情。」

康納曼詳盡的自我觀察，也與實證研究的結果吻合。練習一段時間的中等強度運動後，無論是在運動期間，還是在運動過後不久，思考能力都會有所提升。科學研究記載的良性變化包括有：注意力增強，不容易分心、語文流暢度與認知靈活度上升、解決問題與決策能力增強、工作記憶增加，以及對於學習內容的長期記憶更持久。能引起這些正面變化的機制包括有加強激發（如康納曼所推斷）、流向大腦的血流量增加，以及釋放許多神經化學物質。神經化學物質能提升腦內資訊傳遞的速度，促進神經元（又稱腦細胞）生長。研究證實，中等強度運動對心智的助益，能維持到運動結束後兩小時之久。

這項研究有一個讓人振奮的結論，就是我們可以自行在體內創造適合學習、創作，以及進行其他類型的複雜認知狀態。我們只需要在做這些事情之前短暫運動即可。但以目前的情況看來，我們通常不會刻意利用這種機會。我們的文化訓練我們將大腦與身體視為分離的兩者，因此我們也會分開思考的時間與運動的時間。舉個例子，想想很多人是否只有在下班**之後**，或是在周末才會上健身房？但我們應該想辦法在工作日與上學日，規畫幾次短暫的運動時間，也就是我們應該要重新思考如何運用休息時間。若午休時間、點心時間、工作或會議之間的休息時間都能用來運動，就能讓大腦進入最佳運作狀態。

對於兒童來說，課堂間的休息時間正適合拿來運動。研究證實，兒童若是在休息時間去操場玩，回到教室之後就能更專注、更有執行力。但全美各地學校為了增加課堂學習「坐著的時間」，紛紛縮短甚至取消休息時間。「沒有專注於心智工作的時間，等於浪費掉的時間」的觀念，是我們對於休息所抱持的錯誤觀念之一。這個例子之所以錯誤，是因為專注於心智工作的能力，會隨著時間不斷流失，但活動身體一段時間後就能重振。父母、老師，以及行政官員若希望學生能有理想的課業成績，就應該提倡增加能用來運動的休息時間。

另一個關於休息的錯誤觀念是，「休息時間就該讓身體休息，才能儲備下一輪心智工作所需的精力」。我們已經知道，身體要**運動**，大腦才能做好準備，進行現在很多人都在做的知識工作。要這樣與思想搏鬥（比喻的），或是要衡量各種可能性，最好的準備方式就是努力運動以流出（真正的）汗水。要進行困難的工作之前，與其慵懶地喝拿鐵，不如到附近快步走一走。對於休息時間，還有一個應當改正的錯誤觀念——把休息時間用來做**感覺上**跟工作不一樣的事情，例如看推特、看新聞、看臉書，就以為是在補充大腦枯竭的資源。問題是，這些活動會動用到大腦的同一個區塊，使用的心智資源，與用於偏重認知工作的心智資源相同。結果重返工作後，我們還是跟休息之前一樣疲憊，說不定比休息之前更為疲憊。若能將點心時間變成某些公衛專家所謂的「運動休息」，重返工作崗位時，智商就會比休息之前略高一點。

丹尼爾・康納曼在加州沿海山區散步的途中發現，要是走得很快，「我連貫思考的能力就會大打折扣」。研究也得到同樣的結論。科學家發現，運動強度與認知功能之間的關係，是一條「顛倒的U型曲線」。曲線隆起部分的中段，也就是代表中等強度運動的部分，是思考能力最佳的階段。曲線右方向下的區段，也就是高強度運動的期間，對於認知的控制確實開始減弱，但這也不見得是壞事。較長時間的極劇烈運動，能讓我們進入一種有益於創意思考的不同狀態。

日本知名小說家村上春樹就有類似的親身經驗。他長期保持跑步的習慣，是參加過二十幾場馬拉松的老將，每星期跑步多達八十公里。他甚至還寫了一本關於跑步的書，叫做《關於跑步，我說的其實是……》（二〇〇八，時報出版）。村上春樹寫道：「常有人問我，跑步的時候在想什麼，會問這種問題的人，通常沒有長途跑步的經驗。我常思考這個問題。我在跑步的時候，究竟想些什麼呢？」他說，沒想什麼。這可以說是重點。「我跑步的時候，不會去想什麼值得一提的事情。我就只是跑。我在一片空白的狀態下奔跑。也許我該換一種說法：我之所以跑，是為了**得到**一片空白」。

科學家有個用詞，與村上春樹所形容的「空白」意思相近——暫時性額葉功能低下（transient hypofrontality）。「低下」是「衰弱」的意思；「額葉」則是大腦前方的區塊，也就是掌管規畫、分析、評論，通常還會牢牢控制思想與行為的區塊。若是將所有資源全用於管理強烈運動的需求，前額葉皮質的影響力就會暫時降低。在額葉功能低下的狀態，思想與印象更能自由混合，也會出現意想不到的奇特想法。科學家認為，像是包括作夢與用藥體驗等等不同的原因，都會造成暫時性額葉功能低下，但強烈運動可能是最能引發這種狀態的方法。低強度與中等強度的運動，無法產生這種去除抑制的效應（誠如我們先前所討論過的，中等強度運動其實會**增強**執行能力）。想達到暫時性額葉功能低下的狀態，通常需要「換氣極限」的強度運動。「換氣極限」的意思是至少連續四十分鐘呼吸吃力，大約相當於運動者最高心率的百分之八十。

這是很難登上的顛峰，但另一位作家兼跑者凱瑟琳．舒茲說，一旦達到這樣的顛峰，會「引發一種笛卡兒哲學的瓦解」，大腦與身體融合在一起，形成她所謂的「光榮的勾結」。

＊＊＊

關於運動對於思考的影響，無論是促進思考，還是去除抑制的效應，只是其中一個重點而已。同樣重要的，是某些帶有意義與資訊的身體運動，以多種微妙的方式，參與思考過程。過去幾十年來，體感認知的領域已出現不少頗具說服力的證據，證明我們的思想，甚至可以說，或者應該說，尤其是抽象或象徵性的思想，深深受到身體運動方式的影響。只用大腦思考的傳統觀念，對於認知的理解是先有思想，然後再按照思想指示身體運動。後來出現的一批研究，倒轉了因果關係的方向，變成先運動身體，思想才受到影響。這個發現值得高興的地方是，藉由活動**身體**，可以刻意提升**心智**功能。舉個例子，若想改善記憶力，該做的不是驅使大腦更辛苦工作，而是四肢以有意義的方式運動。

需要學習並記住新材料時，我們通常會非常依賴視覺與聽覺，會從頭閱讀到尾，還會大聲唸出來。這種方法有其侷限，尤其是已經有研究證實，對於**聽到**的內容，我們的記憶非常薄弱。不過我們對於自己**做過**的事、身體曾經做出的行動，記憶則會深刻得多。將動作與要記住的材料連結在一起，會在大腦中形成更豐富、更難抹滅的「記憶痕跡」。此外，動作會啟動一種叫做**程序記憶**（procedural memory，如何做某件事情的記憶，例如如何騎單車）的程序，它與**陳述性記憶**（資訊內容的記憶，例如演說內容）不同。將動作與資訊連結在一起，就會啟動兩種記憶，回憶也將更為正確，這種現象就是研究學者所謂的「重演效應」。

專業演員想必可以告訴我們，身體的重演如何強化記憶。美國伊利諾州埃爾姆赫斯特大學心理學榮譽教授海爾嘉・諾伊斯，以及她的先生，也就是埃爾姆赫斯特大學戲劇學教授、同時也是芝加哥大都市區的演員東尼・諾伊斯，多年來都在研究演員記住厚厚一疊台詞的能力。他們發現，在演出期間，演員記憶台詞的平均正確度是百分之九十八。戲劇演出結束幾個月後，演員仍然能逐字背誦大約百分之九十的劇本。演員是怎麼辦到的？諾伊斯夫婦發現，演員驚人的記憶力，與他們身體的動作密切相關。在諾伊斯夫婦研究的過程中，許多演員表示，他們一定要等到戲劇已經「定型」，意思是舞台上所有身體動作都已規畫完成，才會開始背台詞。一位演員在接受諾伊斯夫婦訪問時說道：「這兩條軌道一定要同時進行，『我要講的台詞是這個，我要在這個時候、這個地方有動作。』兩者相輔相成。」

諾伊斯夫婦在二〇〇〇年進行的一項研究中，邀集了保留劇目輪演劇團的六名演員。這六名演員先前合演過美國劇作家小亞伯特・拉姆斯戴爾・格尼的舞台劇《餐廳》。在這齣劇的其中一幕，兩位成年的手足亞瑟與莎莉討論父母的房子出售之後，要如何處理房子裡面的東西：

亞瑟：妳確定媽媽不要把這些帶到佛羅里達去？

莎莉：她這些東西根本沒地方擺。她要我們兩個輪流整理，不要起爭執。

亞瑟：那我看我們就抽籤吧。

莎莉：除非我們兩個有一個想留下，另一個想丟掉。

亞瑟：今天就得弄完。

莎莉：你覺得今天來得及分完一整間屋子的東西嗎？

亞瑟：莎莉，我得回去了。（他往餐具櫃裡面看了看。）我們就抽籤，再輪流整理每一間房間。（他拿出一個銀湯匙。）這個，我們就用這個鹽杓。（他把鹽杓拿到背後，在雙手間轉換，再伸出兩個拳頭。）妳選一個。若猜到鹽杓，餐廳就歸妳。

莎莉：你要從這裡開始？

亞瑟：總要選個地方開始。

《餐廳》的巡迴演出在五個月前已經結束，當初參演的多位演員也開始演出新的角色，但他們還是記得《餐廳》劇本中，搭配動作或手勢的台詞（例如亞瑟向莎莉伸出湯匙的那段）。諾伊斯夫婦發現，對於站著或坐著不動時說出的台詞，演員忘詞的機率高出了許多。

諾伊斯夫婦在其他研究中發現，對於**不是**演員的人而言，將言語與動作連結在一起，也確實能強化記憶。這些非演員人士包括大學生，以及生活在輔助居住機構的年長人士。大多數號稱能預防與老化有關、記憶力衰退的活動，例如填字遊戲、數獨，以及 Lumosity 之類市面上的大腦訓練課程，全都是依據我們社會只用大腦的思考模式。這些方式對於思考行為的想法是，認為使用者就該坐著不動，只用大腦思考。但諾伊斯夫婦反而發現，運動身體是增強記憶力的關鍵，而且還能強化其他心智能力。

諾伊斯夫婦針對年齡介於六十五至八十五歲的人士進行了一連串的研究。他們將職業演員的演技傳授給研究對象，再帶領他們排練、正式演出舞台劇的幾場戲。在為期四周的課程開始前與結束後，他們測試了研究對象的一般認知能力，例如字詞記憶、語言流暢度、解決問題，以及處理日常事務，包括比較營養成分標示、用支票付帳單，以及查詢電話號碼。與沒有參加任何課程，或是參與不需要身體動作課程（例如藝術欣賞課程）的同年齡人士相比，參與戲劇課程的研究對象心智更為敏銳。他們顯然有能力活用在戲劇課程裡學到的方法，例如將動作與要記住的材料聯想在一起，並將這些方法用在處理日常事務上。

針對較年輕族群的研究也得到類似結果，因而再次證實，身體動作是記憶的關鍵。例如諾伊斯夫婦在二〇〇一年發表了一項針對大學生的研究，他們發現，「先前，專業演員所展現的身體動作的效應，是歷經了長時間的實境排練與屢次演出所得。但表演經驗很少，甚至毫無表演經驗的非演員人士，只要經過幾分鐘的學習，就能擁有同樣的效應」。他們說，極少的教學就能「顯著」影響研究對象回憶資訊的能力。將動作納入學習策略的學生，能記住百分之七十六的材料，而「刻意記憶」的學生，只能記住百分之三十七的材料。

諾伊斯夫婦的研究結論很明顯。首先，我們比較容易記住在運動過程中學習的資訊。即使動作不是重現要記住資訊的意義，純粹只是身體的動作與要記住的資訊相關，而且是在吸收資訊的同時做出動作，照樣能增進記憶。第二，動作與資訊連結之後，往後若是透過回憶，再次做出同樣的動作，就更能記住與動作相關的資訊。在某些情況下，可能會出現這樣的效應，例如若是練習過演講要搭配的手勢，到了演講當天就更能記住演講內容，但即使回憶時無法複製過往的動作（例如在考試的時候），一邊學習一邊運動仍有好處。

僅僅是興起做出與資訊相關的動作**意圖**，大腦似乎就會在這個資訊打上「重要」記號。我們受到與生俱來的自我中心偏誤影響，比較喜歡關注，也比較喜歡記住我們認為與自己有關的資訊，例如我的意圖、我的身體、我的動作。諾伊斯夫婦在他們一篇學術文章的結論寫道：

「可以把笛卡兒的話改成『我動，故我記得』。」

我們一邊學習一邊動，對於資訊的記憶會更正確，也許還會有不一樣的理解，也就是更深入、「發自內在」的理解。熙安．貝洛克現為心理學家，她先前在位於俄亥俄州牛津的邁阿密大學擔任助理教授期間，因為聽見在她實驗室工作的一名大學生不經意的一句話，開始思考身體在理解過程中扮演的角色。這位學生是學校的曲棍球校隊成員，他對教授說，他透過電視看曲棍球時，對於比賽的理解，似乎與沒打過曲棍球的朋友不同。

貝洛克與幾位同僚設計了一項研究，檢驗這位學生的想法。研究團隊首先對著兩組研究對象，分別唸出曲棍球比賽的一連串動作（「曲棍球球員射球」），以及日常生活的一連串動作（「孩子看見空中的氣球」）。兩組研究對象當中，一組是經驗豐富的曲棍球球員，另外一組從未打過曲棍球。接下來，讓研究對象看一組照片，有些與先前聽見的一連串動作有關，有些則無關。例如一張照片是孩子看見空中的氣球，或是孩子看見地上洩了氣的氣球。

研究對象看見每一個句子與照片的組合後，都能正確辨識兩者是否相關。但若是涉及與曲棍球比賽相關的動作，曲棍球球員辨識的速度則遠快於沒打過曲棍球的研究對象。這是因為曲棍球球員具備貝洛克所謂的「促進理解」。掃描兩組研究對象的大腦後，結果顯示，同樣是聽見與曲棍球相關的話語，曲棍球球員大腦某個區塊的活躍程度會高於沒打過曲棍球的研究對象。這個區塊就是負責執行熟練身體動作的左前運動皮質。左前運動皮質通常與語言處理無關，但曲棍球球員因為具有上場經驗，所以能將身體的經歷與他們聽見的話語互相連結。貝洛克的研究有一個令人意外的發現，就是**動作不同的人**，思考也會不同，這個結論可套用在運動以外的許多領域。

以運動促進思考的相關研究，一共發現四種能促進思考的動作——一致的動作、新奇的動作、自我參照的動作，以及比喻的動作。第一種一致的動作，是以身體表達思想的內容，以身體的動作，展現事實或概念的意義。一致的動作能在理解與記憶的過程中，加入身體的元素，進而有效強化暫定或新興的知識。「沿著數線走動」就是一個我們很熟悉的例子。兒童學習數學時，若是一邊計數，或是一邊計算加減法，一邊沿著地上的超大型數線走動，將有益學習效果。沿著數線上下走動，與大腦進行的前後數數一致；小步伐走動，則是與大腦一次計數一個個位數字一致；大步跳動則是與大腦同時加減許多個位數字一致。學生以這種方式練習將數字與動作連結在一起，往後也展現出了更多的數學知識與技能。

身體的動作與思考一致是有益的，因為能協助學生完成從具體到抽象的困難轉變。兒童剛開始學習閱讀的時候會面臨一種困難，那就是必須將世界上具體的東西，以及代表這些東西的抽象符號互相連結。亞利桑那州立大學心理學教授亞瑟·葛連伯格指出，在日常生活中，兒童碰上「球」或「杯子」這些字詞時，通常也能看見真實的球或杯子。但兒童在看書的時候，即使沒有實物可以參考，仍必須理解文字的意義。葛連伯格以一致的動作，縮短兩者的差距。他推出了「以閱讀運動」課程，指導兒童（以具體的身體動作）模擬閱讀的內容（抽象符號）。這種模擬能增強學習效果。葛連伯格發現，兒童以身體動作呈現書上的內容時，閱讀理解能力確實提高了一倍。

在一項類似的研究中，葛連伯格安排一年級與二年級學生閱讀幾則關於農場生活的故事。這些兒童也拿到與農場相關的玩具，例如小型的穀倉、牽引機，以及母牛。其中半數的學生只要將故事閱讀兩遍就好，另外半數則必須使用玩具，重現先前閱讀的內容。例如讀到「農民開著牽引機到穀倉」時，就要將玩具牽引機移動到玩具穀倉。結果發現，以行動演出故事內容的兒童，更能從故事中做出推論，他們之後記得的故事內容，也遠多於純粹讀過兩遍故事的同儕。

其他研究也證實，兒童運用這種一致的動作有助學習數學。在葛連伯格的另一項試驗中，一群小學生必須模仿動物園管理員，將食物分配給動物，同時計算每一隻河馬與短吻鱷分配到幾隻魚。葛連伯格說，做出與數學應用題內容一致動作的學生，與使用心算的學生相比，計算結果較為正確，也較容易進行計算。學生演出數學問題所說的「故事」，似乎更能找出解決問題所需的資訊——演出數學問題的內容，被數學問題中不重要數字或細節分散注意力的機會，會減少百分之三十五。

科技產品往往都會設計成讓我們坐在椅子上不動，眼睛盯著螢幕看，但科技產品的運作若能納入一致的動作，就能藉由我們的動作擴張。使用觸控螢幕裝置的研究，也的確證實了，在數位教育課程中，若是鼓勵使用者以雙手做出與要學習的心智作業一致的動作，將有助提升使用者的學習成效。例如在數線評估的教學課程中，若要進行數線評估，就必須了解數值是連續的，而非不連續的。所以使用者與教學課程互動時，必須做出連續動作（手指在螢幕上連續滑動），而非不連續的動作（點選螢幕一次），學習成效才會較為理想。

另一種能增進思考的動作是**新奇**的動作。新奇的動作能創造出從未有過的身體經驗，帶領我們認識抽象的概念。想一想，你走進家中的淋浴間時，是如何打開熱水？要回答這個簡單的問題，你會在腦中模擬常做的動作，說不定還會伸出手，打開想像中的水龍頭手把。但你要如何思考從未經歷過的動作？物理系學生就面臨這種困境，因為他們必須思考從未親身體驗過的「角速度」與「向心力」之類的現象。幾十年來，物理教育研究都揭露了一個可嘆的事實——大多數學生無法真正掌握物理。有些研究甚至發現，學生完成大學的初級物理課程之後，對於物理的理解反而**更不正確**。

普遍無效的傳統物理教學法，是基於只用大腦思考的認知模式，也就是認為人應該像電腦一樣，運用一套抽象的規則解決問題。但事實上，人類與電腦**完全不同**。人類解決問題最有效的方式，是想像自己置身在某個情境中，而且如果有先前身體接觸的經驗，可作為心理投射的依據，就更容易想像。熙安．貝洛克從我們先前討論過的曲棍球球員身上得到靈感，她所設計出的研究，就是要帶給學生這樣的身體接觸。

貝洛克與芝加哥帝博大學物理系副教授蘇珊．費雪合作，設計一系列實作活動，讓學生認識在物理學課堂上學到的各種力。她讓學生學習內在的經驗，而非抽象的概念。例如在一個活動中使用一種道具，將兩個單車車輪安裝在一個軸上，車輪旋轉的時候，學生握住身體前方的整個道具組合。等到軸從水平翹起為垂直，握住道具的學生，就能親身感受到物理學家所謂的力矩，也就是一種會引起物體旋轉的阻力。貝洛克與費雪要求一組大學生雙手握住這個裝置，感受軸翹起的感覺；另一組大學生只是從旁觀看別人示範使用道具。隨後再測試兩組學生對於力矩概念的理解。

研究結果發現，親身體驗力矩的學生，測驗成績較佳。在最困難的理論問題上，他們的答案更是凸顯其理解優於他人。而且大腦掃描也顯示，兩組學生依據指示思考力矩的時候，只有親身體驗過力矩的一組，掌管動作的大腦區塊才會活躍。這些學生即使是一動也不動躺在功能性核磁共振造影的機器裡面，或是在考試的時候坐著不動，也能運用身體對於力矩的經驗，因此，對於概念的理解也就更深入、更正確。

這項研究帶給我們一項啟示，亦即，科學課程若是加入示範，學生就不該淪為只能從旁觀看的角色。唯有親身參與，學生才能因身體的行動，獲得發自內在的深層理解。正如教育學教授多爾・亞伯拉罕森所言：「所謂學習，就是以新的方式運動。」

⁂　⁂　⁂

還有一種動作能改善思考，那就是**自我參照的動作**，意思是將自己，尤其是自己的身體用於思考。將自己置於行動的中心，乍看之下似乎「不科學」，但科學家也常用自己的身體作為探索的工具，想像自己就是研究標的。人類學家艾莉諾・奧克斯曾研究在實驗室工作的理論物理學家。她說，這麼做可以培養一種「同理心」，較能理解他們難以理解的實體」。愛因斯坦是世上最知名的物理學家，據說他是想像自己騎乘著一道光才發明了相對論。愛因斯坦曾說：「沒有一個科學家是以方程式思考。」他說自己的思想內容是「可看見的」，甚至是「豐滿的」。

其他科學家也曾說過，自己的新發現是來自想像的體現動作。遺傳學家芭芭拉·麥克林托克因為研究香龍血樹的染色體而獲得諾貝爾獎。她說起用顯微鏡研究染色體的感覺：「我研究染色體時，並不是置身在外面，而是跟那些染色體在一起。我是整個系統的一部分。我就置身在那些染色體當中，一切都放大了。我甚至看得見染色體的內部，一切都看得見。我很意外，因為我真的覺得我好像置身在染色體當中，那些染色體就是我的朋友。」發明小兒麻痺症疫苗的病毒學家約納斯·沙克，也是一位將自己身體帶入研究的科學家。他曾經解釋過他的工作方式：「比方說，我想像自己是病毒或癌細胞，思考身為這兩者時會面臨的狀況。我也會想像自己是免疫系統，想像我這個免疫系統要對抗病毒或癌細胞時會怎麼做。我想像一個問題的一連串情境，有了新的領悟後，再照樣設計出實驗室中的實驗。」

教育常常鼓勵學生以客觀超然的觀點看待科學，但研究發現，仿效科學家的「體現想像」方式，反而對學習有益。用身體思考與學習，就能利用人類自我中心的心態。我們演化而來的能力，能理解事件及思想**與我們的關係**，而不是從中立客觀的觀點去解讀。研究發現，自我參照的行為，也就是將新知識與我們自己的認同、經驗連結，能發揮「整合式黏膠」的作用。資訊若是單獨的，與自我無關的，就會缺乏一種黏著度，而自我參照的行為能賦予資訊這種黏著度。採用第一人觀點，並不代表會受其限制。運用身體動作去探索某個現象，反而能增強我們在內部觀點以及外部觀點之間來回穿梭的能力。這種來回變換的觀點，能促進更深層的理解。

華盛頓大學物理學助理教授瑞秋・薛爾研發出一種角色扮演的教育課程，名叫「能量劇院（Energy Theater）」。薛爾說，能量有一種特質是學生難以理解的，就是能量永遠是**守恆**的，永遠不會「用盡」，而是會轉換成另一種形式，例如彈珠台柱塞的圈狀彈簧的能量，會轉換為彈珠移動的能量。學生在教科書上看見能量守恆定律時，並不見得能理解其意義。「能量劇院」則是引導學生**體現**能量。學生能從內在漸漸理解能量守恆定律的意義。薛爾說：「學生以動作『扮演』能量，就能感受到自己身體所傳達的永恆與連續的感覺。**他們**不會『用盡』，所以他們更能理解能量也不會用盡。」薛爾的研究證實，參與「能量劇院」的學生，對於能量動力的理解更為透澈。

另一個運用自我參照動作學習的機會，是學生需要理解複雜、多步驟互動過程的時候，例如生物課上最難懂的有絲分裂與減數分裂時。要研究細胞分裂與再生，牽涉到許多階段與過程，遠超過學生心智能力所能負荷，因此學生頂多也只能理解皮毛，最差的則可能全然不懂。維吉尼亞聯邦大學生物系副教授約瑟夫・錢尼奇眼見他的許多學生無法理解這些最重要的概念，於是有了一個構想——不妨讓學生「扮演」染色體人，用自己的身體扮演這些過程，從內在理解細胞分裂與再生。

錢尼奇用了幾年的時間精進他的方法，並發表於《美國生物教師》期刊。他所用的方法是發放棒球帽與T恤給學生，每一個上面都有代表一個基因的字母。大寫字母代表顯性基因，小寫字母代表隱性基因。學生穿戴了帽子與T恤，再跳一段精心編排的華爾茲舞。在初期，某些「染色體人」每兩個挽著手配成一對；在中期，尚未配對的染色體前往一個叫做「紡錘體」的地方；到了後期，配對的學生分開，前往紡錘體的兩端。最後要扮演的是末期，紡錘體瓦解，染色體解開。學生在尷尬的笑聲，以及偶爾的皺眉中，完成這隻怪異的舞蹈，讓自己看見也感受到這麼多移動的部分如何互動。

錢尼奇的研究發現，扮演有絲分裂與減數分裂的學生，較能正確理解這些概念。類似的研究也得到相同的結果。一項研究安排一群學生扮演太陽系的行星，模擬順行與逆行，以探討學習效果。另一項研究安排學生扮演碳分子，體驗克氏循環（Krebs cycle）的酶反應。還有一項研究是，讓學生模擬胺基酸合成為蛋白質過程中的聚合作用。在這些研究中，學生有機會扮演這些實體，而不是純粹閱讀教材或聽課，結果，學生的學習效果與成績均較為理想。

佛蒙特大學的卡門．派翠克．史密斯研究以身體體現數學概念的效果。她說，體現一種概念（也就是「成為它」），與覺得一個概念「離自己很遠，與自己分離」（也就是「觀察它」），是非常不同的經驗。舉個例子，幾組學生張開雙臂組成一個三角形，然後試試彼此之間站近一些，或站遠一些，就能理解三角形的**尺寸**可以變化，但三個角的角度仍能維持不變。史密斯說，研究證實，這種「身體活動」能深化學生的理解，強化學生對於數學概念的記憶。數學教師多年來都將操作材料納入教學，例如計算棒子與立方體的數量，而史密斯以及其他人的研究證明，學生使用的「操作材料」如果是自己的身體，可學到更多東西。

⁂　⁂　⁂

最後一種能提升思考的動作是體現比喻的動作，包括明喻與暗喻。我們使用的語言，充滿了來自我們體現經驗的比喻。**比喻的動作**逆轉這個過程，藉由身體動作，促使大腦進入比喻所形容的狀態。熙安・貝洛克寫道：「運動身體能改變大腦，我們就能在有意深思某些思想之前，先讓大腦在無意中吸收這些思想。一個人運動之後，更容易感受到與運動相關的思想。」

舉一個例子，運動身體，就能開啟一個根深柢固，且我們多半意識不到的比喻，連結起動態的**動作**與動態的**思考**。我們想不出原創的思想時，會說我們「卡住了」「陷入窠臼」；我們覺得受到靈感之神眷顧時，會說自己「好運連連」，靈思「流動」。研究證實，以身體動作展現創造力相關的比喻，例如「跳脫框架的思考」，能刺激創意思考。威斯康辛麥迪遜大學心理學家艾文．波曼設計了一項實驗，研究對象必須完成創意思考的任務。有些學生坐在紙箱裡四十六．五平方公尺大小的空間完成任務，其他學生則是坐在紙箱旁邊完成任務。名符其實「跳脫框架」思考的研究對象，所想出的創意解決方案，比起在紙箱內思考的學生，平均多出百分之二十。

波曼與同僚也測試了體現另一種比喻，對於創意思考的影響。這次測試的是以「一方面……另一方面」來表達衡量多種可能性的意思。這一次，研究對象必須想出校園裡新蓋綜合大樓的新用途。半數研究對象在構思的時候，必須伸出一隻手；另外半數則必須輪流伸出兩隻手。（無意中）以行動展現「一方面……另一方面」比喻的研究對象，所想出的綜合大樓新用途，比另一組多出將近百分之五十。獨立評審也認為他們的構想更多元、更有創意。

此類研究顯示，我們扮演與某個認知過程相關的比喻，就能啟動這個認知過程。僅僅是「走進另一個空間」，就是一種創造力的廣義比喻，象徵新角度、意想不到的景色、動態的思考與動態的變化。之所以會有「行走期間與行走之後，比坐著不動更有創造力」的研究結論，也許就是因為啟動了這種比喻。

史丹福大學教育學院院長丹尼爾．舒華茲常常勸告他的博士班研究生跟他一起散步，一邊思考論文，而不是一直坐在他的研究室苦思。二〇一四年，其中一位名叫瑪瑞麗．奧佩佐的博士生（現在是史丹福大學預防研究中心的醫學講師）決定要進行實證研究，探討行走對於創造力的影響。舒華茲與奧佩佐進行了一連串的試驗，他們針對史丹福大學生、史丹福員工，以及鄰近社區大學的學生，進行幾種不同的原創思考測驗。有些學生必須一邊在校園散步，或是一邊在跑步機上行走，一邊完成測試，其他則是坐在教室裡完成測試。

在第一項測試中，研究對象必須想出磚塊或迴紋針之類的尋常物品能有哪些意想不到的用途。邊走邊想的學生，平均比坐著想的學生多想出四至六種用途。在另一項測試中，研究對象看見一個會喚起記憶的景象，例如「燈泡熄滅」，也必須想出一個類似的景象（例如「核反應器熔化」）。邊走邊想的學生當中，百分之九十五能順利回答，而坐著不動的學生當中，只有百分之五十完成。兩位學者的結論是：「行走能促進思想的自由流動。」其他研究的結果甚至證明，相較於依循死板固定的路線，自由隨意的行走，更能進一步推動創意思考的過程。

當代文化認為，思考時就該坐著不動，但走過文學與哲學的歷史，就會發現大量反駁證據。記得我們先前提到的尼采曾說：「唯有行走時得到的思想，才有價值。」丹麥哲學家索倫・齊克果也有同感，他說：「我最好的思想，都是用雙腳走出來的。」美國作家拉爾夫・沃爾多・愛默生曾說，行走是「大腦的體操」。瑞士出生的哲學家盧梭也說：「我沒在走路的時候，是無法思考的。腳步一停下來，思考也就跟著停。再開始行走，我的腦袋就又開始運作。」法國哲學家與散文作家米歇爾・德・蒙田感嘆，他的靈感往往在他運動時才會出現，偏偏又是在「我手邊沒有紙筆可以寫下來」的時候，而且「尤其容易發生在我騎馬的時候，我在馬上的靈感最豐沛」。

這些傑出的思想家，顯然有重大發現。我們應該想辦法，將動作加入所有的日常活動，或是運用「以每小時五公里速度移動的大腦」的行動智慧，也就是當代作家雷貝嘉・索尼特所謂的行走所引發的心理狀態。所以我們可以邊打電腦邊在跑步機上行走，邊講電話邊行走，邊開工作會議邊行走。甚至在課堂上課的時候也可以行走。一邊走路一邊思考，似乎本來就適合學術界。幾年前，北德州大學哲學系教授道格拉斯・安德森開始思考，他與學生研讀的文章，經常都提到了運動的好處，那他們又為何老是坐在演講廳不動？於是他開始在他的「自我教化哲學」課堂上，將運動納入教學。他跟學生一邊在校園四處行走，一邊討論該周的指定閱讀內容。安德森說，他發現學生一踏出教室，立刻就不一樣了，聲音與表情變得較為活潑，話也多了起來，大腦似乎也運作得比較快。

安德森的教學大綱當然少不了哲學家與博物學家梭羅於一八五一年康考特學術講座首度發表的文章〈散步〉（Walking）。梭羅說：「我覺得我非得一天至少花上四小時，通常更久，在森林、山上、田野漫步不可，否則我的健康與精神無以為繼。」他在同一年的日記中，又針對這個主題寫道：「若是沒有站起來生活，坐下來寫作又有何用！」他寫道：「我覺得我的雙腿一動起來，我的思緒就開始流動。」

第三章
以手勢思考

加布爾・赫丘里身穿剪裁合身的灰色西裝、白色襯衫，搭配紅色領帶，站上二〇一八年Startupbootcamp發表會的舞台。他還沒開口，流暢的步伐與手勢便盡數展露出他的自信。

他開口說道：「兩年前我被貨車撞了，因為司機的眼睛沒看著馬路。」他大睜著眼睛，手心朝上地伸出雙手，彷彿在說，**大家相信嗎？**「幸好我只是輕微擦傷，但經過這次事件，我真的覺得該有人出手整頓汽車交通安全，尤其是營業車輛，因為營業車輛的駕駛面臨著**非常大**的時間壓力。」他大大張開雙臂，強調「非常大」三個字。

他的右手手指擺出鉗子的形狀，繼續說著：「我們學到很重要的一課，就是在營業車輛部門，車隊管理者必須確保**每一次的運送**，」他的手往空中戳了兩次，特別強調這幾個字，接著又說：「發生在正確的時間與地點。這件事做起來要比說起來困難多了。」

赫丘里說，車隊管理者很緊張，唯恐駕駛會迷路，唯恐路上會出意外，唯恐貨物太晚送到。「所以車隊管理者希望能跟駕駛一起坐在車子**裡面**」。他做出往下塞好的動作，強調「車子裡面」，接著又說：「才能指導駕駛養成好習慣。現在這個願望可以實現了。」他停下來以營造氣氛。

「我要向大家鄭重介紹 Atlas One，這是全球第一款能透過全像投影，將駕駛資訊直接傳送給駕駛的抬頭顯示器，還有能提升駕駛行為的三大功能。除了這些功能，還可以確保駕駛的眼睛不會離開路面。」他說到宣傳的重點時，雙手一直動來動去。他的雙手先是像相機取景器一樣，框住他的視線，接著朝向他自己移動，彷彿資訊流入了他的視野。然後他的雙手又從他的眼睛，指向他眼前的假想道路。

在他眼前的，是幾百位潛在客戶、合夥人、投資人，正在專心聽他說出的一字一句。這些觀眾可能並不曉得，赫丘里的手勢對他們的影響力，至少跟他的演說一樣大。體感認知的相關研究逐漸發現，人類不但會以文字，還會以雙手以及身體其他部分的動作，闡述自己的思想。手勢不僅能附和或放大言語，還能發揮語言無法觸及的認知與溝通功能。語言是分離且線性的，是一個字接著一個字的，而手勢則是印象的、完整的，能立即表達樣貌、感覺與動作。

手勢獨特的力量，在要勸說或徵募他人的時候格外有用。手勢的動作能讓做手勢的人，成為眾人視覺的中心，同時也處於行動與控制的位置。話語可以描述、讚美或說明，手勢則是向全世界展示**行動**（即使只是象徵性的）。而且做手勢的人，是以人體去體現抽象的概念，是一種翻譯，讓旁觀者更能在大腦中模擬做手勢的人的觀點。也許最重要的是，手勢能讓人覺得，一家原本沒什麼存在感的企業，此時此刻卻是可觸及的現實。一個研究團隊表示，將手勢用於這種用途，在新創企業界就能獲得巨大優勢，因為「企業家處於『真實存在』與『尚未發生』之間的界線上」。很多人也是如此，比方說可以將手勢用在提出下一季的預測、推出提案，或是說明想做改變的理由時。手勢將不確定的未來，帶到看得見的現在，賦予我們一種幾乎可以觸及未來的真實感。

潔茵．克拉克是法國里昂商學院企業經營與組織的教授，多年來，她都在觀察赫丘里這樣的企業家在歐洲各地的發表會、育成中心，以及投資論壇所做的宣傳。她與同僚在二〇一九年發表的研究，證實了懂得在宣傳期間「巧妙運用手勢」的企業創辦人，為自家新創事業吸引資金的機率高出百分之十二。這種巧妙的手勢，包括能表達講者要闡述大意的「象徵性手勢」，以及用於強調重點的「敲擊式手勢」。赫丘里指著自己的眼睛，又指著眼前的視野，如此反覆幾次，就是一種象徵性手勢（代表**眼睛要看路**）。他用手指做出鉗子的形狀，或是握拳戳向空中，就是以敲擊式手勢強調自己的主張。克拉克說，懂得巧妙運用手勢的人，對於運用手勢這麼重要的環節，可不會只仰賴臨場發揮。他們會練習演說的內容，也會練習要用的手勢。

手勢能以很多種方式，影響做手勢方與接收方的思考，增添演說的說服力只是其中一種。研究證實，手勢能以視覺線索與動作線索輔助言語，增強記憶。手勢能將資訊「卸載」到雙手上，釋出心智資源。手勢還能有助理解並表達抽象概念，尤其是那些僅憑文字無法表達清楚的抽象概念，例如空間或關係的概念。做手勢，大腦也能更聰明思考，但常有人譏笑做手勢像是慌亂中「手亂揮一氣」，或是將之貶斥為賣弄、笨拙。

哥倫比亞大學商學院經濟學家費德瑞克．米什金很熟悉這種冷嘲熱諷。他無論是站在台上演講，還是隨意聊天，雙手總是動個不停以加強語氣。他說：「我用雙手說話，我向來這樣。」但他在職業生涯初期，就因為老是做手勢，惹得一位老師頗為不耐。這位老師希望學生能戒除壞習慣，於是立下一條規則，米什金恨恨說道，自己每次造訪老師的辦公室，「他就叫我坐在自己的手上跟他說話」。

對於手勢的貶斥是一種文化限制，違背了人類自然的溝通方式。語言學家甚至認為，手勢是人類最早的語言，在人類說出第一個字之前，便已盛行甚久。即使是現在，手勢也是另一種溝通管道，與言語溝通一樣重要。手勢深深影響我們如何理解、如何記憶自己與他人的互動，但我們多半不會意識到手勢的影響力。即使字斟句酌地仔細聆聽別人說話，我們卻還是有可能沒注意到一大部分的溝通內容，因為期間不斷傳遞出大量的「語言外意義」。

有時候用手勢搭配語言，更能具體展現說話者想表達的意思，能說明或強調說話的內容。其他時候，手勢能補充說話者沒有以言語說出的意思。在另一些時候，手勢所表達的意義，與說話者以言語說出的意思完全相反。手勢能表達沒說出口的意思，接下來我們也會發現，手勢甚至能表達因為缺乏合適詞彙而**無法說出口**的意思。

所以，每一個人都擁有雙語能力。我們會說一種或更多種語言，而且手勢語言也很流利。在人類的演化史中，口說語言並沒有取代手勢，手勢反而始終是口說語言形影不離的搭檔，甚至**超前**口說語言一兩步。克里斯蒂安．希斯是倫敦國王學院工作與組織的教授，他仔細分析了對話的影片，以研究身體動作與言語表達之間動態的相互作用。他錄下了一段醫生與病患之間的對話細節，顯示人們通常先做手勢，然後才說話。

在希斯錄下的影片中，醫師說他開給病患的某一類型藥物「就是可以，妳知道，緩解發炎」。在他說出「妳知道」的時候，手已經往下揮了三次。病患則是提到她的財務壓力很大，為了付帳單而「焦頭爛額」，但她還沒說出這四個字，雙手就已經開始在繞圈圈。在每一次對話中，手勢都預告了接下來會以言語表達的概念。而且在這兩個例子當中，聽者一看見講者的手勢，即便**還沒**聽見講者以言語表達感受，就展現出了自己理解對方的感受（點頭或喃喃說話）。看完希斯的影片會發現，人們的對話多半是以雙手進行，說出的言語僅僅是後來添加的。

研究證實，每一個人都會「以手勢埋下伏筆」，以雙手表達接下來要說的話。舉個例子，發現自己說錯了話要停下來改正時，在停止說話的兩百毫秒之前，就已經停止打手勢。這種順序揭露了一個驚人的概念——雙手常常是比有意識的大腦先「知道」接下來要說的話。手勢能指點大腦，大腦就知道該說出怎樣的語彙。若是不能做手勢，說話就會比較不流暢，變得結結巴巴，因為雙手無法告訴我們下一個該說什麼字詞，還有下下一個該說的字詞。不能做手勢還有其他不利的影響，例如若沒有手勢推動心智歷程，記得的有用資訊就更少，也比較無法妥當解決問題、無力解釋我們的想法。手勢絕對不是緊緊跟隨在言語後面的笨拙同伴，而是思想的前緣。

⁂ ⁂ ⁂

手勢是人類的第一種語言，每一個人類嬰兒都會重現這段演化史——先懂得使用手勢，然後才學會基礎語言。嬰兒在學會說話之前，早已懂得揮手、招手，還會舉起雙臂，以無聲的方式表達**「抱我」**。小朋友會用的第一個手勢是用手指東西，幼童通常大概在九個月大的時候就會開始使用。到了十至十四個月，隨著精細手指控制能力的提升，開始能做出更細微的手勢。在這個時期，學步兒童的言語表達能力，遠遜於手勢表達能力。例如幼兒通常聽得懂別人叫他指著自己的鼻子，也能照做，但要等到整整六個月之後，才有能力說出「鼻子」。而且研究也發現，幼兒在了解世界的過程中，會使用手勢引導照顧者說出自己想聽的字詞。例如幼兒會指著不認識的東西，成年人見狀後，通常就會配合說出這件東西的名稱。父母以這種方式「翻譯」孩子的手勢，過了幾個月之後，孩子可能可以說出父母先前說出的字詞。有一位研究學者說，說來神奇，「幼兒竟然會用雙手指示自己的媽媽說話」。

人們在嬰幼兒時期使用手勢的經驗，打下了口說語言的基礎。使用手勢，是要讓一個東西（身體的動作、字詞的讀音），與另一個東西（實物、社會行動）畫上等號的第一步。將一個願望，比方說從嬰兒用餐椅下來，與口說的「下來」二字連結，是一種複雜的心智行動。做出手往下揮動的手勢，則是一個重要的過渡步驟。研究也證實，十四個月大幼兒做手勢的頻率，與往後在四歲半的語彙量確實有關。幼兒是向身旁做手勢的人，也就是成年人學習手勢。研究顯示，父母若是常常做手勢，子女往後也會常常做手勢，最後就會擁有大量的口說語彙。

兒童發展專家始終主張，跟兒童**說話**相當重要。常有人引用貝蒂・哈特與陶德・瑞斯里這兩位心理學家在一九九五年發表的研究。這項研究顯示，家境富裕與貧窮的兒童到了開始上學的時候，脫口而出的「語彙量差距」約為三千萬。這項研究發表之後，其他研究也證實，高所得父母通常比低所得父母說話更多，語彙類型更多元，語句也更複雜、變化更多。而且從這些差距，也可判斷兒童未來的語彙量多寡。現在越來越多研究顯示，父母對著子女**做手勢的方式**也很重要。父母與子女對話中使用手勢頻率的「社經差距」，可能會造成所謂的「手勢差距」。

研究發現，高所得父母做出的手勢比低所得父母多，而且差距不僅止於數量，還有**品質**——較為富裕的父母做出的手勢類型更多，代表的意義類型也更多，例如實際物體、抽象概念，以及社交訊號。較為貧窮的父母與子女，彼此互動時使用的手勢種類較少。高所得家庭的子女會仿效父母的舉止，比低所得家庭的子女更常做手勢。一項研究發現，來自高所得、高學歷家庭的十四個月大幼兒，在九十分鐘的觀察時間之內，平均會使用手勢表達二十四種意義；低所得家庭的幼兒，則僅僅表達十三種意義。四年之後，他們到了該上學的年紀，富裕家庭的兒童字彙理解測驗平均成績為一百一十七分，而貧窮家庭的兒童則是九十三分。

因此，父母做手勢的差距，可能是造成教育成果差異的原因，只是很少人知道這點。較少接觸手勢，未來的語彙量也就較少。語彙量多寡的小小差距，會隨時間變大。因此，有些兒童剛進入幼兒園的時候，語彙量是較為貧窮的同儕的幾倍多。從剛入學時的語彙量，不難預測兒童在幼兒園，甚至在整個求學期間的學業成績。

好消息是，研究顯示，父母只需要簡單的指導，就會更頻繁做手勢，而他們的子女也會更常做手勢。每一位父母都能採用這些介入方案的策略——經常與幼兒一起用手指向，也鼓勵幼兒自己指向。唸圖畫書時也可以邊唸邊用手指，例如指著特定的字詞或插圖，叫小朋友指著自己看見的東西。父母可以設計一些簡單的手勢，代表真實生活裡的東西，例如爪子抓的動作代表貓，扭動的食指代表毛毛蟲，而且做手勢的時候，一定要大聲說出對應的字詞。哈佛大學教育系教授梅樂蒂・洛維說，也許我們最應該記住的事情是，兒童的語言發展是可塑造的，父母對於兒童的語言發展有重大影響。洛維在二〇一九年發表這項研究，將此訊息傳達給一群社經背景各異的父母與照顧者，同時也呼籲他們要多做手勢。她發現，在介入方案結束後，參與介入方案的成年人，相較於沒有參與手勢訓練的成年人，手指指向的頻率高出十三倍，而他們的子女手指指向頻率也有大幅的增加。

兒童年齡較大之後，手勢依然發揮先遣部隊的作用，探索大腦區塊的速度遠遠早於言語。驚人的是，研究人員發現，兒童理解概念或解決問題的「最新也最先進的構想」，通常先出現在手勢上。例如一名六歲女孩面臨標準的「質量守恆」問題時（心理學先驅尚・皮亞傑率先使用這種問題，研究兒童發展的過程），先讓女孩看見一個裝滿水的細長玻璃杯，然後將杯中水倒入矮寬玻璃杯中。接著研究人員問女孩，水量是不是一樣？女孩回答「不是」，但在回答的同時，她的雙手做出杯狀的手勢，代表她漸漸了解，第二個玻璃杯因為比較寬，一樣多的水倒進去後，水位會比第一個玻璃杯低。

這段研究影片來自芝加哥大學心理學教授蘇珊・戈丁梅朵建置的龐大影音檔案。她蒐集了幾千個類似的影片片段，影片中的人物以言語與手勢，解釋自己如何解決問題。她從這麼多的影片中發現了一種有趣的模式——講者的言語與手勢若是正確又一致，代表講者已經熟悉內容。言語與手勢若是一致，卻同樣都是錯誤的，就可以假設講者仍然「不懂」。但言語與手勢若是**不相符**，也就是說話的內容，與手勢表達出的意思不同，這個人就處於「過渡狀態」，從以言語表達的不正確概念，過渡到以手勢表達的正確概念。

在戈丁梅朵錄製的兒童回答「質量守恆」問題的影片當中，約有百分之四十的兒童先以手勢展現出新的理解。在各種年齡層中，似乎經常會出現言語與手勢不相符的現象。一項研究發現，十歲兒童回答數學問題時，大約有百分之三十的機率，會出現手勢所代表的解題策略與言語所表達的不同。另一項研究發現，十五歲的研究對象在解決問題的過程中，言語與手勢不相符的機率是百分之三十二。

戈丁梅朵也發現，言語與手勢不相符的學習者，特別能吸收教學，也就是說，只要父母或老師指導，他們就能吸收並運用正確知識。即使是成年人，也表現出能夠透過言語與手勢之間的差異進行學習。例如在一項實驗中，一群大學生必須認識一組立體異構物。立體異構物是一種化合物，原子數量相同，但鍵結方式不同。這項研究的第一作者戈丁梅朵寫道，大學生在學習過程中，言語與手勢不相符的程度，「代表他們吸收教學的能力。換句話說，他們越是以手勢表達沒有說出的正確概念，往後的學習能力就更好」。因此，言語若是與手勢不一致時，應該要參考手勢。

***

為何「最先進的構想」會先出現在手勢上，然後才出現在言語中？研究人員研判，手勢能表達大腦中尚未形成的概念。人們在還無法說出自己尚未理解的概念之時，還是會做手勢，表達出部分逐漸理解的內容。人們也許還能從使用與看見自己做手勢的經驗，找到合適的語言，說不定還能更自在運用手勢表達新構想，再以言語表達。正如戈丁梅朵所言：「手勢能鼓勵實驗。」

從人們開始學習新材料時手勢的變化，可以看出手勢如何整合初步的思想。人們努力理解陌生概念時，首先會大量且任意做手勢。主動去理解或思考一個概念時，我們所做的手勢會比形容已經理解的概念時更多。手勢也會隨著概念的難度增多。問題越困難，可供選擇的解決方案越多，手勢就越多。我們還會像研究人員所形容的「說糊塗話」那樣，盡是說些表達不完整的概念。若言語與手勢尚未協調一致，吸收新概念時就必須耗費大量的認知能力，大腦與雙手就必須分工，暫時各自行事。

這個過程也許混亂，但在過程中，我們得以吸收無法以其他方式吸收的複雜知識。做手勢的時候，我們也許會發現手勢帶給我們先前沒發現的領悟。心理學家芭芭拉．特維斯基將做手勢比喻為在空中畫的「虛擬圖表」，可以鞏固並推動我們逐漸形成的理解。隨著理解的深化，語言會更精確，動作也會更有意義。此時，做手勢的頻率會減少，而手勢的意義與時機會更貼近言語。我們的手勢將更傾向於與他人溝通，不再以架構自己的思想為重。但一開始如果沒有手勢輔助，恐怕永遠無法到達如此圓滿的境界。研究顯示，若要求研究對象針對複雜的主題寫文章，而且無法談論或做手勢，研究對象的思考就比較不靈敏，推論也較少。

不僅是第一次學習一個主題的初學者，探索陌生領域的專家，也會經歷同樣的過程。在一起探索新知的團隊成員當中，手勢特別能維繫團隊成員之間的暫時理解，這是加州聖地牙哥大學研究團隊所得到的結論。艾瑪雅．貝克維與兩位同僚分析加州聖地牙哥大學生物化學研究團隊，在實驗室開會的幾小時錄影畫面。這個實驗室的科學家團隊正在研究血栓形成的方式，其中特別著重在一種叫做凝血酶的酵素上。不同的蛋白質附著在凝血酶「活性部位」，能形成或分解血栓。了解凝血酶與蛋白質結合的方式與原因，就能設計治療心臟病發作與中風的藥物，因為心臟病發作與中風都是由血栓異常所造成。實驗室的科學家團隊有一種預感，一種叫做凝血酶調節素的蛋白質，也就是凝血酶的「結合夥伴」，應該扮演著重要的角色。

在實驗室某一次的每周會議中，一位研究生向另外兩名研究生，以及研究團隊的指導教授，發表關於凝血酶調節素的新研究。指導教授看了新研究結果後，用她的左手代表一個凝血酶分子，手指朝內彎曲，指向手心，變成一個爪子。她說：「這就是活性部位，我們的新理論，是凝血酶調節素會發揮這樣的作用。」接著，她將手指更用力朝內彎，然後說：「也許是『像這樣』的作用。」她一邊說，一邊將手指緊緊靠在一起。貝克維說，在剩下的開會時間裡，指導教授與幾位研究生不斷重複「凝血酶手」手勢，他們會指著這個手勢，對這個手勢說話，還會變換手指的位置，象徵各種可能的組合方式。貝克維說，研究團隊的象徵性手勢，對於建構新知識很有幫助，她的論文標題「以手比擬分子」也呼應了這個事實。

手勢最適合用來理解言語永遠無法完整表達的概念，包括含有豐富視覺內容的概念，涉及物體或思想間關係的概念，或是與無法直接感知的實體有關的概念（渺小如原子，或浩瀚如太陽系）。手勢也特別適合表達**空間**概念。例如專業地質學家就會使用各種專業手勢，以思考或表達地層彎曲、交疊、移位的現象。他們想表達「隱沒」，也就是地殼板塊往旁或往下移動到另一個板塊下方時，就會將一隻手滑動到另一隻手下方；他們想表達「交角不整合」的現象，也就是岩石地層疊在「傾斜」或不平坦的岩石地層上方時，就把一隻手穩穩置於另一隻左右搖擺的手上面。這些專家當然可以用言語表達，卻多半還是借重手勢。

第一次接觸地質學的學生，也能運用手勢輔助學習。加州河濱大學教育系助理教授金納里．阿提特，要求兩組大學生說明要如何運用培樂多黏土，製作各種地質現象的立體模型。一組學生可使用手勢表達，另一組則只能用言語表達。在活動進行之前與之後，兩組學生必須接受專家所謂的「穿透性思考」能力測驗。穿透性思考意思是憑藉能看見的立體物體表面，想像並推斷物體內部的能力。這種能力在地質學研究相當重要，也是許多學生不具備的能力。研究發現，能用手勢表達的學生，第二次穿透性思考能力測驗的得分，遠高於第一次的得分。只能用言語表達的學生，兩次測驗的成績則並無差異。

研究結果可以證明，做手勢不僅能表達空間概念，也能讓我們更完整理解概念。若是沒有手勢輔助，學生甚至有可能完全無法理解空間概念。「走向與傾斜」是一種基本的地質學概念，意思是岩層偏離北方（走向），以及岩層偏離水平線的程度（傾斜）。賓州大學研究團隊發現，「很多大學生看過類似教科書的概念介紹後，在校園地圖上標註露頭的走向與傾斜時卻嚴重出錯」。研究團隊也發現，使用更多手勢的學生，標註更為正確。

麻州阿默斯特大學地球科學教授蜜雪兒・庫克說，學生在理解空間概念的過程中，「語言其實會礙事」。有聽覺障礙的庫克多年來主導推廣計畫，鼓勵聽障學生參與地質斷層系的研究。她發現，聽覺障礙的學生，學會地質學概念與理論的速度特別快。她認為這些學生之所以學得很快，是因為他們多年來使用美國手語（ASL），培養出了觀察與空間認知的技巧。研究發現，像庫克這樣精通手語的人，處理視覺資訊與空間資訊的能力較佳。無論是懂得手語的聽覺正常者，還是聽覺障礙者，都具備這種較佳的能力。顯然，經常使用帶有意義的結構化手勢，能提升空間思考能力。

庫克常常使用一套修改過的手語，與她在麻州阿默斯特大學（聽覺正常的）學生溝通。她發現使用手語時，可以準確表達她想說明現象的立體感。她能很快將學生的注意力帶往她想說明的重點。她能將她要介紹的資訊大河分為兩條小溪，一條是言語，另一條則是視覺，以此減少學生的認知負荷。初學者若是同時學習新概念與新詞彙，往往會面臨沉重的認知負荷。庫克要求她課堂上的大學生，在學習新地質學概念的過程中，模仿她的「類似美國手語的手勢」。

她也鼓勵學生在分組討論時，多多使用手勢溝通。她的課堂並不像一般的大學教學只注重口說與書寫語言，學生得以憑藉直覺，發揮手勢的創造力。

⁂ ⁂ ⁂

我們也可以這樣做，提高手勢的地位，讓手勢不再只是飽受貶斥的言語附屬品。自己多做些手勢就是一個好的開始。研究證實，做手勢有助於理解抽象複雜的概念，還能降低認知負荷，增強記憶，同時還能強化表達內容的說服力。研究證實，同時聽見言語、看見手勢，會比只聽見言語，或是只看見手勢，引發更強烈的大腦反應。手勢能擴大言語的影響力。講者做的手勢，能吸引聽者的注意力，讓聽者注意到講者的言語。看見別人做出**不是**手勢的動作時，比方說拿小湯匙攪拌一杯咖啡之類的功能性動作，注意力並不會受到吸引。看見手勢會引發注意力的大腦區塊是聽覺皮質，也就是大腦負責處理口說語言的區塊。紐約柯蓋德大學心理學與神經科學教授史賓塞．凱利說：「手勢似乎會提醒聽覺皮質，現在正在進行有意義的溝通。」

解釋概念或說故事的時候搭配手勢，別人就更能理解我們所說的內容。手勢能釐清，還能具體、詳細說明我們要表達的內容，讓聽的一方更容易理解。以手勢搭配言語，聽者也比較容易記得我們說的話。一項研究發現，影片裡的演說若是搭配手勢，看過影片的研究對象，記得演講重點的機率提高了百分之三十三。這種效應是在研究對象看完影片後立刻測得的，而且時間越久越明顯。研究對象看完演講影片三十分鐘之後，記得伴有手勢的演講重點機率，提高了百分之五十以上。

僅僅憑藉這些看見手勢的好處，我們就應該踏出第二步——為自己也為其他人尋找教育資源，其中的教師必須能夠靈活運用肢體動作。許多研究都證實，呈現手勢動作的教學影片，能大幅提升學習效果，因為觀看者的注視更有效率，更關注重要資訊，也更容易將所學應用於新的情境。播出手勢的影片，對於不熟悉影片主題的學習者似乎格外有效。對於所有的學習者而言，手勢在影片教學的效用，似乎比在現場親自指導的效用更強。

但加州洛杉磯大學與加州州立大學洛杉磯分校的心理學家團隊卻發現，網路上最受歡迎、最多人觀看的教學影片，多半並未善用手勢的力量。這個團隊研究 YouTube 上最受歡迎的一百隻解說「標準差」概念的影片（標準差是統計學的重要概念）。研究團隊發現，在百分之六十八的影片中，連教學者的雙手都看不見。在其餘影片中，教學者多半用雙手指向，或是做出強調的「敲擊」手勢。只有不到百分之十的影片，使用傳達抽象概念特別有效的象徵性手勢。

重點是，替自己、替子女，或是替學生選擇教學影片時，應該選擇能看見教師做手勢的影片。如果自己要在網路上教學，就算只是在 Zoom 或另一個視訊會議平台溝通，都應該讓觀眾看見我們的手勢。研究證實，做手勢能改善自我的表現。研究發現，影片中的教學者若是搭配手勢，說話會更流暢，錯誤會較少，教學也更有邏輯、更容易理解。

使用手勢還有另一個比較間接的效益——其他人（子女、學生、同事、員工）看見我們做手勢，自己也會做更多手勢。但我們不須等待他們仿效，可以直接鼓勵他們做手勢。也許只需要簡單要求一句：「說明的時候可以加點手勢。」例如鼓勵小學生一邊算數學習題，一邊做手勢，他們就更容易發現解題的新策略，而且以手勢表達，能更順利學習眼前的數學概念。

另一項針對大學生的試驗，則是發現大學生若是受到鼓勵，一邊解決空間概念題目，一邊做手勢，例如旋轉想像中的物體，或是想像摺一張紙，答題正確的機率會高於那些被禁止做手勢的學生，甚至高於可以做手勢（但沒有受到鼓勵）的學生。做手勢的學生在第二輪的空間概念題目中，即使無法做手勢，照樣能展現出更佳的空間思考能力。研究人員指出，這些學生在第一輪解題所用的手勢，提升了他們的空間思考能力，空間思考能力也得以「內化」。手勢對於學生思考的影響，經過內化之後，可再用於解決另一組新的空間概念問題。即使是成年人，也會應他人要求，增加做手勢的頻率（說話將因此更為流暢）。老師一旦知道手勢能提升學生的學習成效，也會因此受到鼓勵，在教學時多做些手勢，他們學生的學習成效也會因此改善。

鼓勵其他人做手勢，也許能得到令人驚奇的強大效果，比方說可以縮小成就落差。男性與女性在空間思考能力的差異，是目前已知兩性之間最大的認知差異。芝加哥大學心理學家團隊進行了一項研究，發現同樣是運用想像力解決空間思考的題目，將形狀組合成整體時，五歲男孩的表現，已經優於同齡女孩。但仔細分析會發現，這種差異與其說是**性別**差異，不如說是**做手勢**傾向的差異。兒童在解題時，手勢做得越多，表現就越好。而男生做手勢的頻率，通常遠高於女生。舉例來說，有百分之二十七的男生會在全部八道題的解題過程中做出手勢，但只有百分之三的女生會在解每一道題目時都做手勢。同時，有百分之二十三的女生完全不做手勢，而只有百分之六的男生完全不做手勢。

這項研究的作者群認為，之所以有這種差異，可能是因為男女生經驗不同。他們說，男生比較有可能玩空間導向的玩具與電玩遊戲，因此可能比較習慣做出空間性的手勢。另一項針對四歲兒童的研究發現，若有人鼓勵兒童做手勢，兒童就更有能力想像物體旋轉。要想像物體旋轉，也非常倚重空間思考能力。在這項實驗中，女生受到鼓勵而做手勢的效益更為明顯。

另一種較為細膩的推廣手勢方法，是製造使用手勢的**場合**，也就是製造讓大家更有可能做手勢的情境。需要即興發揮的時候，也就是要在一群聽眾面前，立即想出一套說法或敘述時，就是一種使用手勢的場合。即興發揮需要耗費認知能力，而且我們面對即興發揮的需求，通常會做更多手勢。

沃爾夫邁克爾・羅斯是加拿大維多利亞大學的認知科學家。他研究手勢對於培養科學素養的影響，從此改變了他身為教授的授課方式。他不再偏重講課，而是盡可能找機會，要求學生闡述課堂討論的主題。他的學生對於主題並未理解透徹，甚至不懂相關的專門術語，因此相當依賴手勢表達剛萌芽的知識，而這正是他們教授想達到的目的。他說：「他們是因為表達而得以理解，而不是理解之後才能表達。」

羅斯也會創造另一種使用手勢的時機。他自己發現（同時研究也證實），一般人若擁有做手勢的**對象**，就更有可能做手勢。羅斯所謂的「視覺製品」，例如圖表、示意圖、地圖、模型、照片等等，能引導講者多做手勢，手勢能促進理解，進而衍生種種好處。他與維多利亞大學物理系的同僚合作，設計出一套圖解說明與實體模型，讓物理系教授現在用於課堂上，引導學生做手勢。學生站在這些教具旁邊，直接指著他們還無法詳細形容或說明的部分或程序，就能在研習物理的初期階段，實現一般初學者做不到的「較為成熟的物理討論」。使用手勢就像搭建臨時的架構，支撐這些大學生尚未穩固的物理知識，好讓他們打下扎實基礎。

還有一種善用手勢的方法——仔細留意其他人的手勢。我們已經知道，一般人最新也是最先進的構想，通常是先透過手勢表達。而且一個人的手勢開始偏離言語，就代表願意學習。但我們只關注口說語言，可能會忽略他人以手勢表達的線索。研究發現，即使是經驗豐富的老師，也只能掌握學生手勢所透露的不到三分之一的訊息。但研究也顯示，我們可以訓練自己，更仔細留意手勢的實質意義。

在芝加哥大學的蘇珊．戈丁梅朵與同仁進行了一項研究，一群成年人先是觀看兒童解決質量守恆問題的影片，就像我們先前看到的倒水問題，再吸收一些關於手勢的基本資訊，例如手勢往往會傳達言語沒有傳達的重要資訊。他們不僅要注意別人的言語，還要留意別人用手勢「說」了些什麼。研究團隊還建議他們特別留意手勢的**型態**、手勢的**動作**，以及手勢的**位置**。研究對象經過這些簡單的訓練後會再看一次影片。在進行簡短的手勢訓練之前，研究對象只找出大約百分之三十至四十的兒童展現新知識的手勢。接受訓練之後，命中率一舉激增至大約百分之七十。

只要稍微努力一些，就能參透手勢要傳達的意義，一旦參透就能擁有許多新選擇。我們可以說出做手勢的人想要表達的內容，研究顯示，做手勢的人的大腦已經準備要說出這些內容。我們也可以將別人的手勢「翻譯」成言語（「感覺你似乎想說……」）。我們也能模仿他人的手勢，予以「附議」，進而確認對方以手勢要表達的理想策略。

***

顯然，**自發**手勢有助於智慧思考。還有一種是所謂的**設計**手勢，也就是預先仔細規畫手勢，以用於表達某一種概念。地質學家蜜雪兒．庫克依據手語改良的手勢，就屬於此類。她非常刻意地使用手勢，幫助學生了解難以用言語表達的空間概念。

設計手勢還有另一項好處——強化記憶的效果特別好。因為一邊說話一邊做手勢，等於將許多大腦「鉤子」插入要記憶的材料當中，到了往後要用的時候，再將資訊拉進來。鉤子包括聽覺鉤子，聽見自己大聲說出要記憶的資訊；還有視覺鉤子，就是看見自己做出相關的手勢；另外還有「本體感覺」鉤子，是**感覺**自己的雙手做手勢（本體感覺是一種感覺，能讓我們知道身體部位處於哪個地方）。令人驚訝的是，本體感覺線索也許是三種當中最強大的。研究顯示，只要做手勢，即使看不見自己的手勢，也能提升思考能力。

凱莉．安．迪克森是澳洲維多利亞大學解剖學與細胞生物學的副教授，她在教學中使用了全部三種鉤子。她的學生不用去背誦枯燥的身體部位與系統，而是練習假哭（這種手勢對應淚腺／眼淚生成）、將雙手放在耳朵後面（耳蝸／聽覺），以及搖擺身體（前庭系統／平衡）。

他們假裝咀嚼（下頜肌／咀嚼），以及吐口水（唾腺／唾液生成）。他們假裝戴上隱形眼鏡、假裝挖鼻孔、假裝「舌吻」（這些動作分別代表眼睛、鼻子、嘴巴的黏膜）。迪克森說，學生將這些名詞搭配手勢學習後，解剖學的測驗成績比純粹背誦名詞時高出百分之四十二。

累積字彙也是學習外語的關鍵，認知心理學家與語言學家曼努拉・馬塞多尼亞說，設計手勢也能有助記憶字彙。馬塞多尼亞現在是奧地利約翰克卜勒林茲大學的高級科學家，研究第二語言學習。她曾經擔任語言教師，向說德語的大學生教授義大利語。當時，她對於傳統的外語課程越來越灰心，不喜歡這種一直坐著、一直聽、一直寫的教學方式。她說，沒有人是以這種方式學會母語的。幼童是在豐富的感覺動作環境中，遇見新單字，聽見「蘋果」時，也會同時看見、觸摸亮亮的紅蘋果，甚至還會放進嘴裡，品味甜甜的果肉與清新的香氣。記憶鉤子有那麼多種，在第二語言的課堂上卻看不到半個。

馬塞多尼亞想找回至少一隻鉤子——身體動作。她開始將每一個單字與對應的手勢配對。她示範手勢給學生看，再請學生做同樣的手勢，同時大聲說出對應的單字。她發現，學生用這種方式更能輕鬆學習新單字，長期記憶也更深刻。她自己後來又當回學生，寫的博士論文主題就是「使用手勢以增強外語學習過程中的語文記憶」。後來的那些年，她繼續發表越來越多的研究結果，證實在學習單字的過程中搭配手勢，能將單字深深烙印在記憶中。而這也許是因為較大範圍的大腦區塊受到了刺激。

例如在二〇二〇年發表的一項研究中，馬塞多尼亞與六位共同作者比較兩組研究對象。一組將新的外語單字搭配對應的手勢學習，另一組則是將新單字搭配對應的圖片學習。研究團隊發現，做手勢的那一組再次遇到先前學過的單字時，他們大腦負責控制身體動作的區塊，也就是運動皮質會出現活化的現象；看圖片一組的運動皮質則是依然靜止。馬塞多尼亞等人發現，做手勢能「豐富感覺動作」，更容易記憶相關的單字。

馬塞多尼亞最近在測試一種延伸技術，似乎非常適合她先前的工作——一個線上語言學習平台，由虛擬人物，也就是「化身」負責教授字彙。螢幕上化身的行為，就跟馬塞多尼亞身為老師的行為一樣。化身示範一種手勢，使用者就做出同樣的手勢，一邊複誦新單字。平台的研究顯示，模仿化身做出手勢的使用者，學習效果比僅僅聽見單字唸法的學生更持久。相較於只看見手勢，卻沒有模仿的學生，做手勢的學生學到的也更多。其他研究也發現，接受做手勢的化身指導的數學系學生，相較於沒經過做手勢化身指導的數學系學生，解題速度更快，也更能有效廣泛運用新知識。線上教學資源，包括 Duolingo 與 Rosetta Stone 之類的商業語言學習平台，若能提供引導使用者做手勢的虛擬人物，也許能大大提升學習效果。

設計手勢除了能強化記憶，也能減輕心智負荷。手勢能卸載認知負荷，原理就跟在一張紙上列清單，或是畫圖表一樣，唯一的差別在於有雙手能分擔一些責任（確實有研究證明，我們若要解決困難的問題，卻又不能使用紙筆時，通常會做更多手勢作為補償）。我們很熟悉的卸載例子，是幼童用手指頭算數學。幼童的手指「維持」中間的總數，大腦就有餘裕去思考為了得到最終答案，必須執行的數學運算（加法、減法）。年齡較大的兒童或是成年人，使用較為複雜或概念性手勢時也能達到類似的效果。大腦可以將裝不下的資訊儲放在雙手，因此整體而言，我們能處理更多資訊，也能將這些資訊用於更多操作與轉換。

有些老師為了增加學生這種額外的儲存空間，會刻意教導學生如何將資訊轉移到雙手。美國華盛頓州數學教師布蘭登．傑弗瑞斯就是用手勢減輕學生的心智負荷。他的學生很多來自低收入家庭，或第二語言是英語，或兩者皆是。在西雅圖以南的小城市奧本學區任教的傑弗瑞斯說：「我的學生多半不會在家中聽見『一致的』『相等的』『商數』這些學術詞彙。我覺得當我的學生在記憶數字、進行數學運算，碰到這些詞彙時，也不免會被難倒。」於是他設計出一套簡單的手勢，讓學生在心算過程中遇到費解的陌生詞彙時，就能搭配這些手勢，甚至以手勢暫時取代詞彙。

為了說明銳角的概念，傑弗瑞斯教學生「用雙臂擺出一隻電玩遊戲的小精靈」；若要說明鈍角的概念，就告訴學生，「張開雙臂，彷彿要擁抱他人」；若是直角，就「彎曲一隻手臂，彷彿要炫耀你的肌肉」；加法是將兩隻手合在一起；除法是空手道的掌劈；要知道形狀的面積，就「把你的手當成奶油刀，做出在麵包上塗奶油的動作」。

傑弗瑞斯說，他的學生很喜歡用這些手勢，現在無論是在課堂討論、做作業，甚至是考試，都會使用這些手勢。等到他們較為熟悉數學運算，往往就能開始使用先前不懂的學術語言。因為手勢能減輕心智負荷，挪出的心智空間就能用來吸收學術語言。傑弗瑞斯的方法確實提升了學生的數學學習成效，他也受邀將他的方法推廣到校區的全部二十二間學校。他目前正在研發能增強學生讀寫能力的一組手勢，也就是能表達「特性」「背景」「摘要」，以及「要點」的手勢。

傑弗瑞斯的學生發現，雙手是非常靈活的工具，可以代表很多東西，可以是企業家對於產品的想像、嬰兒學習口說語言的方式，以及老師察覺學生願意學習的線索。雙手可以是一種提示，一扇窗戶，也可以是中途站，但絕對不應該靜止不動。

第二部

以我們的環境思考

第四章
以自然環境思考

一九四五年的夏季進入尾聲時，藝術家傑克森．波拉克也瀕臨崩潰。他住在紐約市中心的公寓，覺得這個城市越來越瘋狂混亂。多年來，他都有酗酒、憂鬱的毛病，近來情況似乎越演越烈。他的畫家妻子李．克拉斯納十分擔憂他的精神狀態。

八月，波拉克夫婦前往長島東區拜訪朋友，當時的長島東區還是農民、漁民，以及少數藝術家、作家的幽靜家園。波拉克到了這裡，覺得既平靜又充滿新鮮感。這裡有陽光、綠意，以及長島灣吹來的涼爽微風。他回到家中後，一連三天都坐在第八街公寓的沙發上思考。等再站起來的時候，他心中便有了計畫——要帶著妻子移居長島東區。

於是，他們夫妻倆火速移居長島寧靜小村莊斯普林斯附近、一處搖搖欲墜的農舍。波拉克常在農舍的後陽台一待就是幾小時，他會凝視著一路蔓延到博納克溪的樹木與沼澤地。這次移居，讓脾氣火爆的他得以享受幾年的心靈平靜。曾與波拉克夫婦於長島相聚的藝術家奧黛麗・弗拉克說：「那裡很療癒，他們當時迫切需要療癒。」

大自然改變了波拉克的思想，輕柔撫平他狂暴的脾氣，也改變了他的創作風格。在紐約時，他是對著畫架創作，畫出極為複雜狂亂的圖案。在斯普林斯，他則在採光良好，還能欣賞自然風景的改造穀倉中創作。他會將畫布攤開在地上，從上面倒或潑灑油漆。藝評家認為，波拉克人生的這一個階段，是他創作生涯的高峰，他在這些年創作出《閃光物質》（一九四六年）《秋韻》（一九五〇年）等「滴畫」鉅作。命運的轉捩點，是他在紐約公寓沉思的時候。他說，那時他領悟到，困在室內，他永遠只能無家可歸。走出戶外才能找到家。

***

並不是只有波拉克這樣的藝術家，心智活動才會受到所處環境的影響。每一個人的思考，都會隨著所處環境而改變。認知科學經常將人類的大腦與電腦做比較，但地點的影響力，揭露了這種類比的重大侷限——一台筆記型電腦無論是在辦公室使用，或是在公園使用，運作起來都差不多，但大腦卻深受所處環境的影響。大自然提供了我們特別富饒的思考環境，這是因為大腦與身體經過演化，特別適合在戶外活動。我們遠祖的生活方式，在我們看來，就像兩位生態學家所說的，是「一輩子都不會結束的露營」。

人類經過幾十萬年的野外生活，已經完全適合青翠野外的環境，所以即使到了今天，我們的感覺與認知，仍能迅速且輕鬆處理自然環境中的某些特色。我們大腦能接收有機世界的頻率，但這種演化的校準，並不能讓我們適應現在幾乎一直待著的、近代才出現的新世界——線條銳利、設計冰冷、不停運作的人造環境。我們在現代環境的高樓大廈與公路之間紮營，但大腦在這樣的棲息地卻無法感到自在。我們經過演化後有能力處理的刺激，無法應對感官經常遇到的景象、聲音，也因此耗盡了我們有限的心智資源。於是我們僅僅因為在一個不適合我們生理機制的環境耗費太多時間，而覺得疲憊不堪，容易分心。

看看科學家的時間使用研究就知道，人們一生中有多少時間是待在建築物與車子裡面。這些研究顯示，人們大概只有百分之七的時間是待在戶外。與我們生活在大自然的祖先相比，當然是少得多，但即使與二十年前的美國人相比，也還是很少。超過百分之六十的美國成年人表示，自己每周停留在戶外大自然的時間只有五小時，甚至更少。現在兒童的戶外休閒頻率，也遠低於先前幾代的兒童。只有百分之二十六的母親表示，自己的孩子每天都在戶外玩耍。這種趨勢還有可能會延續下去，目前，地球上有超過一半的人類生活在城市，而這個比例在二〇五〇年之前，有望接近百分之七十。

但我們雖然歷經這些文化巨變，**生理機制**卻依然與祖先相同。即使到了現在，大腦與身體回應大自然的方式，也反映了人類在戶外演化所留下的深刻痕跡。其實我們可以從現在享有的環境，畫一條直線到人類演化的環境。這條直線的起點，可以從曼哈頓島中央〇・八公里寬的長條土地開始。每年有四千兩百萬人造訪紐約中央公園，在公園裡遼闊的綿羊草原漫步，欣賞芳香花園，繞著閃耀著微光的水庫而走。這一百萬坪大的地方為何能吸引這麼多人？中央公園的建造者知道原因。景觀設計師費德瑞克・奧姆斯德寫道：「大腦浸淫在自然景觀之中，不僅不會疲倦，反而越發活躍。因此，大腦影響著身體，於是全身上下彷彿經過充分休息，重振了精神。」

無論是本地居民還是外地遊客，都喜愛中央公園連綿的山丘、小型的樹林，以及四散的水體。中央公園的景致看似天然，其實幾乎全是人造。奧姆斯德於一八五八年開始打造中央公園，當時，那塊土地遍布著沼澤與裸露的岩石，不甚起眼，是因為建商無法開發，才成為公園用地。之後的十五年間，按照奧姆斯德的設計，超過三千名勞工載運一千萬車的岩石與土壤，種植了大約五百萬棵樹木與灌木。設計的靈感來自奧姆斯德的英格蘭傳奇莊園之旅，包括伯肯希德公園與川騰花園。這兩處也是由景觀設計師分別於十八世紀末、十九世紀初設計。

奧姆斯德對於中央公園的設計偏好則是更為懷舊，或許應該說是古老，因為他是以人類早期在非洲大草原的生活為藍圖。人類在非洲大草原演化出一些持續到現在的偏好。我們並不是**每一種**自然現象都喜歡，也有很多自然現象讓我們厭惡，甚至對我們構成威脅，像是掠食者、暴風雨、沙漠、沼澤。人類為了生存，會演化成特別喜歡某些類型的自然環境，所有人類都偏好看起來安全、資源豐富的環境。我們喜歡遼闊的草地，上面零星點綴著樹枝外擴的樹叢，最好附近還要有水源。我們喜歡可以從安全的地方，看見四面八方的遠處。地理學家傑・艾普頓將其歸納為知名的「眺望和藏匿理論」。我們也喜歡有一點神祕感，喜歡轉個彎就能看見更多。

世上最傑出的景觀設計師憑直覺感受到這些偏好，並將之展現在作品中。從十八世紀中期開始，以綽號「能幹」聞名的蘭斯洛特・布朗，改造了超過兩百五十處的英格蘭莊園。他移動山丘、種植樹木，打造心目中的理想鄉間。繼布朗之後，另一位英國景觀設計師亨弗里・雷普頓畫出「之前」與「之後」的草圖，給潛在客戶看。「之後」的草圖有著成蔭的樹叢，後方是開闊的草地與微微發光的池塘。

雷普頓與布朗的設計啟發了許多人，包括費德瑞克・奧姆斯德，但他們的設計並不只是一時的潮流。他們提倡的偏好超越了時間、文化與民族的界線，是全世界人共有的偏好，從澳洲到阿根廷，從奈及利亞到韓國，包括那些費盡心思仿效原型的人。美國西南部極為乾燥，在那兒的地主灌溉土地，打造綠草茂盛的大草原；日本的園丁則將大樹枝修剪成類似非洲東部向外擴張的樹枝。這些做法反映出大腦非常獨特的演化史，也就是生物學家戈登・奧里安斯所說的，「過往環境的鬼魂」。

我們以為的審美偏好，其實是幾千年來鍛鍊出的生存本能。我們憑藉這種本能，找到適合覓食與休息的地方。我們現在覺得壓力太大，或是疲憊不堪，就會走向大自然，在林間走走，或是凝視起伏的海浪，這種行為是一位研究學者所謂的「環境自我調節」，是一種大腦無法獨力完成的心理更新過程。

＊＊＊

我們不只是**偏好**這種環境而已。這種環境能減輕我們的壓力，重建心智平衡，提升思考。舉例來說，駕駛人若是開車經過兩旁有樹木林立的道路，比起開車經過充滿廣告牌、建築物、停車場道路的駕駛人，從壓力情境恢復的速度更快，也更能冷靜處理新浮現的壓力。實驗室研究發現，接受困難的數學測驗，或是受到一群評審尖銳提問的研究對象表示，若之後能接觸到大自然，神經系統便得以平靜。整個人在如此難熬的經驗之後，將得以回歸心理平衡的狀態。一個人的壓力越大，接觸大自然的好處也就越大。

大自然的景象與聲音，能有助擺脫壓力、重振精神，也能將我們帶離心靈窠臼。我們白費功夫，一再思考相同的負面思想，就是心理學家所謂的「反芻思考」。我們難以憑藉自己的力量脫離這種惡性循環，但接觸大自然，能讓思考模式更具生產力。華盛頓大學助理教授葛雷格里．布萊曼安排研究對象接受大腦掃描，評估反芻思考的程度，然後再到戶外步行九十分鐘。半數的研究對象悠閒走過綠意盎然又寧靜的自然環境，另外半數則是走在交通繁忙的道路旁邊。兩組研究對象回到實驗室之後，再度進行反芻思考測試與大腦掃描。

研究發現，先前一個半小時處於大自然的研究對象，變得比較不受生活中負面事件的影響。此外，與反芻思考有關的大腦區塊，也就是膝下前額葉皮質，在大自然散步之後，顯得較不活躍。在交通繁忙的道路旁行走的研究對象，並未出現這種效應。憂鬱的人特別容易出現反芻思考，研究也證實，憂鬱症患者在大自然中散步，不僅心情會更好，記憶力也會變好。很多憂鬱者無法擺脫負面思考的惡性循環，不僅耗費大量心智資源，還會降低回憶重要資訊的能力，但接觸大自然就能改善這個問題。

大自然能提升思考能力的另一種方法，是增強我們持續專注於眼前工作的能力。舉個例子，最近到戶外接觸綠色植物的人，相較於剛剛在城市環境散步的人，做校對時能抓出更多錯誤，在快節奏的認知測驗中，答題也更迅速、正確。置身在自然環境，還能增強我們的工作記憶，也就是記住與目前要解決的問題相關資訊的能力。在芝加哥大學心理學家馬克．博曼主持的研究中，在植物園走了將近一小時的研究對象，與在繁忙城市街道走了同樣時間的研究對象相比，工作記憶測驗成績高出了百分之二十。

接觸大自然甚至可以緩解注意力缺失／過動障礙症（ADHD）的症狀。伊利諾大學兩位研究學者安卓雅．法柏．泰勒與郭敏（Ming Kuo，音譯）指出，患有注意力缺失／過動障礙症兒童的家長反映，孩子接觸大自然之後，病情似乎有所緩解。對此，兩位學者感到非常好奇，於是他們針對這種可能性，進行實驗研究，安排七至十二歲的兒童，分別在公園、住宅區，以及芝加哥市中心的繁忙地帶，在成年人的監督下散步。散步結束後，在公園散步的兒童，專注力勝過另外兩組兒童，而且專注力測驗的分數差，竟然大到與沒有注意力缺失／過動障礙症的一般兒童無異。兩位學者表示，兒童在公園散步二十分鐘，就能改善專注力與衝動控制能力，效果與一劑利他能之類的注意力缺失／過動障礙症藥物相同。兩位學者表示：「在對抗注意力缺失／過動障礙症的藥品中，大自然是安全、便宜又隨處可得的新藥。」

這些心智能力的種種提升，其實就是一種**恢復**的過程，戶外活動能將人造環境無情吸乾的東西，返還給我們。一百多年前，心理學家威廉・詹姆士提出一種分類，與我們所理解的自然界修復力量密切相關。他在一八九〇年的著作《心理學原理》寫道，注意力分為兩種——「自主」與「被動」。自主注意需要費力。我們遇到刺激物的猛攻，或是必須全神貫注在工作上時，都要一再專注。行走在都市環境時，到處都是堅硬的物體、突如其來的事件，以及尖銳刺耳的噪音，所以需要自主注意。相較之下，被動注意則是不費力、四散的、沒有焦點的，是從這個物體飄到那個物體、從這個主題飄到那個主題的。這是自然界以輕柔的聲音、流暢的動作，所喚起的注意力。詹姆士流派的心理學家將這種心智狀態稱為「輕度入迷」。

大自然讓我們能暫時脫離接連不斷的認知需求，我們的心智資源也得到更新、再生的機會。我們已經知道，這些資源有限，而且很快就耗盡（不只是消耗在喧囂的都市生活，也會消耗在學業與專業的嚴格要求上）。大腦並非天生就懂得冷靜面對急速行駛的汽車與呼嘯的警報，也不是天生就有能力閱讀、計算高級數學，或是做我們現在每天要求自己做的、非常抽象又複雜的工作。我們雖然順利完成這些豐功偉業，但每個人幾乎都要與專注和聚焦的問題搏鬥（更不用說動機與參與），所以應該要更留意注意力經濟的**供給**面，不能只提取心智資源，也要確保能時時補充。

只要走到戶外，就能補充心智資源。不必等待理想天氣，也不必刻意前往人跡罕至的荒野，任何一種自然環境都可以。但我們必須拿出最好的態度，也就是研究學者所說的「開放監控」，對於所遇到的一切，都要保持好奇，樂於接納，沒有偏見。加州柏克萊大學教育學教授多爾．亞伯拉罕森主張，我們可以借用中國傳統冥想運動「太極」的「平和看待」法。他主辦一場研討會，推廣將正念用於教育，也介紹平和看待的概念。他說，當時有一位參加者立刻發現，這種方法與他平時的模式差異有多大。這位參加者表示：「對於眼前的事物，我們可以嚴厲看待，也可以平和看待。」我們在自然界所採取的態度，最好是非正式正念（若是想以較為正式的方式冥想，研究顯示，在**自然環境**冥想，更容易養成，也更容易維持冥想的習慣）。

我們到戶外尋求心理恢復時，最好不要攜帶電子產品同行。研究發現，在戶外使用智慧型手機，「對於置身大自然已增強注意力的效果會大打折扣」，除非使用 ReTUNE 之類的應用程式。這個應用程式運用的是芝加哥心理學家馬克．博曼與博士生凱瑟琳．舒茲研發的延伸技術（應用程式的名稱是縮寫字，代表「藉由都市自然環境體驗恢復」）。ReTUNE 就像傳統 GPS系統，但設定了另外一套價值——提供給使用者的資訊，並不是哪一條路線能最快到達，而是哪一條路線樹木最多、花朵最多、鳥鳴頻率最高。

假設想從位於芝加哥海德公園區的芝加哥大學校園，步行前往伸入密西根湖的半島「海角點」。若是使用 Google 旗下高人氣導航應用程式 Waze，它會建議我們走僅需二十八分鐘的路線——往北走三條街到南布萊克斯東大道，再右轉到東五十六街，然後左轉到南岸路。這是前往目的地最短的路線，但所見到的只會是玻璃與磚塊、混凝土人行道與柏油路，按喇叭的汽車與趕路的通勤者。

但將同樣座標輸入ReTUNE，將會得到截然不同的建議路線——先從都市綠洲「大道樂園」開始漫步，再悠閒走過傑克森公園，欣賞蒼翠的花園與閃閃發光的潟湖，最後沿著密西根湖的岸邊，蜿蜒走向海角點。這趟路程需時較久，要三十四分鐘，但當我們到了目的地，頭腦應該會比較清醒，心情也比較輕鬆。

我們使用的科技含有內建的價值觀，在使用過程中，我們往往不假思索就採納這些優先次序。ReTUNE將自然界增強人類思考能力的特性納入科技之中，鼓勵我們質疑效率第一、重視效率更甚自身心理健康的價值觀。ReTUNE明確宣示了自己的價值觀——追求的不是旅程的速度，而是沿途的風景。

⁂ ⁂ ⁂

ReTUNE應用程式依據每一條潛在路線具備的「自然性」聽覺與視覺特色，給予「恢復分數」。馬克．博曼是 ReTUNE 的發明人之一，他與許多研究人員都在研究一個問題——讓自然界自然的是什麼？這個問題很像在糊裡糊塗繞圈子，但如果科學可以細察，究竟是自然界的哪些特色，能影響身體與大腦，得到的答案就可以用來設計能提升使用者心情、認知與健康的建築物與景觀。博曼等人仔細研究自然與人造景觀後，開始著手編寫一種自然性的分類法。

他們發現，相較於都市環境，自然景觀的色調變化較少（亦即色彩變化是從綠色到黃色到棕色，再到更多的綠），「色彩飽和度」更高，也就是未稀釋的純色彩更多。自然環境與都市環境相比，直線更少，曲線形狀更多。最後，人造設計的邊緣通常間隔較寬（想想辦公大樓外牆的一排窗戶），而在自然景觀中，邊緣通常會密集聚集（想想一棵樹的許多樹葉邊緣重疊在一起的景象）。博曼與他的團隊將這些特性當成篩選標準，設計出一款電腦模型，能以百分之八十一的正確度，預測某一張圖片的景象，在人類看來是否覺得非常自然。其他研究學者也發現了其他能區別自然環境與人造環境的特色——自然環境含有動態且擴散的光，輕柔且多半有節奏的動作，還有重複出現且具有變化的柔和聲音，例如海浪與鳥鳴。

自然界並不比人造環境簡單。自然景觀的視覺資訊，通常比人造景觀**更多**，而且人類非常想要這種大量的視覺刺激。人類大腦皮質大約有三分之一的神經元負責視覺處理。我們需要大量新奇的視覺刺激，才能填滿眼睛無底洞般的食欲。但**理解**的欲望，與這種**探索**的欲望必須兼顧。我們追求有秩序的感覺，也追求變化。大自然能同時滿足這兩項需求，而人造環境通常只能二選一。人造環境可能較為單調，缺乏刺激。想想許多現代建築物一成不變的玻璃與金屬外觀，以及充斥許多辦公室一排又一排相同的米色隔間。人造環境也有可能太過刺激，聲光、動作密集轟炸，讓人無法承受（想想紐約時代廣場，或是東京澀谷路口）。

大自然確實很複雜，但人類大腦有能力處理這種程度的複雜。立陶宛ＩＳＭ管理與經濟學大學高級研究員雅尼克．喬伊說，置身在自然環境中，「知覺流暢度」會很高。喬伊說，身處如此悠閒的環境，我們的大腦得以休息，整個人感覺也會很好。我們若能輕鬆吸收環境提供的資訊，就能以正面的情緒回應。

在大自然所得到的知覺流暢度，來自自然景觀各種元素的彼此互動。自然景觀比較**連貫**，缺乏人造環境隨處可見那種完全不搭的差異（一棟洛可可建築旁邊有個俗豔的廣告牌，再旁邊還有一尊嚴肅的現代雕像）。自然環境也有較多的**重複**資訊。葉片或山坡的形狀與色彩一再重複，大腦因此更容易養成預測的習慣。在自然環境中時，我們可以從剛才看見的預測接下來會看見些什麼。但在都市環境中，我們永遠不知道接下來會遇到什麼。喬伊說：「自然環境的特色，是具有很高的知覺可預測性與重複性，而在都市環境裡，所有東西永遠都不一樣。這些不一樣的東西爭奪我們的目光，所以都市環境比自然環境難理解，也難處理多了。」

碎形（fractals）是一種科學家格外關注的重複。所謂碎形，就是同一個主題以不同大小不斷出現。例如，想像一下蕨類葉片的每個部分，從底部最大的部分，到頂端最小的部分，形狀全都一樣。這種「自我相似」的組織不僅出現在植物，也出現在雲朵、火焰、沙丘、山脈、海浪、岩層，以及海岸線的輪廓與樹木冠層的縫隙之中。這些現象的結構，是一個由較小形狀組成的形狀，而這些較小形狀，又是由更小的形狀組成。這種秩序代表著大自然偶然出現的混亂。

碎形圖案在自然界出現的頻率，遠高於人造環境。而且自然界的碎形圖案相當獨特。數學家依據碎形圖案的複雜度，以零至三分評分。自然界的碎形複雜程度往往屬於中等，介於一・三與一・五分之間。研究發現，人類看見電腦繪製的碎形圖案，通常比較喜歡中等複雜程度的碎形圖案，比較不喜歡更複雜或較不複雜的。研究也發現，人類看著這些圖案時，神經系統較為鎮靜。膚電傳導測量結果顯示，研究對象看見中等複雜程度的碎形圖案時，生理激起的程度會下降。腦波圖研究也發現，人類看見類似自然界的碎形圖案時，大腦活動會進入研究人員所謂的「警覺又放鬆的狀態」，也就是同時警覺又放鬆。

研究結果甚至證明，這些類似自然界的碎形圖案，能提升清晰思考，以及解決問題的能力。讓研究對象置身電腦化「碎形圖案環境」，進行搜尋資料、看地圖，以及判斷地點的任務時，結果發現，研究對象若遇到中等複雜程度的碎形圖案，完成的速度最快，成果也最理想。在雅尼克．喬伊主持的另一項實驗中，讓研究對象在接觸複雜程度不一的碎形圖案期間，以及接觸之後，完成困難的問題。研究對象看見的碎形圖案結構若是類似自然界的碎形圖案，他們解題時，速度會最快、最輕鬆，也最正確。人們的大腦似乎經過最佳化，能處理自然景觀的碎形特徵。歷經幾十萬年的演化，我們的知覺官能，已經「調節」成能適應自然環境中視覺資訊的結構。我們也許沒有主動意識到碎形圖案，但碎形圖案會深入比意識更深的層面。

奧勒岡大學物理學、心理學與藝術教授理察．泰勒率先研究碎形對於人類心靈的影響。從他的頭銜即可得知，他的興趣多元到令人目不暇給。許多年前，他研究出現在電流的碎形圖案，看見的圖案讓他聯想到了傑克森．波拉克的畫作。他繼續探索這個偶然發現的關連，分析幾件波拉克後期的作品，發現這些作品也有碎形圖案，而且複雜程度為中等的一．三至一．五分。令人意想不到的是，波拉克的滴畫作品，也就是他從紐約市移居到長島的斯普林斯之後的作品，具有大自然的視覺特徵。就像無意中重現非洲東部大草原特色的兩位景觀設計師能幹布朗與亨弗里．雷普頓，波拉克似乎也在作品中，呼應了人類與自然世界從古至今的密切關係。

以波拉克在一九四八年完成的滴畫作品為例，這幅作品就叫做《第十四號》，由純粹的黑、白、灰三色組成，乍看之下很難聯想到他與妻子在斯普林斯家園四周的蒼翠植物。但若是看久一點，就會發現更深層的俯衝與旋轉，以及越來越細與越來越粗的線條纏結而成的複雜圖案。理察・泰勒盛讚這幅作品：「如果有人問：『能不能將大自然放在畫布上？』最好的例子莫過於一九四八年的《第十四號》。」

・

接觸大自然能減輕壓力、恢復心智平衡，還能增強與維持專注力。問題是，我們大多數時間都待在室內，有什麼辦法能讓室內更像戶外？環境心理學家羅傑・烏立奇也問了這個問題。他認為，在某一種人造環境下，答案是肯定的，那就是醫院與其他醫療場所。烏立奇現在是瑞典查爾姆斯理工大學的建築學教授。他說，我們古老的生理機制，讓我們得以「把大自然像藥物一樣利用」。他差不多就是這麼想的。幾十年前，他證明了手術後病患若接觸大自然，能減緩疼痛，加速痊癒。

烏立奇在費城郊區的一間醫院進行研究，發現能看見病房外樹木的住院病患，相較於只能看見病房外磚牆的住院病患，需要的止痛藥較少，出現的併發症較少，住院日數也較短。從護理師製作的住院病患紀錄也可發現，能看見綠色植物的病患，「難過哭泣」「需要大量鼓勵」的比例，遠低於其他病患。烏立奇說，這項研究的靈感，來自他自己多年前的經驗。「當時十幾歲的我得了重病，不得不在家中臥床養病。我的窗戶就像能穩定心情的羅盤。我每天看著風中的樹，感覺有一種無窮無盡的鎮靜力量」。

烏立奇與其他科學家深入研究後證實，病患接觸自然環境確實能緩解疼痛，加速復原。這項研究引發一場醫療院所設計的革命，新建與整修過的建築物，都盡量讓病患與員工能享有自然光，還能看見綠色植物。這項研究也啟發了後續許多研究，更深入研究戶外環境對人體的影響。這項研究證明，大自然確實是非常可靠且有效的「藥物」，是歷經幾千年演化的生物工程所製造，而且能帶給每個人同樣的影響——接觸大自然二十至六十秒之內，我們的心率會變緩，血壓會下降，呼吸會變得較為規律，大腦活動也較為放鬆，就連眼睛的動作也會改變。我們凝視自然環境的時間，會比凝視人造環境來得久，焦點變動的頻率也會變少。看著大自然時，眨眼的次數會比看著都市環境來得少，顯然，大自然帶給我們的認知負荷較少。我們對於自然環境的細節記憶較為正確，而且大腦掃描也顯示，看著大自然的時候，視覺皮質活化的範圍會更大，也會啟動更多大腦裡的愉快感受器。

當然，不是只有醫院裡的病患才能藉由經常服用這種「藥物」而受益。在我們的家、學校、工作環境中，若增添了所謂的**親生命設計**元素，就能減輕認知負荷。哈佛大學生物學家愛德華．威爾森在一九八四年出版的著作中，提出了他的「親生命假說」，也就是人類「天生具有一種傾向，會關注生命與類似生命的過程」，有一種「接觸其他形式生命的衝動」。威爾森說，這種衝動很強烈，一旦受到壓抑，思考（還有我們的健康與福祉）就會受到影響。問題是，如果我們大多數時間都被無機的形體與物質所圍繞，這種衝動就必然會受到壓抑。他說，幸好我們已經有另一條路可走——大自然主動提供了詳細的指引，讓我們知道身體與心智在哪種環境下運作得最好。

舉個例子，我們知道植物與生俱來的連貫組織與重複資訊對大腦有益，那何不把綠色植物搬進室內？歐洲的共享辦公室組織 Second Home 的管理階層就這樣做。Second Home 位於倫敦的總部中，擺滿了超過一千棵植物。總部於二〇一四年開張之時，愛德華．威爾森應邀向 Second Home 的員工發表演說。Second Home 的創辦人之一羅罕．席爾瓦說：「我們 Second Home 所做的一切，都是受到大自然與親生命的啟發。」席爾瓦也說，Second Home 在葡萄牙里斯本的辦公室，是以溫室為設計模型，內含更多植物，超過兩千株，有一百個不同物種，包括空氣鳳梨、蔓綠絨，以及龜背芋。研究顯示，室內的植物確實能提升員工的注意力、記憶力，以及生產力。植物對學生也有幫助，研究證明，在教室內布置鮮活植物組成的「綠牆」，能提升學生的專注力。

綠色植物當然只是大自然富饒物產的一部分而已。親生命設計者也開始在新建的建築，包括學校、辦公大樓、工廠，甚至摩天大樓，加入其他有機元素，二〇〇九年，坐落於曼哈頓中心區布萊恩特公園一角的美國銀行大樓落成，共計有五十五層。訪客將手伸向大樓入口的門把時，摸到的不是鋼鐵，也不是塑膠，而是木頭。設計大樓的環境策略專家比爾．布朗寧說：「我們希望訪客碰到的第一個東西就有紋理，有大自然的痕跡。」大自然主題一路延續到大廳內部——天花板由竹子組成，牆壁由石材砌成，還能看見小貝殼與海洋生物的化石。就連大樓的外型也呼應大自然主題，是模仿石英晶體的碎形。

親生命設計是新興的學科，但一些研究已經證實，在依據大自然概念設計的建築物工作與學習，對認知能力的助益，與實際置身戶外相同。舉例來說，二〇一八年，一項研究發表，哈佛大學陳曾熙公共衛生學院的研究團隊，安排一群研究對象置身在親生命的室內環境（盆栽、竹子與木材鋪設的地板，從窗戶能看見綠色植物與一條河），以及沒有親生命元素的室內環境（沒有窗戶也沒有鋪設地毯，空間由日光燈照明）。研究對象身上裝有穿戴式感應器，隨時監控他們的血壓與膚電傳導。研究對象每次造訪這兩種環境之後，都進行心情與認知功能測驗。結果發現，研究對象在親生命建築物內部才停留五分鐘，正面情緒就增加，血壓與膚電傳導下降，短期記憶也比造訪非親生命環境之後，高出百分之十四。

這項研究的研究對象，在有窗戶的空間心情較佳，這倒也不讓人意外，畢竟若能看見陽光與天空，誰還會想看日光燈的蒼白光芒？但幾十年來，規畫者與建商都認為，最有利於人類思考的環境，必須具有均勻不變的光線，而且最好不要有窗戶，免得窗外的景物讓人分心，窗戶透進來的強光讓人眼睛疲勞。我們現在工作、學習的空間設計，仍然深受這些觀念影響，往往刻意去除在戶外能感受到的自然光變化。我們現在知道，照明的微妙變化能讓人保持警覺，調節人們的生理時鐘。確實有研究發現，在日間接觸到自然光的人，睡眠品質較好，感覺較有精神，身體也較為活躍。一項研究發現，員工在辦公室若是接觸到窗戶透進來的日光，比起在無窗戶空間工作的員工，每晚的睡眠時間平均多出四十六分鐘。科技巨擘 Google 發現，座位靠近窗戶的員工，比起座位離自然光較遠的員工，覺得自己更有創造力，生產力更高。Google 也發布指導原則，明訂每一位「Google 人」工作時應接觸的日光量，並要求部分員工在頸部配戴光感應器，以判斷工作環境是否符合標準。

不少人受限於大腦的框架，對何種環境最有益於思考有著不正確的概念。除此之外，現在很多人居住的建築物，也受到一九七〇年代能源危機的影響。當時以節約能源為由，封閉或拆除了不少窗戶。現在，一些教育界與商業界的領袖逐漸發現，不讓學生與員工接觸自然光有多麼荒謬。例如佛羅里達州坦帕的普蘭特高中，最近就重啟一九七〇年代封鎖的大型窗戶。學校大約四十年來第一次有日光照入。有些建築師在興建學校與辦公大樓的過程中，也在思考兼顧使用者對於自然光的需求，以及降低成本與節約能源的義務。PS 62 又稱凱瑟琳格林領導與永續學院，位在紐約市的史泰登島，該學院建築所產生的能量，就跟消耗的能量一樣多，因為有著由地下地熱井供電的太陽能板、風力機，以及冷氣系統與暖氣系統。這棟建築於二〇一五年完成，高達百分之九十的時間，都能達到「日光自主」，意思是說，教室與走廊幾乎全由日光照亮。校長麗莎・薩尼可拉說，學校建築細心的設計，除了能節省經費、保護環境，也有助對學生的教育。她說：「整個建築的氣氛都改變了，孩子們都很開心。」

甚至有研究結果能證實，看見自然環境與學業成績進步有關。哈佛大學陳曾熙公共衛生學院的約翰・斯本格勒教授，使用一種聰明的方法來評估校園的「綠色程度」。那個方法要借助美國國家航空暨太空總署（NASA）位於地球上方四百英里高空的太空船所拍攝的衛星照片。斯本格勒與同僚分析美國麻薩諸塞州公立學校的空拍照片，判斷每一處校園的植物量，再與該州三年級至十年級生的學業技能測驗（MCAS）成績比較。研究團隊表示，在種族、性別、家庭收入，以及第二語言為英語等因素不變的情況下，研究結果顯示，「校園綠化比例越高，各年級學生的英語與數學成績越好」。

伊利諾大學景觀建築教授威廉・蘇利文與同僚黎東瑩以另一種更直接的方式，測試自然環境對人類的影響。他們將一群高中生隨機分配到一間能看見綠色植物的房間、一間能看見建築物或停車場的房間，或一間無窗戶的房間。這些高中生還要完成一連串很消耗心智資源的高難度活動，包括校對、發表演說，以及解決一連串心算題目。每一位高中生還要完成注意力測驗，休息十分鐘之後，再進行第二次的注意力測驗，這些全都要在高中生分配到的房間進行。能在休息時間眺望窗外綠色植物的高中生，第二次的注意力測驗得分比第一次高出百分之十三；在休息時間眺望人造環境的學生，或是只能看著沒有窗戶的牆壁的學生，兩次測驗成績則毫無進步。

置身在能遠眺自然環境的空間，對上班族與學生都有好處。加州能源委員會委託了一項研究，旨在探討窗戶的有無對沙加緬度市政府公用事業部兩組員工的影響。研究發現，公用事業部客服中心的員工當中，擁有最佳視野者（座位附近有窗戶能眺望綠色植物），比完全沒有視野者，處理來電的效率高出百分之六至十二。公用事業部總處的員工，擁有最佳視野者，比完全沒有視野者，心智功能與記憶回憶的測驗成績高出百分之十至二十五。

即使是短暫看著窗外的景色，也能改變人們的心智能力。澳洲墨爾本大學研究人員發現，研究對象僅僅在四十二秒的「微休息時間」內眺望開滿花的草地植物屋頂，認知測驗的成績就超過在同樣短暫休息時間中，眺望空無一物的混凝土表面研究對象。眺望綠色屋頂的研究對象也較為警覺、犯錯較少，更能控制自己的注意力。在一天當中的任何時間內，都能發掘類似的「微恢復機會」，每次眺望著窗外的景色，都能補充心智資源。

＊＊＊

我們可以在忙碌的工作日與學校課表中，安插微恢復時間。但若能抽空在大自然中停留較久，思考方式會出現更深層、更微妙的變化，對時間的感覺、對未來的思考都會改變。博物學家與作家約翰．繆爾說起他在美國西部內華達山脈登山的日子時感嘆道：「啊，那段在山上度過的悠閒歲月，感覺永遠不會結束。」一九〇三年五月，繆爾帶領當時的希奧多．羅斯福總統，在加州的優勝美地谷，完成三天的露營之旅。羅斯福後來回憶道：「我們第一個晚上在巨杉林露營。那天天氣晴朗，我們躺在露天下，肉桂色的巨大樹幹聳立在四周，彷彿一間教堂的圓柱。這教堂比人類建造的任何一間教堂都更雄偉、更漂亮。」

繆爾與羅斯福一路欣賞優勝美地谷的美景，繆爾也提醒總統，國內豐沛的自然美景需要政府正式下令保護，否則只怕難保。繆爾的諄諄勸告，總統聽進去了。接下來的幾年，羅斯福將自然森林保留區的面積，擴大超過原本的三倍，也將國家公園的數量增加一倍，同時設置包括大峽谷在內的十七處國家紀念區。羅斯福結束三日行程後不久，在沙加緬度發表演說，說明他休息處的巨杉，為何不應遭到砍伐。他說：「我希望保護大樹林，純粹是因為這些樹木若是消失，會是人類文明之恥。這些大樹本身就是古蹟。」他也說，這些大樹以及其他「自然資源」，應該「完好無缺地交給後代子孫。我們建立這個國家，不是只維持一天，而是要千秋萬代」。

研究發現，這種為了長期利益，也就是羅斯福所說的「後代子孫」，不惜延遲眼前滿足的能力，可以藉由花時間接觸大自然而強化。佛羅里達大學心理學家梅樂蒂・貝里給研究對象看自然界的照片（山、森林），以及都市環境的照片（建築物、道路）後，接著再問問題，以評估研究對象是否具有參與「未來折扣」的傾向。所謂未來折扣，就是寧可現在拿取較小的報酬，也不要未來獲得更大的獎勵。看見自然界照片的研究對象，相較於看見城市照片的研究對象，比較傾向延後滿足，反應也較為自制，較少衝動。

荷蘭萊登大學心理學家亞莉安・范德瓦爾安排研究對象走過阿姆斯特丹綠意盎然的一區，或是交通繁忙、建築林立的一區。她說，她的研究發現，剛剛接觸過自然環境的研究對象，較能克制滿足眼前欲望的衝動，機率比另一組高出百分之十至十六。針對兒童的研究也得到類似結果。研究八至十一歲的兒童，觀看大自然影片的一組，比觀看城市影片的另一組，更能延遲滿足。看見或經歷城市環境時會感受到競爭，覺得必須把握眼前的資源。相較之下，大自然帶給我們一種豐富資源取之不盡、用之不竭的安全感。

大自然之所以能讓我們願意延遲滿足，也許跟大自然改變我們的時間感有關。在梅樂蒂．貝里的另一項研究中，研究對象必須說出一段時間長達幾秒鐘或幾分鐘。她發現，剛剛看過自然景象的研究對象，感覺時間過得比較慢。研究也證實，在自然環境中散步的研究對象，高估了散步所用的時間；而在都市環境散步的研究對象，能正確估計散步所用的時間。我們對於時間的感受是可塑的，會受到情境線索影響。接觸大自然能降低激發，增加專注能力，因此會覺得時間過得較為緩慢，看待未來也較為寬容。

大自然也能讓思考**更具創意**。研究發現，兒童在戶外遊戲時，想像力遠高於在室內遊戲時。大自然的遊戲空間比較沒有結構，變化較多。兒童遇見的道具（葉片、卵石、松果）並沒有老師或父母預先設置的用途。成年人花時間接觸大自然，也能促進創新思考。科學家認為，自然環境引發的「輕度入迷」，使用的就是大腦的「預設模式網路」。這個網路一旦開啟，我們就會進入一種鬆散的聯想狀態，並不是專注在任何一件工作上，而是能接受意想不到的關連與領悟。在大自然中，我們很少需要做決策與選擇，因此大腦有隨意思考的餘裕。在此同時，大自然能分散我們的注意力，讓我們感到愉快，因為可以提振心情，卻不會占用所有的心智力量。有了好心情，思考就會更寬廣、更包容。在空出的大腦空間裡，目前活躍的思想，能與已經儲存在大腦深層的記憶、情緒及思想結合，激盪出創意巧思。

午餐時間到公園散步，可以感受到大自然確實能促進創意思考。但長時間走入較為野外的地方，也許會有特別的收穫。大衛．史崔耶稱之為「三天效應」。史崔耶是猶他大學心理學家。他很久以前就發現，他最原創的想法，大多是在猶他州崎嶇的內地過夜旅行途中想到的。他在二〇一二年發表了一項研究，這份研究是在探討阿拉斯加州、科羅拉多州、緬因州，以及華盛頓州遠足者的創意思考能力。有些研究對象是在啟程之前完成測驗，有些則是結束三天的荒野之行後再完成測驗。研究結果呼應了他自己的經驗——這些背包客長時間接觸大自然之後，創意思考能力會提高百分之五十。史崔耶也研究數位媒體讓人分心的效應，認為這些遠足者的創意思考能力之所以能提升，主要是因為與手機、電腦隔絕。電子設備是刻意設計成能吸引我們注意力而且讓我們不肯放手的。電子產品的運作方式，與四處擴散、能激發創意的心智歷程背道而馳。要脫離這些裝置的少數辦法之一，就是遁入大自然。

走入大自然，暫時脫離數位裝置，還能以另一種方式提升創造力。若一直盯著小小的螢幕看，即使我們感覺到的自我會擴大、會增強，**思考**也會變得狹隘。而無垠無涯的大自然，無邊無際的海、山、夜空，則有相反的效應。我們感覺到的可能性會大為擴張，但同時會覺得自己很渺小。大自然能產生這種效應，是透過一種我們在大自然最常出現的情緒——敬畏。加州柏克萊大學心理學教授達契爾．克特納近來進行了多項關於敬畏的研究。他說，敬畏的情緒

「位於愉悅的上游，恐懼的邊界」。

敬畏有一種讓人愉快又畏懼的特點，就是會帶來嶄新的觀點。日常經驗並不足以讓我們接受大峽谷令人嘆為觀止的浩瀚，或是尼加拉大瀑布奔流而下的壯麗。我們沒有立即可用的反應，尋常的參考架構不適用。我們必須努力適應從環境流入的新資訊。想想伴隨敬畏而來的身體行為，包括停下來、暫停、瞪大雙眼、五官放鬆，這些都彷彿是要吸收更多讓我們如此驚訝的景象。克特納與其他學者發現，敬畏的經歷會引發一連串可預期的心理變化。我們變得較少依賴成見與刻板印象。我們變得更好奇、更虛心，也更願意修正、更新心智「基模」，也就是我們用以了解自己、了解世界的範本。有人說，敬畏的經歷就像人類大腦的「重設」按鈕。但我們無法全憑一己之力製造敬畏的感覺，也無法自行啟動與敬畏有關的過程。我們必須勇於探索世界，找到大於自己的事物，才能經歷這種內在變化。

研究敬畏的科學家也發現，敬畏會改變人們看待其他人的方式。懷有敬畏情緒的人的大腦掃描結果顯示，掌管占據空間、適應空間感覺的大腦區塊變得較不活躍，因此人們感到敬畏時，會感覺自己與他人之間的界線變得較為模糊，感覺我們是一個更大的、互相串連的整體的一部分。以行為的角度來看，體驗過敬畏情緒的人，行為較傾向於利社會，也更利他。看過自然界壯麗美景影片的研究對象，在遊戲中會更樂於分享與合作。一項實驗發現，研究對象凝視老生林一段時間之後，比較願意彎下腰，幫忙撿拾陌生人（其實是研究人員的幫手）掉落在地上的筆。

敬畏的「功能」理論，也就是生物學家與心理學家研究我們**為何**感到敬畏，主張敬畏的感覺能促使人類擱置個人利益，追求集體目標。因此容易感覺敬畏的人，更能團結合作，完成重要的工作。人類將尋常的思考擴大為對大自然浩瀚的敬畏，就能確保自身的生存。這也許也是在提醒我們，應該暫時放下小螢幕，仔細看看人類與地球目前面臨的生存危機。

＊＊＊

我們祖先敬畏的對象，也會感動現在的我們，例如山、海、樹、天空。但到目前為止，只有少數現代人有過遇見大自然全景的經驗——也就是像太空人一樣，從外太空看地球。對於少數有過這種經驗的人來說，此等景象如此令人激昂，引發的心理效應又如此深刻，因此科學家將這種效應命名為「總觀效應」。曾於一九七一年在月球行走的美國太空人艾倫．雪帕德說：「曾經有人在飛行前問我：『你從月球看見地球，會不會激動到不能自已？』我說：『不會，才不會。』但等到我真的站在月球上，第一次看見地球的那一刻，我哭了。」

約翰霍普金斯大學研究學者大衛・雅登研究太空人如何描述飛行過程，他長期關注的主題是太空人看見地球、看見地球的美麗與脆弱時所引發的情緒反應。另一個一再出現的主題是，地面上人類之間的界線與藩籬消失了。太空人羅素・施威卡特回憶道，從外太空往下看，「會覺得休士頓，還有洛杉磯、鳳凰城、紐奧良都很親切……到了地球不同區塊的上空，看到的地方也不一樣，但都會覺得很親切……你往下看，看見你居住了那麼久的地球表面……你知道下面那麼多的人都跟你一樣，他們就是你……你會領悟到，你是這個整體生命的一部分。」太空人艾德加・米契爾則說，從太空看見地球的那一刻，他感受到一種「意識的爆炸」，「有一種排山倒海、同體一命的感覺」。

矛盾的是，這些太空旅者所感受到的強烈連結感，往往也夾雜著同樣強烈的錯位感與疏離感。太空人沒有望著地球、讚嘆不已的時候，必須忍受很多人所形容的極其單調的環境，那樣的環境不僅非常狹小，還充滿完全無法讓人類大腦感到愉悅、放鬆的高科技儀器。因此可能會感到無趣、倦怠、焦慮，甚至會攻擊同事。隨著長期太空旅行越來越有可能成真，如何維護太空人的心理健康也成為重要課題。目前已經出現一種應該可行的答案——讓太空人種植綠色植物。

美國國家航空暨太空總署太空人麥克・福爾於一九九七年抵達美俄聯合經營的和平號太空

站。當時他分配到的工作之一，是看顧太空站的溫室。他進行了各項實驗，研究植物如何在太空成長。如果太空人要在太空待上幾個月，甚至幾年，必須有新鮮食物補給。他果然成功種出，也吃到了太空人所稱的「太空青花椰菜」。要想成功，必須知道如何運用光，引導青花椰菜幼苗朝著正確的方向生長。在沒有重力的情況下，青花椰菜幼苗不知道該「往上」成長。沒有蜜蜂給日本蕪菁（一種沙拉用蔬菜）授粉，福爾必須親自動手，用牙籤輕輕將花粉從一株移植到另一株。

福爾用心照料這些植物，美國國家航空暨太空總署的地面團隊還幫他取了「農民福爾」的綽號。但太空花園可不只有實用價值。福爾從和平號太空站回來之後，他在記者會上說：「我很喜歡溫室實驗。」他又說，在長途的太空飛行中，例如從地球到火星，維持一個溫室「非常重要，因為從地球到火星需要很長時間，能做的事情又那麼少，照料植物當然很能撫慰心靈」。談到他照料的植物，他說：「我喜歡每天早上花十分鐘、十五分鐘看著這些植物，享受片刻的寧靜。」

心理學家研究太空人的心靈時，用了一個很傳神的字眼來形容許多太空人都會有的毛病。這些太空人都有在繞行地球的太空站一連工作幾個月的經驗，心理學家說，他們「想家」。這些太空旅人只能透過窗戶遠眺他們想念的地球，而我們則被困在住家、汽車、辦公室的有限空間中，與自然棲息地青翠的綠色植物、新鮮空氣，以及不斷變化的陽光隔絕，在太空人與我們之間，可以看見一種令人不安的相似處。建築師哈利・法蘭西斯・馬格雷夫寫道，我們在戶外環境「感覺像在家中一樣自在，因為在我們身上，多多少少還能看見祖先的過往」。我們打開門，走到戶外的思考，就是在重現祖先的過往。

第五章
以人造環境思考

約納斯・沙克是位年輕的醫學研究人員，幾年來，他為了研發小兒痲痺症疫苗，在匹茲堡一間小小的地下室實驗室，每天工作十六小時，每周工作七天，如今，他陷入了瓶頸。一九五四年的春季，沙克筋疲力盡、靈感枯竭，他知道自己必須暫時離開實驗室，心智才能恢復活力。他在義大利中部亞西西的聖方濟各聖殿（於十三世紀建成），找到他想要的平靜獨處時光。

一連幾個禮拜，沙克穿梭在聖方濟各聖殿粉刷過的列柱、拱門、寧靜的庭院，以及從高窗灑入的日光照亮的小教堂中，閱讀、思考、行走。在這段日子裡，他突破了思考，他認為，突破的關鍵就在建築物本身。他後來寫道：「那裡的建築物充滿能激發靈感的靈性，我的直覺思考能力相較於以往大有突破。在古蹟的薰陶之下，我憑藉直覺，構想出我認為能成功研發出小兒麻痺症疫苗的研究。我回到匹茲堡的實驗室後驗證了我的想法，發現果然正確。」

但這並不是故事的終點。沙克造訪聖方濟各聖殿不到十年後，遇到了能從零開始打造有助於思考的建築群的機會，可以開創一個讓像他這樣的科學家好好思考的空間。他與他的建築師路易斯・康合作，著手設計最適合思考與發現的環境。他們以聖方濟各聖殿為範本來打造這個空間。沙克與路易斯・康討論的過程中，特別提及亞西西的聖方濟各聖殿。路易斯・康幾年前也曾造訪此地，並畫下素描，因此也很熟悉。他的設計圖無論在明處還是細處，處處可見修道院的影子。

設計的建築群於一九六五年落成，也就是加州拉霍拉的沙克研究院，享有現代建築傑作的盛名。建築結構相當巨大，甚至可以說是質樸，但也能符合在裡面工作者的需求。下陷庭院與採光天井，讓自然光擴散至每一個角落，連地下樓層也有採光。研究院的各個實驗室，是沒有隔斷的寬廣空間。路易斯・康運用巧妙的建築工法，興建完全沒有室內柱的樓層。管線之類的機械元素位於間隔的樓層，所以進行維修更新時，也不會打擾到正在工作的科學家。科學家的研究室與實驗室相隔一段距離，每一間都能看見太平洋。沙克研究院的研究人員中包括有許多諾貝爾獎得主，紛紛表示這裡是思考的樂園。沙克也對成果感到滿意，他說：「我覺得研究院是天底下最接近完美的作品。」

幾百年來，包括路易斯・康在內的建築師，都思考過如何設計出能激發某種心理狀態的空間。一般人為自己打造建築時，會改造承繼而來的建築型態，所以至今還能看見更久遠的民間建築傳統。如今，出現一種叫做「神經建築學」的新興領域，開始透過實驗，研究大腦對於建築物，以及建築物內部的反應，也探討人類的演化史，以及人們身體的生理機制，如何影響這些反應。

雖然建築經過如此縝密的思考與設計，但令人不解又灰心的是，現在很多人學習、工作、思考的空間，竟還是無法促進有效思考。其中一個原因是我們的文化其實不算重視建築環境。很多人以及很多機構，似乎都認為建築環境不甚重要，無論在什麼樣的環境下，我們應該都有能力進行具生產力的思考。第二，縝密的設計需要時間與金錢，而且總要面臨快速完工、壓低成本的壓力。不得不說的第三項原因是，建築師與設計師本身，以及他們展現大膽想法的專橫。我們在這一章稍後會討論，他們大膽前衛的冒險，往往苦了那些必須每天居住在他們作品之中的人。

就連路易斯・康也落入這種窠臼。他在設計沙克研究院的幾年前接受委託，設計賓州大學理查茲醫學研究實驗室。他的作品贏得建築評論者的好評，甚至還得以在現代藝術博物館舉辦特展。但在理查茲醫學研究實驗室工作的人認為，這項建築作品簡直是災難——狹窄、昏暗，動線混亂，完全無法激盪出靈光一閃的火花。路易斯・康在下一個作品修正路線，沙克研究院的設計理念改以使用者的需求為重。

在路易斯・康忙於工作的這段時間，在美國中部堪薩斯州奧斯卡盧薩也展開了另一項同樣耗費腦力的工作。心理學家羅傑・巴克詳細記錄了研究對象日常生活中的各種活動細節，探討研究對象行為背後的原因。他與同僚赫柏特・萊特合作，於奧斯卡盧薩（人口七百五十）成立中西部心理學田野研究站，開始研究一群兒童從每天早上醒來，到晚上就寢之間的所有活動。

兩人經過詳細的觀察，發現一個明顯的模式。一位學者說道：「巴克與同僚發現，兒童的行為蘊含大量的秩序、連貫性，以及可預測性。」但這種秩序與兒童的個性、智商等內部特質無關。影響兒童行為的最主要因素，是他們被觀察的地點。巴克說：「兒童從一個地方到另一個地方時，例如從教室到走廊，再到操場，或是從藥局到街上，從棒球賽到淋浴間，行為特質往往會大幅改變。」

巴克的「中西部研究」最終維持超過二十五年，以大量的證據，證明人們所處的環境，對於思想與行為影響甚鉅。人們**並不是**無論置身何等環境，都有能力拿出最佳表現。即使大多數人不相信，建築師其實早已明白這個道理。建築師克里斯多福・亞歷山大著有經典作品《建築模式語言》，他盛讚民間建築展現出了得來不易的智慧，卻也感嘆「有些人有種自以為是的想法，覺得一個人什麼都能靠自己，完全不需要環境提供重要養分」。亞歷山大寫道，其實「一個人可以說是由他的環境塑造出來的，能否達到和諧的狀態，完全取決於自身與環境之間是否和諧」。他也說：「某些類型的實體與社會環境能賦予一個人活力，其他類型就讓人死氣沉沉。」

現今學習與工作的環境，往往與人性完全不和諧，因此「極難」進行有智慧、有效的思考。但建築環境如果設計得當，效果則是完全相反，那將能增強人們的專注力，維持積極性，提升創造力，豐富日常生活。看看近期的心理學與神經科學研究，以及人類史上興建的各種建築，就會明白如何將空間轉化為心智的延伸。

＊＊＊

建築空間最重要的關鍵功能，除了遮風避雨，就是提供思考的安靜空間。這種具有保護作用的空間非常重要，因為思考，至少是現代世界要求我們完成的那種思考，並不是人類與生俱來的能力。在漫長的人類演化史中，人類都是在戶外進行深度思考，而且往往是在忙碌的當下依賴直覺與記憶，而非深思熟慮或仔細的分析。我們只有在不得不長時間專注於抽象概念的時候，才需要在隔絕外界的空間中思考。一連幾小時專注於文字、數字，以及其他象徵性的內容，會讓大腦吃不消。長時間維持這種狹隘的專注，是非常不自然的，大腦需要外部的抽象思考結構才能完成這種工作。

從古到今，社會需要的思想越來越抽象，再加上人類居住越來越密集，造就了對於一種結構的需求。這種結構就是牆。與不熟悉的其他人密集聚居，難免精神緊張，牆是緩解精神緊張的必要工具。畢竟在人類史上大多數時間中，人類都是與家人一起居住在一室的住所。認識的人都住在離自家不遠的地方，很容易掌握其他人的動向。即使是中世紀的國王與王后，也是居住在一間大廳堂，身旁圍繞著精心挑選的侍從與顧問。但隨著城市出現，大批不熟悉的人出現，城市居民開始尋找適合閱讀、思考、寫作的空間，而且是獨自一人的空間。

加拿大滑鐵盧大學環境心理學家與神經科學家柯林．艾拉德說：「設計牆壁的目的，是要免去我們留意陌生人活動的認知負荷。」人類從小型農業村落，移居到較大的村莊，最後到了城市，很難再去追蹤誰把誰怎麼了，所以牆壁就越來越重要。紐約市立大學利曼學院語言學教授約翰．洛克說，牆壁帶來的隱私空間，是一種全新的心智延伸。他說：「我們的遠祖一直都能互相看見，這樣比較安全，但認知負荷太重。後來居住的地方有了牆壁，從此他們不必每隔幾秒，就四處看看其他人在做什麼。」他說，結果是「從我們與人猿共有的祖先開始進行的人類守夜，規模縮減為較容易執行的大小，每天得以空出很多不受打擾的時間」。

在現在熱鬧的曼哈頓可以找到早期的這種牆壁，就收藏在大都會藝術博物館內。在古希臘的甕與殖民時代的銀器當中，有一個精美的房間，是仿照十五世紀義大利城市佩魯賈製作，那是烏比諾公爵費德里克·達·蒙特費爾卓的書房。他身為公爵，具有王室成員、政治人物、戰士的不同身分，當時居住在現屬義大利中部的古比奧。這間書房有著牆壁，能讓喜愛文學、建築、數學的公爵，暫時離開受他統治的市民，在寧靜的書房研讀、思考。他的書房落成於文藝復興時期的義大利，因此這幾面牆壁可不是普通的牆壁。來自西恩納、佛羅倫斯、拿坡里的工匠，完全以鑲嵌木板製作精美的錯視壁畫，使用的技法叫做**木工鑲嵌術**。

這群工匠以紫檀、橡木，以及山毛櫸木的薄片，細細雕琢（而且使用的是當時新發明的線性透視法）裝滿珍寶的櫃子。每一件珍寶都代表公爵最珍視，也是最想要的東西。魯特琴與豎琴代表他的文化涵養；一把鎚矛與一雙馬刺代表他的戰技；一本穿線裝的詩人維吉爾的《艾尼亞斯記》代表他的博學；房間每一個角落的格言與圖案，代表公爵個人、家族，以及地區的身分。

費德里克的私人書房，在當時算是罕見的創舉，但在接下來的幾百年，人口繼續從鄉間湧入城市，越來越多人需要這種「思考空間」。書房的風潮往北擴散到整個歐洲，越來越多富人在家中增設書房。這些書房就像費德里克的書房，往往具有別具意義或神聖的物品，例如藏書、科學儀器、樂器、宗教文物。這些書房是不受打擾的寧靜空間，能促進全新角度的深層思考。對十六世紀最具原創力的思想家米歇爾・德・蒙田而言，書房成為他所珍視的思想自由的重要象徵（值得一提的是，蒙田不只是文學家，也是波爾多市長）。他在〈獨處〉一文寫道，在喧囂的社會生活與商業生活之中，「我們應該要保有一間私密的房間，完全屬於自己，在裡面可以完全自由，實現真正的自由，享有最重要的獨處與休養」。蒙田將這個房間稱為「後鋪」，意思是「店鋪後方」，凸顯出「忙碌參與」與「安靜退離」之間的密切關連。他說，在這個房間，「我們主要是必須自己娛樂自己。」

對大多數人而言，這樣的空間如今已不復存在。從二十世紀中期開始，幾百年前立起的牆壁開始倒下。無論是住家、學校，還是辦公大樓，在每一種建築物中，本是能捍衛專屬個人私密空間而受到歡迎的牆壁，現在則是被貶斥為阻斷大家想要的「開闊空間」的障礙物。越來越多人喜歡無特定結構、可自由發揮的空間，而非封閉的、限定的空間。這種趨勢在工作場所格外明顯。到了這個世紀的開端，已經有百分之七十至八十的美國上班族，在開放式設計空間奮力工作。

無牆辦公室為何得以取代私人辦公室？首先是因為成本較低。相較於傳統辦公室設計，開放式設計辦公空間的每名員工建造成本，可以節省百分之五十之多，因為足跡較少，內部建築成本也較低。但開放式辦公室之所以蔚為風尚，還有一種可能的原因，也可以說是一種大膽的想法——拆掉牆壁，讓所有人聚集在一個大空間，溝通會更順利，也必定能促進合作與提升創造力。

這種共享環境促進碰撞的概念，具有頗具吸引力的歷史與學術淵源。作家史蒂芬．強森在他頗具影響力的作品《構想從何而來》告訴我們，咖啡館是現代世界誕生的競技場。他寫道，這種熱鬧的聚集場所「孕育了無數啟蒙時代的創新，從電力科學，到保險業，再到民主政治本身，應有盡有」。他說，新構想是來自「不同領域的專業，匯聚在某個共享的實體或智慧空間中所發生的碰撞」。

舉個例子，班傑明．富蘭克林在一七六四年至一七七五年生活於倫敦期間，經常待在聖保羅座堂附近的一家咖啡館。強森在著作《發現空氣的人》提到，富蘭克林在這間咖啡館與一群「自由思想家」，包括科學家、數學家、哲學家交流，天南地北聊天，互相激盪靈感。強森說：「應該樹立一塊牌匾，紀念這間咖啡館成就這麼多靈感的貢獻。」不少現代的領導者與管理者也採納這種概念，覺得一群人只要能互相「碰撞」，就會有奇蹟出現。所以，拿掉阻礙碰撞的實體障礙物，豈不就是促進碰撞最好的辦法？

一群人近距離工作，**確實**較容易溝通合作。發明「艾倫曲線」的麻省理工學院教授湯瑪斯・艾倫在四十多年前，首度發現這個道理。艾倫曲線凸顯出實體距離與溝通頻率始終相關——在工作環境中，人與人之間距離越遠，互動頻率就越低。因此舉例來說，座位相隔約一・八公尺的兩個人，比座位相隔約十九・八公尺的另外兩個人，經常交談的機率高出三倍。艾倫發現，五十公尺的距離，是經常交流資訊的切斷點。超過這個距離，經常的溝通就等於停擺。距離較近的兩個人，更有可能遇見對方，遇見就容易激發非正式交流、跨領域構想，以及有效合作。

艾倫也發現，企業每一位員工每天至少經過一次的共享空間，最能促進交流。他以麻省理工學院的「無盡長廊」作為例子。「無盡長廊」是一條長達約二百五十公尺，串連幾棟建築物的走廊，從校園的一頭延伸到另一頭（長度超過兩座足球場，不過相較於足球，麻省理工學院的學生對於其他東西應該比較感興趣。每學年，每逢太陽出現在適當的位置，陽光直接灑在長長的走廊上時，就是麻省理工學院大學生歡慶的時刻。他們將這個時刻稱為 MITHenge）。較為近期的研究也呼應了艾倫的原始研究。在簡訊、電子郵件，以及 Slack 的時代，艾倫曲線依舊成立。線上交流似乎無法取代人與人之間當面的閒談。

＊

但是近距離有助於溝通是一回事，沒有隔絕、缺乏保護的空間所衍生的無窮無盡干擾，則是另一回事。咖啡館也許很能迎合現代人的感性，但絕對不適合進行需要大量認知能力的複雜工作。這是因為，開放式設計的工作環境，與人類無法改變的生理機制正面衝突。大腦經過演化，會持續監控當前的環境，而且很容易分心，免得錯過周遭的聲音或動作，沒能即時察覺該避開的危險、該把握的機會。組織的環境充滿了最讓人分心的刺激物。

第一，人類對於**新奇**的東西，也就是不一樣的新東西特別敏感。新奇的東西能吸引我們的注意力，是一種演化而來的省時策略。要一直留意身邊不會每天改變的許多東西，未免太浪費時間與精力。但我們所處的環境，若不斷出現活動與變化，而我們還是只注意新奇的事物，就會有問題。心理學家法布萊斯．帕曼提爾研究聲音讓人分心的效應。他發現，突如其來的聲音「無論資訊價值為何」，「都必將穿透注意力的過濾層」，最終讓聽見的人分心。他說，我們的注意力會「不由自主受到突如其來的聲音吸引」。

第二，我們對於**語言**的聲音特別敏感，尤其是能聽清楚語言內容的時候。周遭的任何聲音都能引起我們注意，但可懂的語言格外讓人分心，因為無論想不想聽，大腦都會去解讀可懂語言的語意意義。而且負責處理我們一定會聽見語言的大腦區塊，正好就是在辦公室處理知識工作，例如分析資料或寫報告時所使用的大腦區塊。我們會不由自主去解讀語言，但完成與文字或其他符號有關的工作，都需要使用相同的有限資源，因而導致能用於每一項事物上的「大腦」變少。瑞典耶夫勒大學研究團隊在二〇一四年進行了一項研究，安排研究對象在五種不同的聲音環境中，寫出一篇短文。五種環境背景噪音的語音傳輸指數為〇．〇八至〇．七一不等。語音傳輸指數將語言分為「完全不可懂」，到「略為可懂」，再到「完全可懂」。研究團隊發現，研究對象置身在語言傳輸指數高於〇．二三的環境中時，寫作流暢度會「大減」。他們說，這樣的環境在開放式設計辦公室「一點也不罕見」。

第三，我們對於**社會互動**的細微差異，對於別人互相說的話，以及認為別人**將會**說的話特別敏感。我們為了駕馭人際關係，會不斷預測周遭社會交換的走向。因為有預測未來的習慣，因此很難對單邊談話充耳不聞，例如身旁人們講電話的內容。普林斯頓大學心理學助理教授蘿倫．安柏森的研究發現，人們無意間聽見她所謂的「一半對話」，會比聽見兩人之間的對話更為分心，認知表現也更為下降。只聽見一半的對話，較難預測說話的人什麼時候會停頓，什麼時候又會繼續說話，又會對著我們無法聽見的說話對象說些什麼。在安柏森於二〇一〇年發表的一項研究中，研究對象必須完成言語任務與運動任務。結果他們才剛聽見「一半對話」，就開始出錯。

那麼戴上頭戴式耳機如何呢？這等於是把問題直接塞入耳朵。帶有歌詞的音樂就像無意間聽見的言語，會與閱讀、寫作這些同樣涉及語言的活動，爭奪心智資源。研究也發現，音樂會影響在進行複雜或困難工作，或是需要創造力的工作表現。而且不只是歌詞而已，音樂有一再出現的節奏，還有容易記住的即興短句，那是刻意設計成要占據我們注意力的。研究顯示，高強度、快節奏、多變化的音樂，比低調悠閒的音樂更容易讓人分心（一位研究學者發現，學生一邊念書，一邊聽著嘻哈之類的高強度音樂，容易形成他所發明的著名「注意力流失效應」。）音樂會擾亂年輕人與成年人的認知。也許最糟糕的是，聽自己喜歡的音樂時的智能表現，竟然還會「嚴重低於」聽自己不喜歡的音樂。

聽覺如此，視覺也是如此。我們無法選擇不去看見進入視野的東西，也幾乎不可能阻止自己的眼睛望向全新的，或是移動中的視覺刺激。耳朵聽見別人說話時會豎起，眼睛也會受到別人的臉所吸引。即使努力專注於書頁或螢幕，大腦也會自動優先處理我們所看見的臉。我們的注意力尤其會深受其他人的**凝視**吸引，我們對於別人朝自己投射而來的目光出奇敏感。一旦察覺他人的目光聚焦在自己身上，大腦就會放下正在做的其他事情，專注處理眼神接觸。發現有人看著自己時，甚至會引發更強烈的生理激發，膚電傳導的增加就是明證（想想神經系統受到激發的時候，從表面上幾乎看不出來，但我們還是會微微出汗。薄薄一層發亮的汗珠，暫時將皮膚變成了更好的導體）。瞥見別人的眼睛是閉上的，或看著其他地方時，我們的膚電傳導並不會有變化，但當看見別人看著自己，膚電傳導就會大增。

這些視覺監測與處理，消耗了大量心智資源，我們只能用剩下的少許腦力處理工作。我們明白這個道理，因為**閉上**眼睛，思考能力就會提升不少。一個研究團隊表示，閉上眼睛「能脫離環境刺激，進而提升認知處理的效率」。暫時脫離這種刺激，能降低認知負荷，提升視覺化能力，遇到「話到嘴邊就是想不起來」的難受時刻，除了更能想起難以想起的資訊，也更能想起視覺細節與聽覺細節。一項研究發現，研究對象閉上眼睛回答剛才看過的電影問題時，答題正確率上升了百分之二十三。

我們當然不可能閉著眼睛工作或學習。我們需要依靠實體空間的元素，才能擺脫分心的傾向，也就是刻意「減少感覺」，以達成最佳注意力、記憶力，以及認知能力。詩人羅伯特・佛洛斯特寫道：「有好籬笆才有好鄰居。」同樣的道理，有好牆壁才有好的合作夥伴。

*** *** ***

牆壁以及牆壁構築的安全空間，能保護我們不被其他事物分心。但牆壁的功能不只如此，還能帶來**隱私**，而令人驚訝的是，隱私竟然能帶動創造力。

現在廣受歡迎的開放式設計咖啡館模式是表現導向，幾乎可以說是種表現欲。想想班傑明・富蘭克林跟一群朋友在聖保羅座堂附近的咖啡館高談闊論的情況。但公開展現自己會消耗心智資源，能用在工作上的腦力就更少（對於某些族群而言，自我呈現特別消耗心智資源。最近一項在英國政府機關進行的研究指出，將一群人從封閉的辦公室轉移到開放式設計辦公室後，結果發現，在這種環境下，自我呈現的重擔主要落在女性身上，因為女性特別重視外表）。

神經科學家莫希・巴爾發現，一般人一旦脫離環境帶來的認知負荷，創造力立刻會提升。巴爾是以色列巴伊蘭大學剛達多領域大腦研究中心的主任。他說，他安排研究對象進行消耗大量心智資源的創意思考測驗，發現研究對象想出更為「統計上常見」（也就是傳統與普遍）的聯想。巴爾在研究中發現，「高心智負荷不斷降低研究對象答案所反映的原創性與創造力」。他認為這是因為我們的大腦若是在處理別的事情，我們就會採用心理捷徑，包括傳統刻板印象、熟悉的假設，以及多次的習慣。這些是我們最快想到的想法，花費最少心智力量就能想到的想法。我們需要大量的認知資源，才能抑制這些反射性的陳舊思想，往更深層去尋找更原創、更新穎的思想。

隱私還能以另一種方式，提升我們的創造力。我們有了隱私，就擁有在無人看見的情況下實驗的自由。我們的工作若是為他人服務，就比較不會採取可能失敗，或看起來麻煩的新方法。哈佛商學院副教授伊森·伯恩斯坦在中國的一間手機工廠，研究隱私與創新之間的關係。他在二〇一二年發表的研究顯示，用簾幕遮住工廠員工的活動，給他們更多的隱私，他們的創新能力與生產力就能提升。沒有旁人看見他們的試驗過程，他們就能想出更迅速、更有效的工作方式。

伯恩斯坦說，白領工作者遇到的監督，可能是以電子形式進行，而白領工作者也出現與手機工廠員工同樣的情形。專業人士要是知道自己的一舉一動，都在無所不知的電眼監視下，就比較不願意嘗試新構想、新方法。職員擔心的不只是老闆會認為他們在打混，或是違反規定。一直處於監督之下，會削弱自身的力量，無力感會阻礙探索力與創造力。反過來說，不少研究發現，覺得擁有隱私，就會覺得自己擁有權力，創造力也會因而提升。

最後，擁有隱私也有助於我們與同事之間的溝通。有效合作往往需要某種程度的自主，需要離開眾人注視的目光，而這在開放式設計的辦公空間很難做到。研究發現，員工在沒有牆壁的空間工作，較少會與他人進行和工作相關的對話，而且對話內容也容易流於表面。這往往是因為不敢在公開空間討論敏感或機密事務。班・瓦伯開設的公司 Humanyze，以穿戴式感應器追蹤員工的活動，發現公司從封閉式辦公室搬遷至開放式辦公室之後，在大多數時間內，員工之間的互動竟然**減少**了。瓦伯說：「可能是因為員工戴著頭戴耳機，或是身邊有幾十個人能聽見任何談話，所以很難跟同事說話。」其他研究也發現，工作環境更為開放，同事之間的信任與合作意願反而減少。設計開放式辦公室的本意是要促進合作交流，結果似乎適得其反。

現在越來越多企業完全沒有分配工作區，在這樣的工作環境下，缺乏交流的負面效應格外明顯。這種「無固定辦公桌」或「旅館式辦公」的缺點，與空間擴展心智的另一種方法有關（但這種功能很少得以發揮）。在一個覺得屬於自己的空間做事，或是處在一個覺得是屬於**我們自己的**空間時，就會經歷一連串心理甚至生理變化。第一個發現這種效應的，是所謂「主場優勢」現象的研究。這些研究一致發現，運動員在自家場地與場館比賽，往往能收穫更多且更大的勝利。在自家主場時，隊伍的表現更為積極，隊伍成員（男女皆然）的睪酮濃度也較高。睪酮是一種激素，與展現社會優勢有關。

但主場優勢並非僅限於運動。研究學者還發現一種更為普遍的效應——人們若是覺得所處空間是屬於自己的，就會覺得更有信心、更有能力，效率與生產力也較佳，同時也較為專注，比較不容易分心，還會更堅決、更有效推動自己的目標。例如兩位心理學家葛拉罕・布朗與馬克斯・貝爾的研究就發現，在「主場」進行談判的一方，得到的價值超過「客場」方百分之六十至一百六十。

美國俄亥俄州凱尼恩學院心理學助理教授班傑明・梅格提出一項很有意思的理論，也許能解釋上述的現象。若是置身在熟悉的環境中，行為、思考，甚至感受周遭環境的方式，都會有所不同。熟悉的環境是透過自己的選擇所塑造，而且充滿我們以前在這裡學習與工作的回憶。梅格發現，在自家主場時，心智歷程與知覺歷程的運作會更有效率，比較不需要刻意自制。大腦不需要獨力承擔所有工作，所以運作得更好。大腦會得到環境內建的結構輔助，而這個結構會彙整有用的資訊，支持有效的習慣與慣例，克制無效益的衝動。他說，置身在一個覺得屬於自己的熟悉空間時，「認知會分散到整個環境」，環境本身會協助思考。

覺得自己擁有一個空間時，就等於能控制這個空間，能控制這個空間的外觀與功能，能控制就能拿出更具生產力的表現。兩位心理學家克雷格・奈特與亞歷斯・哈斯蘭進行的實驗，徹底證明這個道理。在這項研究中，自願參加的研究對象必須在四種環境的其中一種，完成一系列工作。這四種環境分別是無布置的辦公室（空的，環境整齊）、有布置的辦公室（以海報及盆栽裝飾）、有權作主的辦公室（可按照自己的意思安排），以及無權作主的辦公室（沒有經過研究對象同意，也沒有與他們合作，直接在他們面前布置）。

兩位學者發現，在無布置辦公室內，研究對象對於指定工作的努力程度較低，表現得懶懶散散、無精打采。在無權作主的辦公室內，研究對象的生產力也同樣平平，而且非常非常不開心。在後續的追蹤訪談中，一位研究對象向研究人員坦言，看見「他的」辦公室依照研究人員的意思重新布置之後，「我都想打你了」。在有布置的辦公室中，研究對象較為努力工作，生產力也較好。在有權作主的辦公室中，研究對象的表現是四組當中最佳、完成工作量也比無布置辦公室的研究對象多了百分之三十，比有布置辦公室的研究對象大約多了百分之十五。這種效應巨大到足以讓任何一位雇主有所警覺，三個人在有權作主的辦公室完成的工作量，幾乎跟四個人在無布置辦公室完成的工作量一樣多。

也許一個人對於自己空間最重要的控制，是有權控制進出的人。那些認為工作環境應該要像熱鬧咖啡館的人，顯然忽略了這一點。近距離所促進的非正式交流，確實能激發靈感。但除非在必要時候，也可以完全不互動，否則這樣的互動就沒有價值。再想想聚集在聖保羅座堂咖啡館的那些人。他們在家裡一定有可以不受打擾的私人書房。還有走過麻省理工無盡長廊的那些教授，也是走向各自擁有豐富藏書的安靜辦公室。

就現在的工作性質而言，確實需要與他人頻繁商議與合作。但也許我們不知道，要有理想的工作表現，偶爾也需要限制此類交流。組織心理學家將這種現象稱為「間歇合作」。間歇合作的相關研究原理，是將複雜問題的解決分為兩階段。在第一階段，需要蒐集事實以釐清問題的本質，並開始建構解決方案。在這個階段，溝通與合作非常重要。但還有一個同樣重要的第二階段：產生與發展解決方案的過程，以及判斷哪一種解決方案最理想。研究發現，在這個階段，過度的合作其實是**有害的**。

原因可能與人類群居的天性有關。人們對社會壓力特別敏感，很容易從眾。若是經常與別人接觸，結果都會傾向同一個還不錯但不是最佳的答案。研究發現，永遠保持溝通管道暢通的人，想出的解決方案永遠只是平平，不至於不堪用，但也並不出色。而隔絕外界干擾、專心研究解決方案的人，往往能想出幾種真正高明的解決方案，還有許多失敗的解決方案。而最成功的是那些時而社交互動，時而獨自專注的人。人們有分心的傾向，所以需要牆壁的保護，同樣的道理，人們對社會壓力敏感，所以需要牆壁的保護。

⁂ ⁂ ⁂

怎樣的空間有助於這樣的思考與工作？約納斯．沙克與路易斯．康選擇的地方，具有意想不到的成效，那個地方就是修道院。在許多人想像中，僧侶過著隱士般的獨居生活，但從古至今，僧侶過的其實是集體生活，在獨自研習思考，與積極社交互動之間取得平衡。劍橋大學人類學家理察．爾文在英格蘭薩默塞特郡隸屬本篤會的唐塞德修道院中進行一項民族誌研究，以探討這種平衡。那裡的生活方式幾百年來甚少改變。

爾文描述修道院的建築時，提到建築反映出僧侶每日積極參與及寧靜獨處的循環，既有圖書室、餐廳、作坊、庭院等共享場所，每一位僧侶也有各自的小房間。爾文說，修道院甚至還有自己的無盡長廊，是一條長長的迴廊，是「修道院建築之間的主要連結」。「迴廊是一個活動的空間，僧侶經常要前往修道院的教堂（每天要一起參加六場儀式），以及餐廳（每天要一起在靜默中吃三餐），常常會經過迴廊，因此迴廊能促進頻繁的人際交流。」

組織心理學家最近才發現間歇合作的效用，但唐塞德修道院的僧侶四百多年來都在親身實踐間歇合作。爾文說：「修道院的人際互動很頻繁，但每日的課表並沒有忽略重要的獨處。僧侶每天要獨自禱告兩次，在一天的尾聲，也要遵守絕對沉默（完全沉默，又稱「大靜默」）。」沉默時間「限制互動，僧侶也得以擁有獨處的機會」（他發現，修道院的僧侶還有另一種能做到間歇互動的方式——可以將祭服的兜帽拉起來，「遮住耳朵，也遮去一部分的邊緣視覺，比較不會因為他人而分心」）。

修道院歷史悠久的空間規畫，與現在的「活動為基礎的工作環境」有些類似，同時滿足人類社會互動與安靜獨處的兩種需求，既有類似小餐廳的聚會場所，也有能隔音，附有門的個人閱讀室。但這種類型的辦公空間，往往還是無法提供使用者最能擴展大腦的元素——私人空間。私人空間能長期使用，久而久之就變得熟悉，覺得是自己所擁有、能控制的地方。這種空間能創造的效益，甚至能超出我們所討論過的，因為絕對能滿足人類另外兩項迫切需求——主張主體性的需求，以及歸屬於更大團體的需求。而最能擴展大腦實體空間的莫過於書房。

回想一下烏比諾公爵費德里克．達．蒙特費爾卓書房裝飾精美的牆壁。公爵在牆壁的環繞之下，看見牆上的裝飾就想起自己的身分——唯美主義者、戰士、學者。有魯特琴與豎琴、鎚矛與一對馬刺、穿線裝的維吉爾作品。書房還陳列著他所參與的重要團體象徵。精美的鑲嵌木板刻著蒙特費爾卓家族的箴言徽章，那是一種家族紋飾，圖案是一隻鴕鳥嘴裡銜著一枝箭。鴕鳥下方刻著一句氣吞山河的德文格言，是費德里克的祖父首創的一句話：「Ich kann ein großes Eisen essen」，意思是「我能吞下一把大熨斗」。牆上也有嘉德勳章的圖案。嘉德勳章是英格蘭最高等級的騎士勳章，是由英王愛德華四世授予費德里克的。

自我參照的圖案與訊息，無論是鑲嵌在公爵富麗堂皇的書房牆上，還是用圖釘釘在上班族的隔間隔板上，都不只是裝飾品而已。研究顯示，人們接觸**認同**線索與**親和**線索，會有更好的表現，較為積極，也更有生產力。所謂認同線索，意思是用以支撐自我概念的有形符號與信號，比方說我們是喜歡貓，或喜歡攀岩，或喜歡 Far Side 卡通的人。我們能在自己的空間公開自己的嗜好，展示得到的獎賞與榮譽，表達突如其來的創意或古怪的幽默感。展示這些符號與信號，有時候是想告訴別人我們是怎樣的人（或是我們希望成為怎樣的人），不過通常是要將自我展現給跟我們關係更親近的人看。在一項發表於《管理學刊》的研究當中，研究團隊探討了不同職業的工作環境，從工程師到活動規畫師，從創意總監到房地產仲介。研究人員發現，這些專業人士在工作環境所擺放的個人物品中，大約有三分之一是只有他們自己能看見的。研究對象表示，用來「提醒自己的目標與價值」的物品當中，百分之七十是擺在別人看不見的地方。

人們為何需要用這些東西提醒自己？我們的自我感覺，在我們看來也許很穩固，但其實經常變動，是由外部結構塑造。到外國旅遊時就能理解這個道理。身旁的一切都很陌生，容易令人覺得頭昏腦脹。若是在遙遠的國度度假，這種迷惘的感覺雖然很累，卻也很愉快，但在日常生活中，需要養成穩定的認同感，才能有效運作。放在身旁的有形物品，也有助於維持這種穩固的自我感覺。正如心理學家米哈里．契克森米哈賴寫道，我們之所以把某些東西放在自己看得見的地方，是因為「這些東西能說出肯定我們自己的話，我們聽了才不至於崩潰」。

我們需要在自己身邊布置這些能凸顯身分某些**面向**的提示。每一個人都不只擁有一種身分，而是具有多重身分，例如員工、學生、配偶、父母、朋友，而且不同的環境線索，會喚起不同的身分。南加州大學心理學家黛芙娜・奧塞曼發現，來自環境的訊號，會促使我們眾多身分的其中之一浮上台面，對於思想與行為也有實質性的影響。她寫道：「一個人在當下哪一種身分較為突出，會影響此人關注的對象，以及選擇的行為。」有一個特別明顯的例子：研究發現，能讓亞裔美籍的女生想起自己種族的線索，也能提升她們數學考試的成績；而讓她們想起自己性別的線索，則會導致她們的成績下滑。對於每一個人而言，眼睛每天看見的東西，會增強我們以那個身分、在那個地方做的事情。

我們在學校、在工作上歷經起伏，有意義的有形物體具有撫慰情緒的效果，能穩定心情與情緒。進行這種「環境自我調節」時，是依賴**體外**線索。維持**內在**平衡，將更容易達成目標。密西根大學弗林特分校管理學教授葛雷格里・勞倫斯研究中階專業人士發現，在工作環境擺放個人物品，能緩解高壓力工作所帶來的「情緒耗竭」。勞倫斯與其著作的共同作者寫道，尤其對於工作環境沒有太多隱私的員工來說，能在自己的工作區域擺放照片、海報、漫畫、馬克杯之類的個人化物品，就能「塑造自己的空間，刻畫個人的意義，進而創造一種工作環境的避難所。」

勞倫斯並不是唯一發現人們將個人空間幾乎奉為神聖的學者。今井涼子與萬政秀針對日本科技公司日立位於美國總公司的專業研發人員進行民族誌研究後發現，員工會「在（他們）自己舒適的辦公隔間獨處、密集閱讀、寫作，而且最重要的是思考……辦公隔間往往擺放不少自我療癒的物品、熟悉的紀念品，以及最愛用的工具。一個專屬於自己的空間，是一個重振精神、重整旗鼓的聖地。」從這些現代的工作站與辦公隔間，可以看見修道院與書房的影子，顯然，人類始終需要將自己的空間注入意義與重要性。

問題是，許多企業不鼓勵甚至禁止員工在工作環境擺放個人物品。也許覺得那是一種「凌亂」，是一種會讓員工無法專心工作的無謂干擾，或是覺得應該像已故的蘋果電腦創辦人賈伯斯之類受人景仰的領導者看齊，營造一種乾淨清爽的美感。在兩位心理學家克雷格．奈特與亞歷斯．哈斯蘭看來，這種要求讓他們聯想到另一位人物——工程師費德瑞克．溫斯洛．泰勒。二十世紀初期，他將「科學管理」的概念引進了美國企業界。他重新設計工廠，追求最高速度，最低浪費，尤其禁止工人將個人物品帶進工廠。他堅稱，去除員工的個體性，員工就會是工業機器中最有效率的齒輪。

先前提到進行「無布置」與「有布置」、「無權作主」與「有權作主」工作環境比較研究的奈特與哈斯蘭認為，我們不應採納新泰勒主義，尤其在這個時代，員工必須扮演的角色不是平凡的齒輪，而是關鍵的創意思考者。他們自己做的研究也證明，在無布置、沒有特色的辦公室工作，生產力**較低**。哈斯蘭說：「員工若是覺得自己不該出現在這裡，這裡不屬於他們，工作表現就會大受影響。」雖然管理者與領導者可能覺得員工在工作環境擺放個人物品，會影響對公司的凝聚力與忠誠度，但研究證實，這種觀念與事實相反。員工若能在公司看見自己的倒影，對公司會**更有**向心力。一種擁有的感覺會從個人擴及到企業，貫穿整個實體空間。

***

空間的布置能反映人們的個體性，進而提升積極性與表現。空間的布置也能確認，或是否認人們在一家企業的**歸屬感**。長期遭到排擠、邊緣化，或是承受負面刻板印象的群體，對於在環境中所遇到的歸屬感或無歸屬感訊號格外敏感。這種訊號具有強大的穿透力，只是關於偏誤的討論，甚少觸及這個話題。印第安納布魯明頓大學心理學與腦科學教授瑪莉．墨菲說：「大多數人認為，偏見的問題是出在**人**身上。」她說，「組織環境」的特色也會造成經驗與結果不平等，而人造環境也是組織環境的重要部分。墨菲與同僚提出「偏見環境」理論。按照他們的定義，「偏見環境」指的是「致使某些群體承受的情緒、生理機能、認知功能，以及表現壓力，高於其他群體的不平等現象」的環境。

若以為偏見僅僅是人的問題，是個人大腦裡面的問題，就無法全面理解偏誤在機構之內的運作，也會錯失消滅偏誤的良機。按照墨菲所謂的「偏見環境」模式，僅僅是剔除少數擁有種族歧視或性別歧視的問題人物，無法完全解決系統的不平等。在某些環境下，即使內部的人努力達成平等，偏見也確實會因為環境因素而無法根除。正是因為實體環境深深影響在裡面工作、學習的人的行為，所以改變這些環境的某些層面，也許是最能減少偏誤的途徑。若要以更直接的方式改變他人的想法，也許會招致抗拒或怨恨。況且多項研究已經屢次證實，傳統的多元化研習會與訓練課程其實成效不彰。

薩普娜・雪莉安在二〇〇一年夏季所遇到的，也許正是「偏見環境」。那年她剛從大學畢業，前往加州灣區的科技公司應徵，尋求實習機會。她拜訪了某一家公司，那間公司的工作環境看起來簡直像電腦駭客的地下室窩巢，令她難以接受。她憶起當時說道：「我看到一個用公仔、塑膠玩具槍、汽水罐堆疊起來的金門大橋模型。」這家公司的審美觀非常特殊，似乎是想傳達他們對於理想員工的獨特定義，但在她這位年輕的有色人種女性看來，覺得不友善，甚至可以說是被排斥。她到軟體公司 Adobe 面試，看見的是完全不同的環境。明亮的工作環境很吸引人。雪莉安最終選擇 Adobe，工作五年之後，她到史丹福大學攻讀心理學博士學位，目標是研究實體環境的線索如何影響人類的思考。

她在研究生期間做過一項試驗，徵用史丹福大學蓋茲電腦科學大樓的空間，打造她所謂的「刻板印象」教室以及「非刻板印象」教室。刻板印象教室擺滿了汽水罐、科幻小說，以及《星際爭霸戰》《星際大戰》的海報；非刻板印象教室則是布置了大自然的海報、文學小說，以及瓶裝水。研究團隊安排一群大學生在兩間教室停留，再問他們對於電腦科學的興趣有多高，認為自己在這個學科能拿到怎樣的成績。

研究發現，男大學生在「刻板印象」教室停留幾分鐘之後，表示很想鑽研電腦科學；女大學生表示有興趣的比例，則遠低於男大學生。但他們在「非刻板印象」教室停留之後，對電腦科學有興趣的女大學生人數大幅增加，甚至超過男大學生的人數。雪莉安所做的後續研究發現，接觸過非刻板印象教室的女大學生，認為自己往後能在電腦科學課拿到好成績的比例較高；而男大學生無論接觸哪一間教室，多半認為自己會有好成績。雪莉安說，這很重要，因為「從過往的心理學研究發現，一個人認為自己在某個環境會有怎樣的表現，確實會影響實際的表現」。

雪莉安將她研究所發現的現象稱為「環境歸屬感」，意思是個人覺得自己與實體環境契合，「同時也覺得能與想像中這個環境的使用者契合」。她說，環境歸屬感「能迅速確定，即使只是匆匆一瞥幾樣東西」。她在後續的研究中，探討了如何擴大環境歸屬感，如何能讓更多人在自己的環境中，找到關鍵的「契合感」。她說，重點不是**消滅**刻板印象，而是將刻板印象**多樣化**，至於要傳達出的訊息則是，許多不同背景的人，都能在某個環境發展成功。這就是華盛頓大學所走的路，而雪莉安目前就在華盛頓大學擔任教授。華盛頓大學改造了校內的電腦科學實驗室，上了一層新漆，掛上新的藝術作品，將座位安排成更利於社會互動。五年後，華盛頓大學大學部的電腦科學畢業生當中，女性的比例達到百分之三十二，高於美國境內其他主要公立大學。

雪莉安與同僚目前在研究，如何在線上「空間」製造環境歸屬感，也就是運用在離線世界的實體空間經驗，擴大科技的用途。正如現實中的生活那樣，研究也發現長期被汙名化的族群，他們對於自己在數位平台上，例如線上課程，被排斥的感受特別敏感。而且他們這些無歸屬感的訊號，無論在數位還是非數位領域，都會降低被汙名化族群對電腦科學之類學科的興趣，也會導致他們自認為往後的成績不會理想，還會影響他們鑽研這些學科的積極程度。

康乃爾大學資訊科學助理教授雷內．奇濟爾塞克研究，在臉書的線上電腦科學課程廣告中，加入「含有性別的」圖片與文字後會有怎樣的效應。加入的圖片是八位不同年齡、不同種族的女性，文字內容則是「電腦程式設計的歷史，就是**女性**的歷史。你也可以加入這段壯闊旅程」。相較於不含性別線索的另一則類似廣告，這則廣告的女性閱眾點擊率高出百分之二十六。而若在課程的註冊頁面放上類似的線索，女性註冊的機率則提高了百分之十八。

奇濟爾塞克還進行了另一項研究，就是在科學、技術、工程、數學的線上課程網頁，加入多樣性的文字，結果社經地位較低的學生註冊率上升了。在理工科領域，往往較少出現社經地位較低的學生。文字寫道：「這是一項平等機會課程，給您友善、充實的學習環境。任何人無論年齡、性別、國籍，都能順利學習。我們的學員來自世界各地，跟您一樣，這種多樣性是我們的優勢。」這種奇濟爾塞克所謂的「心理多樣的設計」，是「在環境中刻意加入內容線索與設計線索」，以降低參與門檻。這種策略無論在線上世界還是在實體世界，都同樣重要。

＊＊＊

將經驗研究用於我們在人造環境的經驗，是相對較新的現象。幾百年來，建築師與建築商是依據傳統與直覺做事。例如建築師路易斯．康刻意使用過往的風格與形式，同時也發揮他對於實體世界的觸覺，並顧及了建地及結構的需求。他的言語往往蘊含深意，有一次，他想像自己與建築作品的建材對話：「你對磚塊說：『磚塊，你希望蓋出什麼？』磚塊說：『做一道拱門好了。』你再對磚塊說：『拱門太貴了，而且我需要的是混凝土門楣，不是拱門。你覺得怎麼樣？』結果磚塊還是說：『我要拱門。』」

約納斯．沙克曾說，他的建築師路易斯．康具有「藝術家的眼界，哲學家的思維」，還有「形而上學的知識」。也許在未來，建築師的武器庫還需要加上「神經科學家的專業」。迅速發展的神經建築學，也開始探討大腦如何回應我們所遇到的建築環境，得出的結論之一，是人們在天花板較高的地方，容易有較為廣闊、抽象的思想。只要想想位於巴黎的法國國家圖書館閱覽室那一圈氣球般的圓頂，或是位於曼哈頓的紐約公共圖書館玫瑰主閱覽室點綴雲朵、宛如天堂的天花板，就不難理解。對稱的形狀會帶來一種強大堅實的感覺。想想十七世紀蒙兀兒帝國皇帝沙賈汗於印度城市阿格拉以白色大理石建造的泰姬瑪哈陵。從兩側排列的尖塔，到鑲在地上的磁磚，泰姬瑪哈陵的建築都完全對稱（值得一提的是，沙克研究院的建築也是對稱的，而且確實有人拿來與泰姬瑪哈陵做比較）。

人類是強度社交的動物，類似臉龐的建築設計，能引起人們正面的回應。例如廣受喜愛的圓廳別墅，是文藝復興時期義大利建築師安德烈亞．帕拉第奧的作品。研究發現，曲線形狀能帶來悠閒舒適的感覺。出生才一周的嬰兒已經比較喜歡看曲線形狀，而不是線條分明的形狀。這種對於曲線形狀的喜愛根深柢固，跨越了世代、文化，甚至還跨越**物種**。想想英國藝術家亨利．摩爾在一九七一至一九七二年波浪起伏的雕塑作品《羊》。一項研究掃描了恆河猴的大腦，發現恆河猴看見這件作品時，大腦與酬賞及愉悅經驗有關的區塊就會活躍。人類這種動物，看見柔和的曲線也能感到愉悅，就像法蘭克．蓋瑞設計的西班牙畢爾包古根漢美術館的招牌線條。知名建築師菲利普．強森第一次看見就感動落淚。

神經建築學的見解值得思考，卻尚未發展成成熟的學科。目前，無論是建造還是設計，仍須參考傳統的形式，而且必須謹慎選擇，因為環境能深深影響人們的思想與行為。例如我們已經知道，咖啡館模式如何成為人們眼中工作環境的理想範本。咖啡館摒除有界線的空間，以及封閉的社會圈，追求開放透明，是典型的現代風格。但這種風格有利也有弊。咖啡館這種地方的吸引力，很迎合人們當下的感知，卻也會讓人們看不見其他模式的優勢。這些其他模式包括前現代形式，例如在咖啡館問世之前，便已存在多年的修道院與書房，也能充分滿足使用者的需求。

但比起有礙思考的環境，更嚴重的問題或許是完全無法影響人們的環境。蘇格蘭愛丁堡大學建築運算教授理察．柯因曾經哀嘆「非場所的認知缺乏（cognitive deficiency of non-places）」。這種場所完全沒有線索或聯想，在現代世界幾乎隨處可見。想想羅傑．巴克「中西部研究」的主要結論——實體環境對思想與行為的影響，遠超過個性或其他因素。這也許是因為場所給了大腦不少要分析的材料，正如柯因寫道的「豐厚的習俗、歷史，以及意義」。他接著寫道：「大教堂或寺廟的門廳，並不需要設置『請在此稍候』的牌子，因為在這種場所該有的行為舉止，已經刻畫在建築與儀式之中。這種場所也不需要『心懷上帝』或『要明白人有限度』之類的文字。甚至可以說，僅僅是置身在宗教場所，就會有這些想法。」但非場所完全沒有如此豐富的表意。毫無特色的連鎖商店，平凡無奇的旅館大廳，或是許多摩天大樓周圍單調乏味的都市「廣場」，能蘊含什麼意義或訊息？一排米色的辦公隔間，或是開設在無窗戶的拖車裡面的教室，能激發什麼靈感、鼓動哪些情緒？人們在這種場所只能漫無目的漂流，與世隔絕。這不只是美學的問題而已，而是關係到人們思想、行為，以及**身分**的問題。

可想而知，路易斯．康知道場所能改變人類的靈魂。精通建築史的他，曾經談到古羅馬公共浴場高聳設計對人的影響。他說：「你看卡拉卡拉浴場，我們都知道，浴場的天花板無論是二．四公尺高，還是四十六公尺高，人們都照樣能洗澡。」但他接著又說：「但四十六公尺高的天花板有一種特質，能讓人變得不一樣。」

第六章
以有思想的空間思考

班・普利摩爾以超級精準的記憶力聞名。他曾三度贏得世界記憶錦標賽，立下的創舉包括僅僅用了五分鐘研讀，就能正確背誦將近一百個歷史上的重要日期、正確記憶超過一千四百張隨機洗牌的紙牌順序，以及背誦出圓周率小數點的後幾千位。記者喬許・弗爾在二〇一一年出版的著作《大腦這樣記憶，什麼都學得會》中，細數了記憶天才的事蹟，普利摩爾就占了不少篇幅。

但是，居住在英國雷迪奇的普利摩爾得等到下了火車，才能想起他遺落在火車上的「幸運帽」，那是一頂在記憶比賽為他連連帶來好運的淺頂軟呢黑帽。他身為會計師，有時也會忘了帶公事包或重要文件去上班。他也坦承，他始終記不住朋友的生日。他說：「很多人都知道我老是記不住人名還有別人的臉。」他之所以能成為知名記憶大師，全是因為使用所謂的「位置記憶法」。這是一種心智策略，原理是所有人類都有的、與**場所**的強大連結。

位置記憶法是一種古老的方法，由古希臘人發明，幾百年來也有不少教育家與演說家使用。原理是將要記住的東西，與自己所熟悉場所的某一個地點做連結，例如童年時期的家，或現在居住的社區。對於普利摩爾來說，這個地方是他小時候生活在英格蘭霍恩卡斯爾時就讀的伊莉莎白女王小學。他若是要記住一副隨機洗牌的紙牌順序，就會想像每一張紙牌依照順序，出現在他以前就讀小學中散步時會經過的一連串實體地點——走入前門，穿過走廊，經過六年級的師生公共休息室，進入數學教室。位置記憶法又稱「記憶殿堂」法，也就是普利摩爾所謂的「旅程法」，這個方法相當有效。人們很快會忘記零星的資料，例如紙牌上的數字或花色，但若是將同樣的資訊若與熟悉的實體地點連結，就能長期融入記憶中。

普利摩爾並不是第一位使用位置記憶法的記憶大師。針對其他記憶比賽勝利者的研究也確實發現，將新資訊與本就存在的、對於實體空間的記憶連結在一起，是許多「記憶運動員」超水準表現的關鍵。其中一項研究是由倫敦大學學院認知神經科學教授艾琳諾．麥奎爾主持。麥奎爾與其作品的共同作者寫道：「我們運用神經心理學的方法，以及結構性與功能腦部影像，發現優秀的記憶力與優異的智力或大腦結構的差異無關。我們發現記憶力絕佳的人，使用的是空間學習法，運用的是包括海馬迴在內負責記憶與空間記憶的大腦區塊。」麥奎爾說，「記憶力絕佳的人」與一般人的差別，在於回憶時啟動的大腦**區塊**。記憶大師在回憶的時候，負責空間記憶與導航的大腦區塊非常活躍，遠高於一般人的活躍程度。

因此，記憶大師的獨特之處，在於刻意加強了人們與生俱來的一種能力，也就是釐清方向，記得曾經到過之處的能力。研究發現，每個人似乎都會運用大腦內建的導航系統畫出心智圖，不只是實體地點的地圖，也包括較為抽象的概念與資料圖，也就是思想空間的地圖。這種將對於實體地點的感覺，改為純粹以心智結構導航的過程，也反映在我們日常使用的語言上，例如我們說未來「在前方」，過去則是「在身後」；我們努力「保持領先」，才不至於「落後」；我們「向上爭取」崇高的目標，做下不光彩的事則是「墮落」。這些例子不只是修辭而已，也反映了我們習慣以怎樣的方式，去理解周遭的世界，並與其互動。紐約師範學院心理學與教育學教授芭芭拉．特維斯基說：「我們在空間思考的能力與經驗，遠勝於抽象思考的能力與經驗。抽象思考不容易執行，也很費解，但幸好通常有各種方法能轉化為空間思考。這樣一來，空間思考即可取代並輔助抽象思考。」

科學家很久以前就知道，海馬迴是人們在實體環境掌握方向感的關鍵。近來的研究發現，海馬迴也負責組織整體的思想與記憶，讓人們無論在實體空間還是抽象空間中，都能掌握方向。二〇一六年時發表了一項研究，荷蘭唐德斯大腦認知與行為研究院的神經科學家布蘭卡．

米利沃耶維奇掃描了一群正在觀看一九九八年電影《雙面情人》的志願者大腦。在這部愛情喜劇中，葛妮絲．派特洛飾演的主角海倫擁有兩種不同的命運。一種情節是她搭上地鐵回到家，正好撞見男友與另一個女人偷情；而在另一種平行的情節中，她沒搭上地鐵，始終不知男友偷情。在研究對象欣賞電影時，米利沃耶維奇與同僚發現，研究對象的海馬迴活動與想像自己行走在實體環境路線的人完全一樣。米利沃耶維奇認為，研究對象等於是走過《雙面情人》的情節，沿著一分為二的情節線行走，邊走邊建構電影情景的地圖。她說，我們也是以同樣的方式，處理親身經歷的經驗。

有些研究學者甚至認為，空間感也能組織大腦的內容，所以才會出現令人費解的「嬰兒經驗失憶」現象。所謂嬰兒經驗失憶，意思是人們不太記得剛出生那幾年的事情。這項理論認為，嬰兒無法自行在空間中移動，因此也許他們缺乏能懸掛記憶的心智支架。幼兒必須等到有能力自行移動，自身經驗的記憶才會具備堅實的架構，也才難以忘記。而成年人的記憶則始終伴隨著原始經驗發生的實體環境的感覺。舉個例子，第二次聽播客或有聲書時，也許你會自動想起第一次聽見這些內容的地點。演化保留了大腦自動產生記錄地點的能力，因為這種能力顯然有助於生存——我們的祖先必須記得曾經在哪些地方發現食物或安全避難處，也要記得曾經在哪裡遇見掠食者以及其他危險。這些**地點**的記憶關乎生存，因此，大腦為地點記憶貼上的心智標籤，往往充滿情緒，包括正面與負面的，這樣一來，就更容易記住地點資訊。

每個人之所以擁有這種強大的地點記憶系統，純粹是因為我們是人類。但諸如班．普利摩爾之類的記憶大師，善用這個系統的能力遠高於一般人，其他人當然也可以效法，荷蘭拉德堡德大學神經科學家馬丁．卓斯勒主持的一項研究就是明證。卓斯勒與團隊（成員包含另一位屢次獲獎的記憶大師波利斯．尼可萊．康拉德）研究了全球二十四位頂尖記憶大師，比較他們與一群一般民眾在單字記憶考驗上的表現差異。可想而知，記憶大師技高一籌，清單上的七十二個單字，他們平均能正確背出七十一個，許多記憶大師甚至拿到滿分。一般人平均只記得二十九個字，但經過六周的位置記憶法訓練，原本表現平平的人大有進步，平均分數提高了一倍以上。

將要記住的資訊，與對實體空間的感覺連結在一起，也能增強對真實情況的記憶，無論是高中生要背誦的動詞變化形式，還是醫學院學生要記憶的一連串疾病與症狀，或是伴郎要練習的婚禮彩排晚宴演說。北喬治亞大學政治學教授查爾斯．威爾森的公民自由課堂上的大學生，必須記住大量從未接觸過的事實與思想。威爾森指導學生將個別資訊與他們熟悉環境的某些地點連結在一起，以促進記憶。這個熟悉的環境就是校園的自助餐廳，也就是學生口中的「食堂」。

舉個例子，學生若是很難記住《人權法案》的條款，威爾森就鼓勵他們想像自己走向食堂的盛湯大碗，以此將一餐的第一道菜，也就是湯，與第一條修正案互相連結。接下來是切麵包的台子，威爾森建議學生想像一堆被切斷的灰熊四肢，這種畫面絕對能讓人聯想到保障「從軍」權利的第二條修正案。

這種畫面有點恐怖，但威爾森跟他的學生都發現，誇張古怪的畫面能更快勾起回憶。威爾森的學生依照這項原則，將麥當勞控告芝加哥市政府的經典判例，與身穿芝加哥公牛隊球衣，在沙拉吧盛裝食物的麥當勞叔叔畫面連結在一起。《人權法案》其餘八項修正案也比照辦理，每一項都與在食堂裝菜的想像畫面互相連結。威爾森的學生很喜歡這種練習，也表示確實有助記憶課堂上的內容。很多學生都對他說，他們也將位置記憶法用於學習其他學科。

人類的大腦並不是天生就能記住大量抽象資訊，但完全可以憶起與熟知地方相關的細節。善用這種與生俱來的實體空間聯想能力，就能（如同馬丁・卓斯勒所證實）將有效記憶容量擴大一倍以上。但以實體空間擴展大腦，除了提升記憶之外還有其他效益。運用自身的空間認知能力，也能有效思考與推理，進而得到領悟並解決問題，想出創意構想。空間認知能力如果可以發揮在實體空間上，而不是像位置記憶法那樣發揮在想像空間上，作用會更明顯。所謂的實體空間，也就是大腦與身體習慣行走其中的有形立體空間。

我們的文化傾向肯定以腦力做事。我們佩服能完成複雜心算的數學家、能預先規畫往後好幾手的棋術大師，當然，還有毋須參考外部提示也能記得大量資訊的記憶大師。但人類真正的天賦在於有能力將事實與概念**移出**大腦，並運用實體空間展開這些材料，賦予架構，重新檢視。存放思想的空間有很多種，包括一組電腦螢幕、野外研究筆記本的幾頁、工作的桌面，而且依據一位知名作家的經驗，連辦公室的一處牆面都能拿來用。

＊＊＊

常有人用「精采絕倫」「誰與爭鋒」「永垂不朽」等詞來形容史學家羅伯特·卡羅的作品。他曾以《權力掮客》贏得普立茲獎，這本書是詳細描寫都市計畫技師羅伯特·莫西斯生平的傳記作品，也是許多大學的指定教材，銷售量超過四十萬本，一九七四年出版至今從未絕版。過去四十年來，卡羅都在撰寫二十世紀中期重量級政治人物林登·詹森的傳記，目前仍在寫作中，已完成的四冊包括《參議院之王》（另一本贏得普立茲獎的作品）以及《崛起之道》。他在輝煌的職業生涯中，至今總共寫了超過四千頁精心打磨、史料豐富的散文。

但卡羅一開始連研究自己的寫作主題都有困難。他在寫作《權力掮客》的研究期間，對蒐集來的大量資訊感到吃不消。他說：「資料太多、量太大，我不知道該拿這些資料怎麼辦。」卡羅的作品都是大部頭書，讀者很難記住所有內容，連作者自己都記不住。用打字機打出的書稿（卡羅不用電腦）也承載不了他故事的重量。為了完成這些鉅作，卡羅必須將思考擴展至實體空間。他在曼哈頓上西區的辦公室有一整面牆，上頭有著一塊四英尺高、十英尺寬的軟木板，木板上全是他正在進行的作品綱要細節，從開頭到結尾。卡羅的規畫向來完善，一本書還沒開始動筆寫，就一定要先想好**最後一句**是什麼。

在他的寫作過程中，這一面牆變成另一個思考空間。卡羅對前來辦公室的訪客說：「我一定要等到有完整的構思，整本書在我的大腦有了雛形，我才能開始寫一本書。所以我開始寫作之前，會先把整本書濃縮成三個段落，或是一、兩個段落，這就有了雛形。這個過程可能需要幾個禮拜。我再把這些段落，變成整本書的大綱。我這面牆上的東西就是大綱。」他在另一次訪談中，提到這面大綱牆是他迸發文采的好幫手。他說：「我一旦開始寫，就不想停下來，所以一定要知道材料在哪裡。如果要常常停下來找檔案，我就無法停留在正在寫的這一章的氣氛裡。」

迫於需求，卡羅找出另一種思考與工作的模式。他若是要將巨量的資料全記在腦裡，就無法使用這種模式。心理學家芭芭拉・特維斯基說：「思想淹沒了大腦，大腦就會使用全世界。」我們一旦得知這種可能，就可以刻意將學習與工作的實體環境，塑造成心智的擴展，按照加州聖地牙哥大學教授大衛．庫許的說法，是提升「一個空間的認知友善度」。

要了解這個原理，可以仔細看看卡羅的這面牆為他的大腦做了什麼。在最基本的層面上，卡羅是使用實體空間**卸載**事實與思想。他不需要記住零星的資訊，大腦也不必保留儲存資訊的複雜結構。資訊全都在他放在牆上的大綱裡，隨時可以參考，他就有更多的大腦資源可以**思考**同樣的資料。記住一個想法，同時運用、處理這個想法，會耗用不少認知能力。將資訊的展現轉移到實體空間，就能放下一部分的心智負擔，例如將電話號碼寫下來，就不需要一直輕聲背誦，維持記憶。

卡羅的牆壁將他著作的心智「地圖」，變成穩定的外部作品。他望著軟木板，就能明白他構想之間的關係，他的眾多敘事線如何轉折、分離與匯聚，清楚具體的程度遠高於將地圖留在大腦——這是卡羅辦公室軟木板擴展他思考能力的第二種方法。雖然卡羅是刻意將長期使用的方法，按照他獨特的工作方式調整，但他所發明的策略，與一種經過大量心理學研究驗證的方法類似，這種方法叫做**概念構圖**。所謂概念圖，是事實、思想，以及事實與思想之間關係的視覺表現。卡羅的詳細大綱也算一種概念圖，但概念圖通常是以圖表呈現。

研究發現，僅僅是製作概念圖的**行動**本身，就能創造不少認知效益。要製作概念圖，就必須思考自己的知識，將知識組織成連貫的結構。建構概念圖的過程中，可能會發現先前沒察覺的知識缺口。完成了概念圖，對於內容的記憶會更深刻，因為有認真思考過了內容的意義。完成概念圖之後，就能具體看見通常存放在大腦裡的知識。看著概念圖，也比較能看見整體，比較不會因為個別細節而分心。我們也能很快理解，一個複雜整體各部位之間的關係。

約瑟夫・諾伐克目前是康乃爾大學生物學與科學教育榮譽教授，他在一九七〇年代首創概念構圖法的時候，正在研究兒童學習科學的方法。概念構圖法源自教育，但諾伐克發現，越來越多人將其用於職場。他說，在職場「理解與解決問題所需的知識結構，規模往往比學術環境所需的知識結構複雜」。概念圖的大小與複雜程度不一，可以是簡單的圖表，也可以是涵蓋幾百個互有關係的元素的複雜計畫。

舉例來說，卡羅的概念圖很**大**，大到可以站在它前面，可以沿著它走，可以靠著它，也可以退後看著它。卡羅的大綱如此之大，讓他在寫作過程中，不僅能發揮推理、分析之類純粹認知的能力，還能發揮導航與導向這些較為內在的能力。研究學者正在努力證明，這些從古代演化而來的能力，能讓人們以更聰明的方式思考抽象概念。而這個理論竟然是在一部未來主義動作片中才第一次出現。

＊＊＊

《關鍵報告》是二〇〇二年的一部電影，電影中的某一幕因為真的太酷了而家喻戶曉，那一幕就是湯姆克魯斯飾演的犯罪預防組織主管約翰．安德頓站在一排大型電腦螢幕前，檢視一樁尚未犯下的犯罪的證據，但他可不是呆站著思考，而是活動身體與攤開在他眼前的資訊互動，而且幾乎會觸碰這些資訊。他伸出雙手，將畫面像實物一樣握住、搬移。他轉頭去看一個在他邊緣視覺展開的畫面。他往前站一步，仔細看著畫面。飾演安德頓的湯姆克魯斯穿梭在調查檔案間，彷彿穿梭在立體的環境中。

這部電影是依據菲利普．迪克的短篇故事改編，時空背景設定在二〇五四年。出現在電影裡的，是當時真實世界尚未出現的科技，但安德頓使用介面的方式，看起來卻是完全真實的，甚至（對他而言）很尋常。加州理工州立大學科學、科技與社會學教授大衛．克比說，這是電影觀眾不會懷疑的關鍵。他寫道，電影「角色把最成功的電影科技視為理所當然」，「所以觀眾也會覺得這些就是尋常的科技，並不奇怪」。

《關鍵報告》的導演史蒂芬史匹柏之所以能安排這場戲，是得益於一個關鍵因素。主角使用的科技需要一種絕對「尋常」「理所當然」的人類能力——在空間移動的能力。史匹柏為了強化逼真程度，特地邀請麻省理工學院的電腦科學家參與電影製作，其中一位科學家約翰・安德考夫勒來自麻省理工學院，他說，史匹柏鼓勵他們「以研發的精神進行設計」。從某個角度看，也確實是研發。安德考夫勒說，電影上映之後，「數不清的」投資人與執行長與他聯絡，問他：「那些是真的嗎？如果不是，我們花錢請你做好不好？」

後來陸續有科學家創造出類似湯姆克魯斯所操作的令人目眩神迷的科技（安德考夫勒現在是Oblong Industries執行長。這家企業專門研發類似《關鍵報告》裡面的使用者介面，他稱之為「空間操作環境」）。此外，學者也開始研究這項科技對於認知的影響，發現科幻小說的情節確有可能成真，這項科技能讓人更聰明思考。

實驗研究聚焦的工具是「大型高解析度顯示器」，也就是一種超大的電腦螢幕，使用者可以將某些在真實世界環境使用的導航能力，運用在電腦螢幕上。想像一排電腦螢幕，總共約一公尺寬，二・七公尺長，呈現出大約三千一百五十萬畫素（一般的電腦螢幕平均低於八十萬畫素）。美國猶他州韋伯州立大學電腦科學助理教授羅伯特・波爾多次進行研究，將研究對象與這種顯示器的互動，以及觀看傳統大小的螢幕表現互相比較。

研究對象使用超大顯示器後，出現相當明顯的進步。波爾與研究團隊發現，研究對象使用大型高解析度顯示器後，完成基本視覺化任務的平均速度加快了超過十倍。而在較為困難的任務中，例如找出模式，讓研究對象使用大型顯示器，表現也提升百分之兩百至三百。若使用較小的螢幕，就會訴諸比較沒效率、簡化的策略，遇到研究人員給出的問題時，能想出的解決方法較少，也較有侷限。研究對象使用大型顯示器時，會進行較高階的思考，有更多發現，思想也會較寬廣、全面。波爾強調，這些好處與個人差異或偏好無關，**任何人**使用較大的顯示器時，都能提升思考能力。

為何會這樣？波爾說，因為使用者能將他們的「實體體現資源」，部署在大型高解析度顯示器上。他也說：「若是使用小型顯示器，許多身體內建的功能就形同浪費。」身體的這些資源相當豐富，包括**邊緣視覺**，也就是看見眼睛直視範圍之外物體與動作的能力。波爾等人的研究證實，藉由邊緣視覺讀取資訊的能力，能一次得到更多知識與領悟，也更能理解情境脈絡。具備「從眼角餘光看見」的能力，也就能更快速找到所需的資訊。思考眼前的問題時，也能記住更多透過邊緣視覺吸收的資訊。小型顯示器則是縮小了注視的範圍，思考也因此受到限制。正如波爾所言，螢幕畫素越高，就能使用更多自己的「大腦畫素」，去理解、解決問題。

人們內建的「體現資源」也包括**空間記憶**，亦即使用位置記憶法，記住東西在哪裡的強大能力。誠如波爾所言，傳統電腦科技往往導致我們「浪費」這種能力。在小型顯示器上，資訊出現在視窗裡面，視窗只能在螢幕上堆疊或搬移，因此較難想起資訊所在的位置。相較之下，大型顯示器或多台顯示器的空間夠大，能持久地陳列所有資料，我們就能運用空間記憶，行走於資訊間。

維吉尼亞大學與卡內基美隆大學的研究團隊表示，研究對象看見多台螢幕，比起只看見一台螢幕，記得的資訊量多出百分之五十六。研究對象在多台螢幕的環境中，身體會朝向要尋求的資訊，例如旋轉軀幹或轉頭，因此大腦會標記資訊在空間中的位置，進而提升記憶。研究團隊表示，重要的是這些線索「不需要主動努力就能產生」。人類本來就會自動注意位置資訊，毋須耗盡寶貴的心智資源，照樣能豐富記憶。

大型顯示器所動用的其他體現資源包括**本體感覺**，也就是人們對於在某個時刻，身體行動的方式與地點的感覺，另外還有我們所經歷的**光流**，意思是在真實生活環境走動下，眼睛不斷接收的資訊。動也不動坐在小螢幕前方時，這兩種繁忙的資訊來源就會靜止，我們也就無法得到豐富的資料，無法增強回憶、深化領悟。

使用小型顯示器，確實會**耗盡**心智能量。因為螢幕較小，所以製作的概念圖只能保存在大腦裡，無法在螢幕上完整展開。我們必須將有限的認知能力，挪出一部分以維持大腦裡的概念圖。此外，大腦版本的概念圖資料不見得永遠正確，長期下來可能有誤，或是遭到扭曲。最後，使用小螢幕時必須以**虛擬**的方式，遊走在資訊之中，捲動、縮放、點閱，而不是如使用身體那樣，能輕輕鬆鬆憑藉直覺在實體空間找到方向。波爾說，顯示器的尺寸越大，虛擬導航活動就會越少，完成任務所需要的時間也會越少。他發現，大型顯示器所需的「視窗管理」，比小型顯示器少了高達百分之九十。

當然很少人能在家裡或辦公室布置一台三十平方英寸的螢幕（不過，大型互動式顯示器在產業界、學術界、企業界越來越常見）。但波爾發現，微幅調整工作與學習環境後，也能產生如親身行走在思想空間的效益。他說，關鍵在於不要選擇不斷變得更快、更強大的科技，而是選擇更能發揮自身能力的工具，畢竟傳統科技往往無法讓人們發揮這些能力。他說，與其購買速度超快的處理器，還不如把錢花在一台大型顯示器，或買幾台顯示器排成一排，同時使用。他寫道，電腦使用者這樣做，「很有可能提高生產力，因為投資的是電腦系統的人類元件。顯示器同時顯示的資訊較多，使用者也就更能發揮人類與生俱來的能力。」

⁂　⁂　⁂

不見得一定要使用數位「科技」，才能探索思想空間。有時候最簡單的工具，反而最能促進思考，比方說鉛筆、筆記本、專注凝視。年輕時期的達爾文就是使用這些簡單的工具，發現了一項改變世界的理論。一八三一年，二十二歲的達爾文剛從劍橋大學基督學院畢業，不知道應該選擇醫師或牧師之類的傳統職業，還是繼續探索他剛喜歡上的自然史。那年八月，他收到以前劍橋大學老師的來信，問他可有興趣隨著英國海軍小獵犬號出海兩年，擔任隨船博物學家。達爾文願意，並於十二月出海，成為羅伯特・費茲羅伊艦長的學徒。

年輕的達爾文用心揣摩經驗老到的艦長行動。比方說在登上小獵犬號之前，達爾文並沒有寫日記的習慣，但他效法費茲羅伊，開始寫日記。費茲羅伊受過海軍訓練，習慣一一詳細記錄船上發生的一切，以及遠洋航行環境的所有細節。達爾文每天與費茲羅伊共進午餐，午餐過後，費茲羅伊開始寫作，更新小獵犬號的正式航海紀錄，以及他自己的日記。達爾文也更新自己的文書，包括他通常以圖畫、草圖記錄所有發現的野外筆記本，還有他的科學日記，裡面除了野外筆記本的心得，還有更整體、更接近理論的思考，另外還有他的日記。達爾文偶爾會下船一陣子，到南美洲的陸地遊歷，但他還是維持在海上養成的習慣，記錄下每一起事件、每一個奇觀。

研究科學史的哈佛大學教授珍娜・布朗說，達爾文保留紀錄的習慣非常重要：「他留下這麼豐富的紀錄，也練就以文字描寫大自然，描寫他自己的本事。他就像費茲羅伊，訓練自己仔細觀察周遭的環境，他觀察、測量，把需要記錄下來的特色記在心中。他從來不會完全依賴記憶，每次都是事情一發生，就馬上寫下紀錄。」她說：「製作文字紀錄在海軍來說是尋常作業，但對於達爾文來說，是將思緒整理清楚的基礎課程，也是很好的準備工作，他奠定了基礎，往後許多年都能提出合理的科學論點，建立自己的地位。」但達爾文製作詳細筆記的好處，並不是只有學會「將思緒整理清楚」，以及「提出合理的科學論點」而已。他將大腦的內部運作，投射到日記的實體空間，等於創造一個概念圖。循著概念圖一路思考，最後發展出他的演化論。在他發表鉅作《物種起源》的二十五年前，他在遠洋航行期間所寫下的日記，已經一步步推進他的思考。

舉例來說，一八三三年十月十日，達爾文在阿根廷東北部巴拉那河岸邊，發現馬的牙齒的化石。除了馬齒化石，他也發現大地懶（Megatherium）的骨化石，那是一種體型巨大的地懶。他在日記寫下這段見聞，卻又感到不解。這些化石顯然來自同一個時代，但地球上仍然有大量的馬，而大地懶卻早已滅絕。十八個月後，也就是一八三五年四月一日，達爾文在安地斯山脈的高處，發現一片「化石森林」。他寫信給劍橋大學的老師，說自己發現「一小片石化林」。他又一次在日記寫下對於新發現的思考，發覺石化林可能是許久之前的「沉降」所造成，也就是陸地下沉到海面下，陸地上的樹木受到海洋沉積物影響而鈣化的結果。達爾文知道，這種劇烈的地形變化，先是下降，又上升到他發現石化林的高山，與當時的思想背道而馳。當時的思想認為，地球自從形成，地質始終保持不變。他在日記中坦言：「但我必須承認，雖然沉降的移動幅度極大，我卻無法排除沉降的可能性。」

達爾文憑藉這種精準又開明的思考，逐步走向一個在當時像是天方夜譚，現在看來卻是理所當然的結論。一八四九年，四十歲的達爾文已經完成小獵犬號的旅程，但尚未發表《物種起源》。他建議有志追隨他腳步的後進，要「養成大量做筆記的習慣，不見得要發表，而是自己參考」。他也說，博物學家必須「力求精確」，「因為處理各種層面的巨量資料，而且幾乎要一路研究到永遠，想像力很容易失控」。

大腦一旦被思想填滿，就會運用全世界。研究學者發現一些值得玩味的結論，能解釋大腦使用（實體的、空間的）世界，對思考為何如此有益。在野外觀察記錄的**過程**（無論所謂的野外是商店、會議室，或是高中的化學實驗室）就像製作概念圖，本身就能促進認知能力。人們純粹看或是聽的時候會照單全收，很少會對經過眼睛與耳朵的刺激做出區分。但一旦開始記錄，就不得不區別、評斷，以及選擇。進行這種較為投入的心智活動時，能更深入處理觀察到的內容，也會產生**新的**思想。親手寫下的筆記，能打造一級級上升的階梯，通往新的風景。

蒙大拿大學生態學與演化生物學教授艾瑞克．格林在漫長的職業生涯中，始終依靠他的野外筆記本。他有好幾疊螺旋裝訂筆記本，用以描寫金剛鸚鵡與鸚鵡在黃昏時飛行到祕魯的棕櫚沼澤棲息，還有波札那歐卡萬哥三角洲的棕狒狒警告彼此獅子接近的「哇呼」聲，以及十幾歲的雄性抹香鯨揚起尾部，準備潛入紐西蘭外海的深海海溝一小時以捕捉大烏賊。他的筆記並不只是記錄他的見聞與經歷而已，也包括他所說的「構想的主要來源，將我的研究帶往新方向」。

格林想讓學生體驗這種過程，在他所教授的蒙大拿大學高級生態學課程上，安排大學生進行野外筆記練習。他叫學生「選一樣東西」，用整個學期的時間仔細觀察。觀察的對象可能是一棵樹、餵鳥器、海狸水壩，也可能是學生自己的花園。他向學生強調，這不是機械式的記錄練習，而是非常有生產力的活動，是科學發現的起點。格林說：「我想表達的重點之一，是科學研究最困難的部分，就是提出新問題。全新的概念從何而來？細心觀察大自然，就是很好的起點。」學生除了長期觀察自己選定的地點，也必須從自己的觀察中，提出至少十道研究問題。

格林的學生發現，僅僅是注意與選擇自己有興趣的東西做成紀錄，就等於展開更深層的心智處理。但是，停下來回顧自己寫下的內容，才會開始發現有意思的事情。大腦的表述與紀錄的表述看似相去不遠，其實就心理學家所謂的「功能特性」來說，相去甚遠。所謂功能特性，意思是這些表述可能的**用途**。例如外部表述比內部表述更**明確**。哲學家丹尼爾．丹奈特在一項經典思考實驗說道，想像一隻老虎，仔細想像老虎的眼睛、鼻子、爪子，還有尾巴。想像一回之後，我們可能會覺得腦海中的老虎形象非常完整。丹奈特說，現在請回答一個問題：老虎身上有幾道條紋？剛剛還覺得很堅實的形象，突然就變得一點也不明確。但要是把老虎**畫**在紙上，計算條紋當然就簡單多了。

這就是外部表述的一種獨特功能特性——可以套用一種或更多的身體感覺。老虎的例子告訴我們，同樣的形象，大腦的眼睛「看見」的，與在紙張上看見的並不相同。美國奧勒岡州里德學院心理學榮譽教授丹尼爾．雷斯博格，將這種觀點的變化稱為「分離效益」，意思是我們與自己大腦裡面的內容保持一點距離時所得到的認知效益。保持一點距離，反而能將內容看得更清楚，也就是說能看見老虎身上有幾道條紋。保持一點距離也能發揮**識別**能力。每次寫下一個單字的兩種或更多種拼法，想找出「看起來正確」的一種，就是在發揮識別能力。這種常見舉動有意思的地方是，我們**確實**馬上就知道，哪一種拼法才正確。可見我們已經擁有這個知識，但必須外化之後才能運用。

研究科學教育的學者也發現類似的現象。在二〇一六年的一項研究中，研究人員請八年級學生畫出機械系統（自行車打氣筒）以及化學系統（原子如何鍵結成分子）運作的示意圖。學生畫出這些系統運作的示意圖，就能擁有更深層的理解。研究團隊表示，學生沒有得到額外指示，就能將自己畫出的示意圖當作「檢查完整度與連貫度的工具，以及推論的平台」。將大腦的表述轉化為紙上的線條與形狀，能促進學生的理解，學生能將他們對於這些科學系統的既有知識，表達得更完整。他們所畫出的示意圖**明確度**，也能赤裸裸展現出他們尚未知道，或尚未理解的部分，他們就能填補這些知識的空白。

外部表述比內部表述明確，但從另一個角度看，也具有**含糊不清**的好處。一個表述如果一直停留在大腦，其代表的意義非常明確，完全沒有模糊的空間，就是**我們的思想**，所以丹尼爾．雷斯博格說：「要表達的內容完全沒有疑慮，沒有模糊的空間。」但一旦把思想展現在紙上，就可以翻閱、拿來發揮，往新的方向發展，感覺這個思想簡直不像是我們想出來的。研究學者觀察藝術家、建築師、設計師製作報告時，也確實發現他們常常「發現」自己的作品中出現自己沒有「設置」的元素，至少不是刻意設置的。

以色列理工學院建築學榮譽教授加布耶拉．葛舒密特說明箇中原因：「一個人從草圖看見的資訊，比繪製草圖所投入的資訊還要多。之所以會這樣，是因為將點、線，以及其他符號畫在紙上後，這些元素所形成新的組合與新的關係，是人們料想不到，也規畫不了的。我們是在繪製過程中發現這些的。」建築師、藝術家、設計師常說，眼睛與手之間有一種「對話」。葛舒密特提到「自我產生的草圖的回嘴」，凸顯了這種對話是雙向的。

葛舒密特以及其他人進行的研究顯示，擅長繪畫的人，非常懂得管理這種活潑的對話。舉個例子，這些研究發現，專家建築師從自己的圖畫，找出有發展潛力可能性的能力，遠勝於新手建築師。一項研究深入分析一位經驗豐富的建築師所用的方法，發現這位建築師的新構想當中，足足有百分之八十來自重新詮釋他的舊圖畫。相較於初學者，專家建築師也比較不會固守一個無生產力的概念。他們擅長將圖畫裡的不同元素，重新結合成有用的新形式。

研究這些專業繪圖者，可以得到一些有用的建議。尋找新構想的過程當中，應該從最籠統的計畫或目標開始。在過程的一開始，含糊的定義會比明確或清楚的定義更能激發靈感。不要從線性角度思考眼前的任務，不要從甲點直線走到乙點，而是要當成一種循環——思考、繪製、觀察、重新思考、重新繪製。同樣的道理，不要想像大腦告訴鉛筆該怎麼做，而是要讓眼睛與手之間展開對話，由一個告知另一個。最後，應該盡量延後判斷，知覺與行動的交流才能繼續，不會被先入為主的概念或嚴重的自我質疑所限制。

在每一個地方，每一個領域，專家之所以特別，是因為他們擅長使用外化。認知科學家大衛・庫許寫道，在電玩領域中，「厲害的玩家更懂得運用世界」。技藝高超的藝術家、科學家、設計師，以及建築師，並不會將自己侷限在紙上的平面空間，而是經常使用立體模型。立體模型有額外的優勢，包括使用者能控制模型的各元素、從多種角度觀察模型、讓自己的身體適應模型、將全套的「體現資源」用於思考眼前的任務，以及隨之而來的挑戰。

大衛・庫許仔細觀察建築師使用自己設計的建築物的實體模型。他說，這些建築師與自己製作的模型互動，「等於是使用這些模型**思考**」。他說，立體空間的互動，「創造出以其他方式很難實現，甚至不可能實現的思想形式」。庫許稱在實體空間移動實體物品所創造的「認知紅利」，是一種大腦的紅利，能幫助科學家解決看似無解的問題。

＊＊＊

一九五三年二月的某一天，詹姆士・華生的心情跟天氣一樣陰鬱。他跟同僚法蘭西斯・奎克都是英格蘭劍橋卡文迪希實驗室的年輕科學家，一連幾個月都在研究DNA的結構。DNA是一種分子，含有生物的基因密碼。華生後來在自傳中提到，那天早上，有位同事勸他「不要再浪費時間，做我那個有欠考慮的計畫」。他想證明，DNA確實是由他所提出的四種鹼基，也就是腺嘌呤、鳥嘌呤、胞嘧啶、胸腺嘧啶所組成。於是他請卡文迪希作坊的機械師，將錫焊接成這四種鹼基的模型。但模型製作時間太久，華生覺得自己「撞上了一面石牆」。最後，他「走投無路」，只能自己動手，花了一整個下午，用硬紙板做出模型。

華生繼續說道：「隔天早上，我走入還沒有人來的辦公室，馬上清空我桌上的文件，騰出一大塊平坦的桌面，製作由氫鍵連結的鹼基組合模型。」一開始他依據自己對DNA成分組合的最新想法，將硬紙板所代表的鹼基組合在一起，但他說：「我很清楚，這樣是無用的。」於是他「開始將鹼基排列出各種不同的組合」。

接著他靈光一閃：「我突然發現，兩個氫鍵結合的腺嘌呤與胸腺嘧啶的組合形狀，跟至少兩個氫鍵結合的鳥嘌呤與胞嘧啶的組合一模一樣。」他調整紙板模型的零件，開始想像雙螺旋結構的鹼基。他說：「所有的氫鍵似乎是自然形成，不需要刻意組合兩種類型的鹼基，弄成相同的形狀。」他說，當時的他「士氣大振」，因為整個結構就在他眼前出現。這時他的搭檔奎克出現，華生也立即宣布這項突破：「法蘭西斯才剛到，都還沒踏進門，我就宣布我們已經掌握了一切答案。」

華生與奎克漫長發現之旅的最後一站，是證明心理學家所謂的**互動性**的價值——身體操作有形的物體，藉此解決抽象的問題。從華生必須自己製作模型就能看出端倪。在建築師的工作室，或是幼兒園的教室之外，很少有人會使用互動性。我們以為大腦的運作類似電腦，所以也以為只要輸入必要資訊，就能得到正確解答。但英國金斯頓大學心理學教授費德瑞克．瓦萊圖朗若說，大腦並不是那樣運作。他寫道，將大腦比喻成電腦，「代表的意思是一邊思考，一邊在大腦中模擬情境，就跟一邊思考，一邊親身經歷這個情境是一樣的」。他也寫道：「我們的研究結果完全推翻這種想法。我們證明了人類用身體與實物互動時，思想、選擇以及領悟都會改變。換句話說，像電腦那樣僅僅用大腦思考，跟用大腦、雙眼、雙手思考是不一樣的。」

瓦萊圖朗若與同僚都依循相同模式接連進行研究。研究團隊提出一個問題。一組研究對象在解決問題時，可以用身體與代表問題特性的道具互動。另一組研究對象則必須以大腦思考問題。他發現，互動性「絕對能提升解決問題的表現」。無論哪一種問題都是如此，從基本算數，到複雜推理，到規畫未來活動，再到解決創意相關的「領悟」問題皆然。研究對象能操作代表問題特性的實體象徵物時，承擔的認知負荷較少，工作記憶則增加了。他們學得更多，也更能將所學運用在新情境。他們比較不會進行「符號推動」，不會因為缺乏理解而移動數字與文字。他們比較積極、投入，焦慮感較少，甚至能更快找出正確答案（瓦萊圖朗若一項研究的題目非常貼切──「在世界的行動快於在大腦的行動」）。

既然研究已經證實互動性的效益，但為何這麼多人還是只用大腦解決問題？這就要怪我們根深柢固的文化偏誤，傾向只用大腦思考，認為唯一重要的活動，就是純粹的大腦活動。很多人認為，藉由操作實物解決心智問題，是幼稚粗魯的行為。真正的天才都是用大腦思考。

這種長年的偏誤，看在了解外化與互動性價值的人眼裡，偶爾會感到憤怒難耐。舉個例子，理論物理學家理察．費曼有個經典的故事。費曼的名氣來自他的《別鬧了，費曼先生》暢銷著作，也來自他的諾貝爾獎（他在一九六五年與兩位同僚共同獲獎）。諾貝爾獎頒獎典禮之後，史學家查爾斯．韋納訪問費曼，碰巧提到費曼的一堆原創筆記與草圖。韋納說，這些資料是費曼「日常工作的紀錄」。沒想到費曼聽見這話，非但沒有直接附和，反而尖銳回應。

他說：「那些文件就是我的研究工作。」

韋納說：「這個嘛，研究是在你的大腦裡面完成，只是研究的紀錄還在。」

費曼不接受這種說法。

「不是，那不是**紀錄**，那是能**拿來用**的。一定要把文件拿來用，紀錄就是文件。明白嗎？」

費曼並不只是發脾氣而已，他也在捍衛一種關於創造行為的觀點。四十年後，安迪．克拉克提出了大腦擴展論，將這個觀點奉為圭臬。克拉克寫到這段故事時寫道：「費曼確實是在紙上**思考**。紙與筆的迴路，是實體機械的一部分。這個實體機械負責打造思路的樣貌，但我們一看就知道這是費曼的思路。」我們常常忽略或否定這些，比較喜歡專注在大腦裡面的事情，但這種不完整的觀點，會讓人誤解自己的大腦。克拉克寫道：「我們誤以為大腦的動作，就是體內所有的活動，或幾乎就是所有的活動，所以我們所發展的科學，以及對於大腦的想法，根本就是錯誤的。」他說，我們必須知道實物對於思考的助益，改正只用大腦思考的觀念的疏漏與錯誤，並且「再次將大腦、身體、世界結合在一起」，才能「開始對自己有正確的認識」。

第三部

以我們的關係思考

第七章

與專家一起思考

德國長年是歐洲的經濟強權。在這個國家的諸多優勢當中，常被提及的，是它獨特的學徒制。每一年，大約有五十萬名德國年輕人一從高中畢業，就直接進入企業開設的完善見習計畫，學習焊接、機械加工，以及電機工程等技術。這套制度行之有年，幾十年來孕育了德國繁榮的製造業。但與其他西方國家相較，德國的工業霸權正逐漸被更以資訊為中心的經濟取代，推升了電腦程式設計之類的技能需求。這種變革帶來了新的挑戰，讓學生與老師一時之間難以適應。

波茨坦大學位於柏林郊區，擁有兩萬名學生，大學生未來若想進入科技業，必須修完理論電腦科學課程。但學生在這項課程的不及格率，卻年年都很驚人——高達百分之六十。問題似乎出在課程的內容太抽象。學生被動坐在教室聽課，實在難以理解「剖析演算法」「封閉性質」「線性有界自動機」之類的概念意義。後來，一群電腦科學教授找到了一個辦法——回歸德國長年的優勢。這群教授以波茨坦大學教授克里斯多夫．克雷茲為首，將課程重新設計成學徒制，只不過是一種特別的學徒制。課程重新設計的核心概念，是要讓學生「看得見」電腦科學家的內部思考過程，要像木匠安裝一個接合點，或是裁縫裁剪一匹布那樣清晰。

這就是目前擔任西北大學教育學榮譽教授亞倫．柯林斯所謂的**認知學徒制**。他在一九九一年與約翰．希利．布朗以及安．赫魯共同發表的文章中，提到傳統學徒制與現代學校教育的主要差異。在傳統學徒制中，「學習者能看見工作的程序」，而在現代學校教育，「無論是老師還是學生，往往看不見思考的過程」。柯林斯與他的共同作者表示，學徒制有四項特質，能因應知識工作的需求，分別是**示範**（一邊示範，一邊大聲說明）；**支架**（創造機會，讓學習者自己操作）；**消退**（在學習者逐漸熟練之際，漸漸減少指導）；以及**教導**（幫助學習者克服學習過程中的困難）。

克里斯多夫．克雷茲與他的同僚重新設計課程，納入傳統學徒制的這些特質，減少學生在課堂聽課的時間，增加老師領導小組時間的長度與頻率。在小組時間內，學生不會聽見電腦科學概念的說明，也不會討論電腦科學家所執行的工作，而是在老師近距離的監督之下，自己**親手做**。這些變革的成效相當明顯，學生的不及格率從超過百分之六十，一舉降至不到百分之十。

克雷茲與同僚在波茨坦大學引入的變革，是許多人在往後歲月中都會思考到的。在全世界的每一個產業、每一項專業中，教育與工作的重點越來越偏離執行實質的工作，越來越接近參與內部的思考過程。正如亞倫・柯林斯所言，**無論**是初學者還是專家，多半都無法接觸到這些過程。初學者還不夠熟悉教材，專家則是已經熟悉到如同第二本能。因此，若要以他人的專長擴展自己的思考，就必須找出更好的辦法，將知識從一個大腦，準確轉移到另一個大腦。認知學徒制就是一種辦法。在這一章中，還會介紹其他幾種方法，但首先要介紹的是歷史悠久，且有越來越多科學研究強力佐證的方法。那些方法就算會讓我們有點不自在，但那又有何妨？

***

在法國巴黎的硝石庫慈善大學醫院，一名年輕男子呆愣著凝視遠方。他的嘴抽搐扭曲，全身上下像觸電一樣顫抖。附近另一名年輕男子在旁人攙扶下從椅子起身，右臂彎曲的角度很彆扭，僵硬的右腿拖在身後。在另一頭，有人問一位年輕的小姐，能不能用食指碰到自己的鼻子？她試了試，但食指沒碰到鼻子，反而落在臉頰上。

在這一天，許多神經疾病的離奇症狀活生生上演。但這些人並不是病患，而是醫學院學生，是正在受訓的醫師。他們在教授的指導下，學習模仿自己往後要負責治療的疾病症狀。老師告訴學生該擺出怎樣的臉部表情，該如何移動雙手，該如何坐、如何站、如何行走。老師也指導另一組學生該如何反應。這群學生身穿實驗室白袍，扮演日後要成為的醫師。經過大量練習，「病患」與「醫師」將在醫院的梯形教室講台上，表演一連串的臨床情境給同學看。

十九世紀的醫師尚恩馬丁．沙爾科是神經學之父，他就在這間醫院執業與教學。他帶著他的病患站上講台，開始講課，他的學生就能看見神經疾病的許多樣貌。伊曼紐．羅茲於二〇一五年將這種「模擬角色扮演訓練課程」引進硝石庫慈善大學醫院，他說，以臉部與身體模擬神經疾病症狀，是更有效的學習方法。羅茲是硝石庫慈善大學醫院的神經科門診醫師，也是索邦大學神經學教授。他擔憂傳統的教學方式無法幫助學生獲得知識，也不能消除學生面對神經疾病的憂慮。他說，模擬這些疾病特有的症狀，例如帕金森氏症的顫抖、舞蹈症忽動忽停的動作，以及小腦症候群的口齒不清，能讓學生的學習效果更佳，也能消除憂慮。

羅茲與同僚進行的一項研究也確實發現，醫學院學生開始執業的兩年半之後，曾經參與模擬課程的學生，對於神經疾病症狀與跡象的記憶，遠勝於只接受過課堂講課的傳統教學學生。曾經模擬病患症狀的醫學院學生也表示，自己更了解神經疾病，學習神經疾病的欲望也更高。

在先前討論感覺的那一章中，我們發現，下意識自動模仿其他人，就能更了解其他人，例如更能感覺到其他人的情緒。較為刻意的模擬也是一樣。舉例來說，研究證實，若刻意模仿他人的腔調，就更容易理解他人說話的內容（這個研究結果可以直接套用在第二語言學習上）。模仿談話對象的腔調，用自己的嘴巴說出對方的聲音，就更能預測，進而理解對方說的話。就像硝石庫慈善大學醫院的醫學院學生，重點在於由內在理解，吸收他人的觀點。

模仿他人的言語，對方也會更有好感，其實任何的模仿都能增強好感。伊曼紐・羅茲發現，他訓練年輕醫師模仿病患的行為後，年輕醫師會更能同理病患，看見病患的症狀也比較不會心生恐懼。相較於透過被動觀察所得到的領悟，我們是藉由模仿，將自己感受到的關懷，以及我們在他人行動中體會到的，延伸到他人身上。這是一種通用策略，適用於教育、職場，以及私下的學習。

但有一個問題，我們的社會並不認同模仿，認為那是幼稚、惡劣，甚至不道德的行為。羅茲很清楚這種觀感。儘管研究已經證實，以模仿為基礎的角色扮演有諸多好處，但他在醫學院的許多教授同僚，仍然不太願意使用這種教學法。他的一些學生起初也表示，對於模仿病患的行為感到不太自在。羅茲強調，參與模仿的學生，絕對沒有嘲笑或嘲弄病患。他說，模仿的行為其實充滿尊重，是將病患當成終極權威，當成疾病症狀的專家。

傳統的認知理論讓我們覺得，若是希望自己的思考更有智慧，唯一的途徑是鍛鍊大腦。模仿他人的思想，容易招致學舌，甚至剽竊的批評。這種罪名能終結作家的職業生涯，也會導致學生被退學。但也不見得總是如此。希臘與羅馬的思想家，都將模仿奉為一種藝術，一種必須積極追求的藝術。模仿是古典教育的一大重點，古典教育並沒有將模仿當成懶惰作弊，而是當成藉由仿效大師，嚴格追求卓越。

在羅馬人完善的學校教育體制中，學生首先要朗讀，並且講解範文。在學校教育的初始階段，學生要朗讀講解的，可能是一則簡單的伊索寓言，後來才會接觸西塞羅或狄摩西尼的複雜演說。學生必須能夠背誦文本，接下來要進行一連串的練習，徹底熟悉研讀的材料。他們還要以自己的言語，講述範文的意思，再將範文從希臘文譯為拉丁文，或從拉丁文譯為希臘文，還要將範文從拉丁文散文改寫成拉丁文詩，甚至從拉丁文散文改寫成希臘文詩。他們也將範文壓縮成更少的字數，或是擴大為更長的篇幅。他們將範文的語氣從直率改為浮誇，或是顛倒過來。最後，他們也會自行寫作，但要仿效範文作者的寫作風格。學生從每一個角度模仿範文，接下來則是面對更困難的文本，再重新進行整個過程。

我們所掌握的羅馬制度資訊，主要來自「羅馬教學大師」馬庫斯．法比尤斯．昆體良的文字作品。他大約在公元三十五年出生，是一間演說學校的校長，學生全都來自羅馬最顯赫的家族，包括圖密善皇帝的兩位繼承人。他在經典大作《演講學校》（副標題為「演說家養成教育十二卷」）中，毫不避諱地主張模仿的價值。他寫道，我們向「值得研究」的作者，「學習詞彙、修辭變化，以及寫作方法」，進而「依據每一個傑出的模範，形塑我們的智慧」。這位教育大師接著說：「在藝術領域，努力的重點絕對是模仿，雖然發明先於模仿，也相當重要，但我們還是應該模仿一切成功的發明。而且每一個人都應該樂意仿效他人的長處。」

這種以模仿大師為基礎的教育制度相當強大，不僅流傳幾百年，席捲全歐洲，甚至發展到歐洲以外的地區。昆體良時代的一千五百年之後，都鐸時代的英格蘭兒童仍在接受這樣的教育。當時的學者與老師胡安．路易斯．維韋斯也闡述模仿為何重要。人類似乎天生擁有某些基本能力，例如說母語的能力，但他發現，「大自然似乎將大多數的人類，塑造成對於『藝術』懷有莫名的敵意。既然大自然將人們塑造成天生就對所有藝術一無所知，且完全不在行，我們就須要模仿。」維韋斯憑藉直覺，知道一個往後將由認知科學以實驗結果證明的真理——人類的許多文化成就，並不是「與生俱來」，而是辛苦追求而來。維韋斯跟同時代的一些人認為，培養這些能力最有效的辦法就是模仿。

隨著十八世紀接近尾聲，浪漫主義者登上歷史舞台。這一群詩人、畫家與音樂家崇拜原創，追求本真，排斥一切熟悉的舊事物，追求原創、幻想與真誠。他們之所以堅持原創，是因為當時的兩大發展。第一個是工業化。工廠一間間拔地而起，引發一波美學上的對抗行動——**機器**能製造出一模一樣的複製品，只有人類才能想出獨一無二的思想。一種機器引爆了當時第二項重大發展——最新普及的印刷機生產出大量文本。文學批評家華特．傑克森．貝特說，浪漫時代的思想家，承受「過去的重擔」比先前所有世代更為沉重，因為先前時代的經典鉅作，史上第一次得以普及。這些浪漫時代的思想家沉浸在前輩浩瀚的作品中，感覺自己迫切需要創造全新的、從未有人說過的東西。

生於一七五七年的英格蘭詩人與藝術家威廉．布雷克，是最早出現也是最熱切追求原創的浪漫主義者。他在《天真與經驗之歌》以及《阿爾比恩女兒們的夢幻》等作品中，使用一種他自己發明的技巧——浮雕蝕刻。這種技巧是使用耐酸化學物質在銅板上畫出圖案，再以酸蝕刻未處理的部位（相信神祕主義的布雷克宣稱，這個技巧是已故兄弟羅伯特託夢告訴他的）。這些作品的形式，也是布雷克自己發明的。結合文字與插圖的彩飾本，由布雷克親自蝕刻、印刷、著色，每一本都獨一無二，沒有哪兩本是一模一樣的，而且內容完全原創。全新發明的複雜宇宙學裡有幾位象徵人物，例如烏利真（代表理性）以及洛斯（代表想像力）。在他的彩飾本《耶路撒冷》中，洛斯，也就是布雷克的另一個自我，說出了一個可以作為浪漫主義格言的觀點。布雷克塑造的角色說道：「我必須創造一個制度，不然就會被他人創造的制度所奴役。」

在浪漫主義者的影響之下，模仿不只是受歡迎程度不如以往而已，還遭到鄙視，這種態度一連延續了幾十年。十九世紀末的博物學者認為，模仿是兒童、女性、「野蠻人」才有的習慣，而原創表達則是歐洲男性的專利。創新躍居文化價值系統的頂端，模仿則是被打入前所未有的低點。

這是我們自己信奉的原創教派，而且是前所未有的狂熱。我們的社會崇拜開路先鋒，例如已故的蘋果電腦創辦人史提夫．賈伯斯。他經常親自上台介紹公司最新發明，精采的說明讓人津津樂道。蘋果電腦的廣告讚美那些打破常規，而不是只能被常規形塑的人。一九九七年播出的一則蘋果廣告中，旁白說道：「向勇於突破的人、不能融入的人、反抗的人、製造麻煩的人、格格不入的人、想法不同的人致敬。他們不喜歡規則，不滿意現狀。」

廣告標語說，**想法不同**。但至少在某些地方，**一樣**的想法，也就是模仿，得到越來越多的認同。

＊＊＊

凱文·拉蘭說，那是他職業生涯「最自豪的時刻」——知名的《科學》期刊刊出一張他在自家草坪除草的照片。

在這張照片中，拉蘭三歲的兒子就走在他身後，專心推著他的玩具割草機。與照片一起刊登的還有一篇介紹拉蘭的研究的文章，是關於模仿在人類文化的重要性。在同一期期刊，英國聖安德魯大學生物學教授拉蘭，發表了一項他與同僚一起舉辦的電腦化競賽結果。這場競賽共有許多回合，參賽者是一群機器人，行為模式經過預先設定，它們要爭奪一項獎金。一百位來自世界各地的參賽者同台競技，每一位會依據三種策略的其中一種（或三種併用）行動——採用原創構想，採用嘗試錯誤法，或是模仿他人。

至於哪一種策略最有效？其實毋庸置疑，模仿的效果遠勝於其他兩種。優勝的機器人只有模仿他人，**從未**創新。相較之下，幾乎完全採取創新策略的機器人，在一百位機器人當中，排行第九十五名。拉蘭以及同僚路克·藍戴爾看見這樣的結果大感吃驚。藍戴爾說：「我們還以為會有聰明人告訴我們『這些情況應該要模仿，這些情況應該要自己摸索學習』，結果贏家就只是一直模仿。」

拉蘭也知道，許多人對於模仿有成見。但他說，包括他自己在內，許多領域的學者，例如生物學、經濟學、心理學、政治學的學者，陸續發現模仿是學習新技能、做出聰明決策的關鍵。這些領域的學者運用模型與模擬，再加上歷史資料分析與實際個案研究，證明模仿往往是通往理想表現最快也是最有效的途徑。他們也詳細說明箇中原因，藉由商業界的例子就能將原因闡述得一清二楚。

第一個原因：模仿別人，等於讓別人充當篩選器，能快速過濾現有的選項。金融學教授傑拉德．馬丁與約翰．普芬布拉克研究投資人若是只模仿投資大師華倫巴菲特的投資決策，投資績效會是如何（巴菲特開設的公司會向美國證券交易委員會提交報告，定期公開他的投資決策）。兩位教授發現，若純粹跟著巴菲特買進，平均的投資報酬率，會比市場報酬率高出百分之十以上。

投資人當然本來就會留意巴菲特之類投資大師的舉動，卻還是忽略了完全模仿他投資策略的好處。馬丁說，投資人錯失獲利更高的機會，因為每個人都喜歡覺得自己有創新策略，或是發現無人發現的珍寶。他說，自己掌舵的感覺很好，但仿效比自己更有經驗、更有知識的對象，表現往往會更好。

第二個原因：模仿他人就能運用多種解決方案，而不是只能用一種。可以選擇當下最有效的策略，也能隨著情況迅速調整。總部位於西班牙工業城市阿爾泰霍的全球服飾連鎖品牌 ZARA 商業模式即是如此。

在ZARA的母公司Inditex總部，設計師聚集在桌子四周，桌上擺滿了從時尚雜誌與型錄撕下的頁面、街頭與機場型男靚女的照片，以及剛剛在伸展台展示過、現在被拆得四分五裂的其他設計師的服飾作品。發表過不少ZARA相關報導的西班牙記者恩立奎・巴迪亞說：「ZARA永遠都在追求靈感，從四面八方，從每一個人身上擷取靈感。」ZARA甚至會模仿自己的**顧客**。幾百家連鎖店的店經理經常與ZARA的設計師聯繫，告訴他們走在時尚尖端的顧客又有哪些新裝扮。

喬治城大學作業與資訊管理教授卡斯拉・費多斯發現，ZARA善於模仿，是Inditex得以成為全球最大時尚服飾零售商的關鍵。他與兩位共同作者在《哈佛商業評論》發表企業分析，指出ZARA的成功「來自ZARA供應鏈每個環節源源不斷的資訊交流，從顧客到店經理，從店經理到市場專家與設計師，從設計師到生產員工」。重點在於，ZARA內部流通無阻的「資訊」並不是新構想，而是值得模仿的構想。

模仿的第三項好處是：可以避開前人犯過的錯誤，而創新就沒有犯錯前例可以參考。尿布就是個很好的例子。對於經常購買免洗尿布的父母來說，幫寶適是家喻戶曉的品牌。Chux這個品牌的知名度較低，但其實，Chux才是第一個上市的品牌，早在一九三五年就已上市。

問題在於Chux價格昂貴，每片要價大約八・五美分，而當時的父母若使用可水洗的布料尿布，成本只約為每片一．五美分。結果就是，父母通常只會在出遠門的時候使用紙尿布，Chux的市占率就僅有百分之一。寶僑看見了機會，開始模仿Chux的基本構想，同時拿出辦法，解決父母對於紙尿布產品最大的不滿——價格高昂。幫寶適在一九六六年於美國各地上市，每片售價三美分，受到了美國父母的廣大歡迎。

兩位行銷學教授傑拉德．泰利斯與彼得．戈德針對五十種消費品進行歷史分析（包括幫寶適與Chux的例子所提到的尿布）。分析結果顯示，「市場先驅」的失敗率高達百分之四十七，平均市占率則僅有百分之十。兩位教授發現，做一個某些人口中「動作快的第二位」，也就是敏捷的模仿者，遠勝於做第一位。他們發現，企業模仿他人的創新，不僅「失敗率極低」，而且「平均市占率幾乎是市場先驅的三倍」。他們將Timex、吉列、福特這些企業歸為此類。常有人誤以為這些企業是各自領域的先驅。

第四，模仿可以避免受到欺騙或隱瞞。直接模仿別人做的事情，就能使用其他人所用的最佳策略。競爭對手別無選擇，只能展現社會科學家所謂的「誠實信號」，根據自身最佳利益，為自己做決策。任何一種競爭都會出現這種情況，包括遠近馳名的美洲盃帆船賽之類的運動賽事。

倫敦帝國學院的商學教授簡麥克．羅斯與迪米奇．夏拉波夫研究美洲盃世界大賽參賽船隊正面對決的競爭互動。他們發現，帆船隊員往往會模仿對手的動作，尤其是在自己船隻領先的時候。乍聽之下可能覺得不可思議，領先的船隊竟然模仿落後的船隊？但羅斯說，這樣的仿效是合理的，因為領先者只要模仿落後者的行為，就能一直領先。羅斯說：「一般認為只有落後的人、失敗的人才會模仿，但我們的研究推翻了這種觀點。」

最後也許也是最重要的，模仿可以省下原本要用於自行創造解決方案的時間、精力與資源。研究顯示，模仿者的成本通常是原創者的百分之六十至七十五，但模仿者往往能得到最大的獲利。

這些來自各界的研究，結論是一致的——模仿（如果能克服對模仿的反感）能開創的可能性，遠多於大腦所能想出的可能性。有效的模仿就像以其他人的大腦思考，就像直接下載其他人的知識與經驗。雖然模仿普遍給人的印象是懶惰放棄，但高明的模仿其實是一種不易學成的藝術。高明的模仿很少會是不經思考的自動模仿，而是須要破解複雜密碼，要解決社會科學家所謂的「對應問題」，也就是模仿他人解決方案套用在新情況時所遭遇的問題。要解決對應問題，必須分析他人解決方案的每一個部分，再以不同的方式重組這些部分。必須願意探究表象之下的深層原因，了解原創的解決方案為何能成功，也要有能力將成功的基本原則應用於全新的環境。高明的模仿其實需要大量的創造力，這話聽來矛盾，卻很有道理。

＊＊＊

將他人的解決方案用於解決問題，是護理系研究生泰絲．佩普於一九九九年面臨的艱鉅任務。佩普很清楚問題出在哪裡——醫師與護理師給藥錯誤，影響病患健康。那一年，美國國家醫學院發表一份探討病患安全的重量級報告《人非聖賢，孰能無過》。報告指出，全美各地醫院可預防的醫療疏失，每年導致高達九萬八千名美國民眾喪生，比死於車禍、職業傷害，或乳癌的人數還多。而且大多數死於醫療疏失的案例，都與給藥錯誤有關。

但她在研究如何解決給藥錯誤危機的過程當中，並沒有絞盡腦汁尋找全新解方，而是**模仿**另一個產業操作成功的解決方案。這個產業是航空業。航空業就像醫療業，專業人士的精準正確關乎人命。佩普閱讀探討飛航安全的文章，發現飛行過程風險最高的時刻是起飛與降落，亦即飛機在一萬英尺下飛行的時刻。她發現這與她自己的領域對應——對於在醫院領藥的病患而言，最危險的時刻是**準備**給藥劑量，以及**執行**給藥的階段。

佩普深入探究後發現，飛航「事故」的主因是飛行員被其他機組人員干擾。她也發現另一個對應——她知道，許多給藥錯誤之所以發生，其實是因為醫療人員受到干擾（看看一個研究團隊在醫院看見的驚人真實事件：一位護理師將一種藥品拿給一位病患的過程中，竟然被打斷了**十七次**）。佩普也知道，飛航專家設計出一種專門應對飛行員受到干擾的辦法——「靜默駕駛艙規則」。這項規則由美國聯邦航空總署於一九八一年頒布，禁止飛行員在飛機位於一萬英尺以下的高度時，進行與眼前飛航無關的對話。

佩普在二〇〇二年發表的論文，以及後來陸續在醫學期刊發表的一系列文章中，主張仿效這種做法。她在二〇〇三年於《內外科護理》期刊發表的文章寫道：「防止給藥錯誤的關鍵，在於仿效其他注重安全的產業做法。舉例來說，航空業有一些方法能提升飛行員的專注力，營造能保障生命安全的環境。」她說，這些方法也適用於醫院，可以在藥劑調製區開設一個「零打擾專區」，也可以讓負責給藥的護理師穿上特殊的「禁止打擾」背心或肩帶。佩普強調：「給藥其實就像駕駛飛機一樣重要，因為病患是將自己的生命託付給專業醫療人員。」

佩普並不確定她在醫療界的同僚，能否接納這種觀念，但他們接納了。醫院開始仿效航空公司的做法，成效相當明顯。舉例來說，在凱瑟帕曼南特南舊金山醫學中心，二〇〇六年引進請勿打擾的標誌之後，美國政府的醫療研究與品質管理局表示，「身穿背心的護理師再也不會受到干擾」。醫院給藥錯誤的發生率六個月來下降百分之四十七。佩普提倡這種能救命的模仿行為將近二十年之後，已經普及全美與全世界。

泰絲．佩普是自己想出了對應問題的解決之道。但若是有人教她模仿呢？高明的模仿是一種技巧，一種歐戴德．申卡爾認為應該刻意培養的技巧。申卡爾是俄亥俄州立大學的管理學與人力資源教授，他研究企業如何運用模仿，在市場贏得戰略優勢。他認為，我們正處於「模仿的黃金時代」，有資訊可供參考，了解其他人如何解決類似的問題，因此，模仿有效的解決方案，是前所未有的容易。申卡爾鼓勵商學院與其他研究所的學生多多修讀有效模仿的課程。他認為，企業應該開設「模仿部門」，專門尋找理想的模仿機會。他希望將來有一天，成功的模仿者也會像現在的創新者一樣受人景仰。

申卡爾發現，至少有一個行業正朝著他所提倡的模仿邁進，那就是醫療。佩普與許多人意識到減少醫療疏失的迫切需求，因此醫院開始仿效其他許多產業的做法，包括軍方、鐵路、化學製造、核能發電，當然還有航空業。除了佩普採用的靜默駕駛艙概念，專業醫療人員也仿效飛行員機上的「檢查清單」，也就是一種標準化作業，逐條檢查該完成的工作。在這個例子中，模仿也發揮了奇效。二〇〇九年，哈佛大學公共衛生學院與世界衛生組織的研究團隊發現，他們研究的外科醫師團隊使用十九個項目的檢查清單之後，病患的平均死亡率下降了超過百分之四十，併發症的發生率也降低大約三分之一。

醫學界也沿用了核能發電產業常用的「同儕評量法」。一家醫院的代表團，拜訪另一家醫院，針對這家醫院的安全與醫療品質，進行「有結構、保密，且無懲罰的評估」。這種同儕評量並不涉及主管機關的獎懲，因此往往能點出問題，提出解決之道。這種方法也可以說是機關團體之間良性模仿的利器。

但即使在醫療界內部，仿效的方式也還是頗具改進空間。檢查清單的概念花了七十年，才從航空業轉移到醫療業，靜默駕駛艙的概念也用了二十年才轉移。倘若使用較有結構、較為刻意的模仿方法，就能大幅加快這個過程。中卡爾說，為了提升模仿的社會價值，不僅需要提倡新的模仿行為，也要了解模仿**已經是**許多我們最景仰的人物與組織的成功祕訣。其中當然也包括知名創新大師史提夫．賈伯斯。

一九七九年，賈伯斯與同僚在剛成立不久的蘋果電腦公司，正在煩惱如何將當時笨重的電腦，變成好用甚至好玩的個人時尚裝置。那一年的十二月，賈伯斯參觀全錄帕羅奧多研究中心，也就是影印機巨擘全錄在加州帕羅奧多經營的研究機構。這次參觀讓他看見了解決方案。他看見一連串的新科技，知道在自己將來工作上能派上用場。他要打造一個網路平台，讓眾多電腦互相連結交流。他還要開發一套好看且好用的螢幕圖形，還有一個能用來指向、點選的滑鼠。他跟一位蘋果的同事駕車離開研究中心，他大聲說道：「就是這個！我們一定要做這個！」

如果歐戴德．申卡爾所想像的模仿課程真的開課，他可以把蘋果當成課堂上的研究個案。他也許會跟學生說，解決最重要的對應問題要經過三步驟，而賈伯斯已經完成第一步。申卡爾說，第一步是明確說出自己的問題，並且找出一個已經順利解決的類似問題。

第二步：仔細分析這個解決方案奏效的原因。在蘋果位於加州庫比蒂諾的總部，賈伯斯與他的工程師團隊，立刻開始分析他們在全錄研究中心看見的奇觀。他們很快就進入第三步，也是最困難的一步——了解自己的情況有何不同，再思考如何將原始的解決方案套用在新環境。全錄自行研發的電腦已經上市，卻是既笨重，又難用，能迎合企業的需求，卻不適合個人消費者，而且一台要價超過一萬六千美元，價格高到令人卻步。

全錄發現了蘋果的科學家未能發現的科技解決方案，然而賈伯斯卻能將這些解決方案，用於開發他所看見的個人裝置潛在市場。舉個例子，他在全錄研究中心看見的滑鼠有三個按鍵，覺得太累贅。而且這款滑鼠即使在平坦表面，也很難滑動，價格更是令人咋舌的三百美元。賈伯斯與本地的設計公司合作，生產能在任何平面使用的單鍵滑鼠（賈伯斯說，就連放在他的牛仔褲上也能用），而且售價只要十五美元。

後來的事情就是大家所熟知的歷史，不過並不是普遍流傳的那個版本，並不是一群天才孤軍作戰（想法不同的人）。這個個案給我們的啟示是，許多為人稱頌的成功案例背後，不僅是傑出的新創，也有高明的模仿。

***

模仿甚至也是人類這個**物種**的成功祕訣。發展心理學家有越來越多的證據可以證明，嬰兒與兒童之所以能如此迅速吸收大量資訊，是因為具有模仿能力。模仿其實是很有效率的學習方式，因此機器人學家正在研究嬰兒是如何觀察成人，再模仿成人的行為。想像一下，機器人有能力觀察人類做事，例如將矽晶片放入電路板，或是修理太空艙，再自行模仿人類的行為。特斯拉與SpaceX創辦人伊隆．馬斯克就斥資研究這種「一次性模仿學習」。但正如加州柏克萊大學心理學家艾莉森．戈普尼克所言，最精密的人工智慧「仍然難以解決四歲兒童能輕易解決的問題」。

學術界曾認為，模仿是一種低階「原始」的本能，如今逐漸發現模仿，至少是人類的模仿，包括嬰幼兒的模仿行為，是一種複雜精巧的能力。人類以外的動物也會模仿，但跟人類模仿行為有著重大差異。舉例來說，兒童的模仿行為很獨特，因為兒童對於模仿的**對象**很挑剔。就連學齡前兒童，也比較喜歡模仿看起來有知識、有能力的人。研究顯示，幼兒傾向模仿自己的母親，而不是剛認識的人，但隨著年齡漸長，也比較願意模仿看起來具有特殊專長的陌生人。兒童到了七歲，就不會再凡事唯母親馬首是瞻。

兒童對於模仿的**內容**倒是毫不挑剔，這是人類的模仿與動物的模仿另一個不同之處。人類是「高逼真度」模仿者——兒童會一絲不苟地模仿成人，而其他動物只是草草模仿個大概。這種差異也讓人猿、猴子，甚至狗顯得比較聰明。向這些動物示範一個程序，附帶一個不必要的額外步驟，例如先用前額觸碰一個盒子，再撬開盒子，拿出裡面的點心，黑猩猩與狗會跳過多餘的步驟，直接去拿點心。兒童則是照樣模仿每一個步驟。

這種行為看似不合理，其實有道理。人類之所以有「過度模仿」的傾向，連別人多餘的行為也照樣模仿，可能是基於「先模仿，再理解」的原理。畢竟這種多餘的步驟可能有存在的必要，只是初學者還不能理解，何況人類許多的工具與做法，都屬於「認知上難以理解」，也就是光看表面很難看出價值。對於人類這樣高度社會性的物種而言，模仿自身文化的習俗仍是聰明之舉，哪怕這種習俗看似沒有作用。研究也確實證明，四歲兒童比兩歲兒童**更有可能**過度模仿，顯然年齡越大，對於社會線索越敏感。人們在成長過程中，過度模仿的傾向會越來越強烈，一路上揚到成年期。人類大多數的文化，在形式上都是專斷的，我們為何會在表演結束後鼓掌？在生日派對吃蛋糕？在左手無名指戴婚戒？文化需要模仿才能永遠延續。模仿是社會與文化生活的根源，可以說正是我們之所以成為人類的原因。

有證據可以證明，我們天生就有模仿的潛在特性。幾十年前，華盛頓大學心理學家安德魯．梅佐夫就已經證明，出生才幾天甚至幾小時的嬰兒，看見他張開嘴巴或伸出舌頭，也會做出相同的臉部表情回應。而且模仿的能力，亦即從觀察而學習的能力，是可以培養的。某些現代文化會刻意培養這種能力，而且成效斐然。兩位心理學家瑪莉切拉．柯莉亞查維茲與芭芭拉．羅戈夫研究比較了瓜地馬拉的歐裔美籍兒童以及馬雅兒童。在研究中，一名成人為身旁的另一名兒童示範摺紙，兩組兒童則在一旁等待。馬雅兒童關注示範的時間長度，遠超過美國兒童，因此學到的東西較多；美國兒童則是常常分心或是不專心。兩位心理學家指出，馬雅人的家庭通常在幼兒階段就開始鼓勵兒童仔細觀察年長家人的行為，才知道該怎麼做家事。

美國文化並不鼓勵模仿，因此美國兒童並沒有類似的機會，無法展現自己的能力。美國兒童也沒有正面「典範」可以參考，所以不知道同齡的兒童能有怎樣的成績。幾十年來，教育家朗恩．博格拖著滾輪行李箱到處跑，裡面裝滿幾百件類似的典範，也就是兒童的素描、詩歌、文章作品。他把這些作品拿給美國各地學校的師生參考。他最喜歡的典範，是一幅他稱之為「奧斯汀的蝴蝶」的圖畫，那是愛達荷州波夕一位一年級生的作品。這幅作品以細膩的筆觸，畫出了美洲虎紋鳳蝶的優雅。他每次拿出這幅作品時，學生看了都會低聲讚嘆。博格的目的是讓學生看見同儕的傑作，進而效法，也要告訴學生，這樣的作品是如何創作出來的。他將奧斯汀完成成品之前的六幅草圖，一幅一幅拿給學生看，同時說明奧斯汀在每一個階段，得到同學給予的哪些良性建議。

博格滾輪行李箱裡面的法寶，現已成為線上檔案資料，但他發現，許多老師與家長不贊成使用典範，唯恐會破壞學生的創造力與原創性。博格曾經擔任二十八年的課堂教師，後來成為非營利組織 EL Education 的教務長，他說，其實事實正好相反。學生看見其他人的傑作，看見其他人展現的可能性，自己也會更有幹勁。他說，學生若是不知道第一流的作品是什麼樣子，我們又如何指望學生創作出第一流的作品？

教作文與演說的老師早已明白典範能助長而非扼殺學生的創造力。在美國的學校，作文與演說曾經是重點課程。這個領域最重要的教科書，是文學家愛德華．柯貝特的作品。他始終認為，模擬大師的作品，是建立自己獨特風格的第一步。柯貝特呼籲：**「模仿，你就有可能創造出不一樣的東西！」**雖然英語教學現已較少使用典範，但訓練學生寫作某些學術類型文章的老師，則是又開始使用典範。這種寫作又稱「學科寫作」。在這種情況，模仿範文能減輕認知負荷，對於學習新概念與字彙，同時要寫作連貫論點的學生而言格外重要。學生依照老師提供的典範，就能更深入處理要學習的教材。

北亞利桑那大學化學系教授瑪琳・羅賓森負責的大學部課程，目的在於指導學生「像化學家一樣寫作」。學生必須練習化學領域的四種主要寫作形式——期刊論文、研討會摘要、宣傳簡報，以及研究計畫。學生練習每一種寫作，都要依照「真實範例」的科學格式與語言習慣。這些「真實範例」包括實際的文章、摘要、簡報，以及研究計畫。羅賓森發現，模仿能減輕學生的心智負擔，學生就能將大部分認知能力用於作業的內容。她與英語系教授費德芮卡・史多勒合著的教科書《化學寫作》，獲得了美國各大學選用。

法律寫作的教學也出現類似的趨勢。學生學習不熟悉的寫作類型，同樣必須吸收各種新術語與概念。俄亥俄州立大學法學院教授兼院長蒙特・史密斯指導幾百名法律系一年級生，發現這些聰明用功的學生，似乎既無法吸收法學的基本思維，也無法將這些思維形諸於文字。他越來越難以理解這種現象。他認為自己的教學方式可能超出了學生心智的負荷。學生必須運用全新的字彙，發揮全新的概念，還要用不熟悉的風格，不熟悉的形式寫作，這讓學生的負擔太重，心智資源所剩不多，所以不足以用於學習。

他的解決之道是，在課程一開始，先給學生看幾個法律備忘錄的範本，例如律師所寫的法律備忘錄。學生在一系列的指示與目標性問題導引下，要寫下自己對備忘錄各方面的回應。如此就不必一邊費力摸索備忘錄的形式，一邊還要寫自己的備忘錄。學生按部就班接觸法律文件幾次之後，才開始自行寫作備忘錄。

史密斯發現，模仿範文曾經是法律寫作課程的標準項目。之所以式微，是因為有人擔心學生無法養成獨立思考的能力。但只要參考認知負荷的研究結果，仔細觀察學生真正的學習方式，使用範文的風潮也許就會再起。

* * *

最豐富、最深入，也可能是最好用的典範，當然還是人。但最厲害的專家，往往也最沒有能力傳授自己的知識。經過多年練習，專家的許多知識與技能已經「自動化」，意思是熟練到不須思考也能執行。自動化能提升專家工作的能力與效率，卻也讓專家無法向他人完整說明，自己是**如何**發揮專長。卡內基美隆大學教授，同時也是匹茲堡學習科學中心主任的肯尼斯．柯丁傑估計，專家只能表達出自己所知的大約百分之三十。他的結論是來自下列研究：一項研究請專門治療創傷的外科醫師，說明如何將分流器插入股動脈（大腿最大的血管），結果發現，外科醫師遺漏了將近百分之七十的步驟。針對專業實驗心理學專家的一項研究發現，他們說明自己設計實驗、分析資料的步驟，平均的疏漏與錯誤率達到百分之七十五。一項針對專業電腦程式設計師的研究發現，他們所列舉的電腦程式除錯步驟，比實際做的少了一半。

學術教育與職場訓練制度，主要是以專家教導初學者，但卻往往忽略了專家身分所帶給專家的盲點。在知識工作時代，不只是學習者與初學者必須更認真模仿，教學者與專家也要做更明確的典範。要做到這一點，可以藉由哲學家卡斯登．史都柏（Karsten Stueber）所謂的「重演的同理心」，意思是重現自己身為初學者的經歷，進而理解初學者所遇到的困難。

哈佛商學院企業管理助理教授張庭，找到一個能幫助專業音樂家重演同理心的好辦法。在她的實驗中，一群專業吉他手彈奏吉他，其中半數以平常的方式演奏，另外半數則是將吉他反過來拿，以非慣用手彈奏。接下來，每一位吉他手都要看一段初學者努力彈奏基本和弦的影片，並給這位初學者建議。結果發現，反拿吉他的吉他手，也就是剛才以不熟悉方式吃力彈奏的吉他手，提供的建議特別有用。

但重現自己身為初學者的經驗，並不須要完全回歸初學者的身分。專家可以透過想像，同理初學者，進而改變自己提供資訊的方式。舉個例子：專家有「組集」的習慣，也就是將幾件工作，壓縮成一個心智單位，就能釋放工作記憶的空間。但對於初學者而言，每個步驟都是陌生的，他們也尚未完全理解，所以往往被專家的組集行為弄得一頭霧水。數學老師可能會快速講解長除法的運算，完全不記得，或是不知道自己曾經完全無法理解現在看起來如此顯而易見的流程。數學教育專家約翰・麥頓提出的建議，是將整個過程分解為步驟，然後再次分解，若有必要就分解為**微**步驟。

麥頓現在是數學博士，小時候卻不擅長數學。他之所以有所突破，是告訴自己一次只要前進一小步就好。他現在是非營利教育組織 JUMP Math 的創辦人（ＪＵＭＰ的意思是「尚待發掘的數學神童」），並倡導這種學習方法。教學者將自己的專業分解成易懂的步驟，學習者就能學會一小步，然後再學會一小步，又學會一小步，一路累積扎實的知識，也建立起自信。ＪＵＭＰ的許多學員，包括連學校教的最基本數學概念都不懂的學生，就是運用這種方法獲得好成績。多倫多大學與多倫多的兒童醫院研究團隊，針對ＪＵＭＰ課程進行研究，並於二〇一九年發表了研究結果，證明麥頓的方法確實有效。研究進行至第二年，三年級ＪＵＭＰ學生解題能力已有提升，六年級ＪＵＭＰ學生多項數學能力的進步幅度，包括計算、數學流暢度，以及應用問題解題能力，都高於接受傳統教學的同儕。

相較於初學者，專家還有另一項優勢——知道該注意哪些地方，可以忽略哪些地方。專家遇到與專業相關的情境時，會立刻將注意力集中在最重要的部分，初學者則是浪費時間關注不重要的細節。但研究顯示，經驗豐富的專家若能刻意誇大自己的專業，甚至加以扭曲，將專家會注意到的重要內容「凸顯」給初學者看，初學者會更能理解。

多年前，美國空軍向現為倫敦大學學院高級研究員的心理學家艾提爾．卓爾求教。空軍高層想避免自家軍隊誤擊自家飛機，因此要讓目前受訓的飛行員，能立即辨識各種飛機的外型。卓爾發現，受訓飛行員必須辨識多款飛機，根本記不住那麼多細節。他改變做法，以數位方式重新繪製飛行員研讀的飛機圖，將飛機寬寬的翼展改得更寬，尖角改得更尖，矮短的飛機改得更圓潤。飛機之間的外型差異原本很細微，難以察覺，現在則是清清楚楚呈現在飛行員眼前。飛行員即使看見正常大小的飛機，也能察覺這些差異。

卓爾採用的方法，與心理學家所謂「諷刺漫畫優勢」現象相關。諷刺漫畫優勢的意思是，相較於真人臉龐，人們更容易辨識漫畫的人臉。諷刺漫畫確實會扭曲人物的真實相貌，但卻是以**有系統**的方式扭曲，誇大人物的特點，讓讀者一眼就能認出（例如小布希突出的耳朵，柯林頓的蒜頭鼻，還有已故大法官露絲．貝德．金斯伯格的超大眼鏡）。專家可以利用諷刺漫畫優勢，凸顯出在初學者眼中看來非常相似、很難分辨的一群範例獨特差異。

專家與初學者的第三項差異在於**分類**方式。初學者通常是將自己看見的實體，依照表面特色分類，專家則是依據深層功能分類。亞利桑那州立大學季清華教授進行過一項經典實驗，讓八位專家（大學物理系的高級博士生）與八位初學者（修過一個學期的物理課的大學生）分類二十四個物理問題。一張索引卡記載著一個物理問題，研究對象必須按照自己的判斷分類。兩組研究對象的分類可以說是截然不同。大學生依照表面特質分類問題，也就是問題涉及彈性，或是滑輪，或是斜面。博士生則是依據問題所涉及的物理原則進行分類，像是能量守恆、功能定理、動量守恆。

專家分類法內含的有用資訊遠多於初學者的分類法。那何不將**已經**按照功能分類的資訊，直接呈現給初學者？創辦酒品專賣連鎖店 Best Cellars 的專業侍酒師與企業家約書亞．韋森，就是依據這個概念創設新類型的酒品專賣店。韋森說：「我一再聽到大同小異的問題，這些問題說到底就是『我不清楚所有的細節，要如何搞懂酒的世界？我只想要一款能配披薩的酒，這麼多款酒要如何選擇？』」他發現，在大多數的酒品店，酒是依照葡萄的品種（夏多內、卡本內蘇維濃）或產地（加州、法國）分類。對於不熟悉酒類產品的消費者來說，這種分類法透露的訊息有限。

酒類專家熟悉品種與產地之類的表面特質，但他們是從功能的角度去**思考**酒——芬芳帶有果香的酒，適合搭配辣味食物；濃烈的酒鎮得住豐盛的大餐；歡樂的氣泡酒適合慶祝活動。「芬芳」「濃烈」「氣泡」正好是韋森店內八種分類的其中三種（其他五種是「柔和」「清新」「多汁」「滑順」，以及「甜美」）。將酒品按照這些特質分類，顧客就能立刻按照侍酒師的方式思考。專家按照韋森的示範，也可以向外界分享自己用於整理資訊的分類法。從這些分類法可以看出專家的思考如何運作。專家分享這些分類法，自己也能成為容易為他人所模仿的典範。

一一分解眾多步驟、誇大顯著的特色，以及按照功能分類等等的策略，能開啟黑盒子，讓初學者得以一窺專家已經自動化的知識與技能。運用延伸科技也許更能直接透視專家的大腦。舉個例子，現在已經有人使用眼動追蹤技術，自動追蹤專家的目光在何時落在何地，時間又有多長，進而研究專業的本質。研究也顯示，在各領域，專家觀看的方式與初學者不同。專家比初學者更快、更完整掌握全局，而且會專注在最重要的層面。專家比較不會受到視覺「雜音」干擾，也比初學者更能輕鬆轉換視野，不會被困住。無論哪一種行業，包括外科醫師、飛行員、程式設計師、建築師，甚至高中老師，專家的凝視模式都非常類似，而初學者的凝視模式則各有不同特色。

但專家並不知道自己觀看的方式，無法刻意研究自己的凝視模式。運用眼動追蹤技術，可以掌握專家觀看的方式，進而以微妙的線索，提示初學者該望向何方，讓初學者仿效專家的觀看方式。正如一位研究學者所言，這是一種「經驗作弊」的方式，是一條能繞過漫長觀察與練習的捷徑，能大幅提升學習的效率與成效。

研究人員也正在測試「觸覺」信號的作用。觸覺信號是以特殊的手套或工具刺激身體，將初學者的動作模式塑造成與專家相同。強調大腦思考的教育訓練，幾乎完全透過視覺與聽覺管道傳達訊息，觸覺技術則是直接將指示與回饋送往身體。研究的初步結果顯示，觸覺技術能減輕許多學習者的認知負荷，提升表現，適合學習演奏小提琴的學生，也適合學習腹腔鏡手術的醫學院學生。

這些創新可以說是幾百年來學徒制度教育方式的技術改良版本，也就是工藝大師親手指導的二十一世紀版本。傳統學徒制的契約，往往是學徒付出勞力，換取師傅指導專業的「手藝、藝術，與祕密」，而這門專業可以是木工、鐵工，也可以是造船。在知識工作時代，專業的「祕密」在自動化的遮蓋之下藏得更深。要掀開自動化的簾幕，專家就必須拋棄熟悉的傳統大腦教學方式，轉而在大腦之外思考，在能看見自己認知的地方思考。

第八章
與同儕一起思考

卡爾．威曼很熟悉令人費解的問題。他是史丹福大學物理系教授，在二〇〇一年（與同僚艾瑞克．康乃爾）一起在實驗室製造出一種極端物質狀態，叫做玻色—愛因斯坦凝態，因此獲得諾貝爾獎。但威曼坦言，他在實驗室的本事，並沒有發揮到教室。多年來，他始終無法解決一個看似簡單的問題——如何讓大學生按照**他**的方式理解物理。他向學生形容、解釋，甚至示範物理的核心概念，但都全然無效。無論他將這些概念說明得多清楚、解釋得多賣力，學生的解題能力始終不見起色。

無法「像物理學家一樣思考」其實並非特例，而是普遍的現象。幾十年來的研究發現，接受傳統物理教育，也就是使用課堂教學與教科書的高中生與大學生，通常無法深入學習。威曼與他的學生也是如此。威曼知道如何使用強力雷射光，冷卻並捕捉原子。他從實驗室的經驗中了解到，原子如何在低於零下四百度的超冷溫度互動。他也知道如何讓原子以相同的頻率震盪，也就是瑞典皇家科學院宣布他獲得諾貝爾獎時所說的「原子齊唱」。但他就是不知道如何讓思考不靈光的人變得靈光。

威曼最後是在一個意想不到之處發現了難題的解答。那不是在大學課堂上，而是受到來他實驗室做事的研究生的啟發。威曼發現，他的博士生剛到實驗室的時候，比較像大學生，懂得不少物理知識，但思考習慣狹隘而僵化。但僅僅一兩年以後，這些研究生已經練就威曼積極培養，卻始終無法培養的靈活思考能力。威曼說：「我發現研究實驗室有一種思考過程，是傳統教育過程所嚴重缺乏的。」

他說，促成研究生轉變的主要原因，是圍繞著知識體系的強烈**社會參與**，也就是他們用於互相商量、討論，以及講述趣聞軼事的時間。《美國國家科學院院刊》二〇一九年刊登的一項研究，也呼應了威曼的感受。這項研究追蹤幾百名研究生四年來在科學領域的心智發展，發現提出假說、設計實驗、分析資料這些重要技能的發展，與研究生在實驗室與同儕的合作程度密切相關，與老師給予的指導**無關**。

社會互動似乎是促進智慧思考的重要因素，但威曼發現，傳統大學課堂上似乎完全缺乏這種互動。他以前上課的方式，就是學生坐著聽課，彼此之間並無交談。他開始改變上課方式，要在他的大學課堂上，重現將他實驗室研究生變成一流思想家的「心智歷程」。學生再也不必整整齊齊安靜坐著，而是分成小組，討論威曼所提出的高難度物理問題。學生一邊討論，威曼與幾位助教則在教室四處走動，仔細聽學生是否有錯誤觀念，並提供意見。威曼再次站上講台時，就會揭曉正確答案，說明原因，也解釋其他答案哪裡有問題。他安排學生進行他所謂的「多次簡短小組討論」，再請學生提出自己的判斷，還要接受持有不同意見的同學挑戰。威曼塑造的環境，讓大學生得以練就物理學家的思考方式。

威曼就像越來越多的理工科教授，將這種「主動學習」應用在課程。研究證實，主動學習的學生，能更深入了解教材，測驗成績較高，不及格或休學的機率較低。威曼同時在史丹福大學教育學院與物理系任教，大多數時間都在提倡更有效的科學教學方式。他捐出諾貝爾獎的獎金（「天上掉下來的一筆大錢」），作為改善物理教學之用。他的目標是降低課堂講解在科學教育的比重，轉向較為主動、參與度較高的模式。

威曼努力推廣一個很多人忽視的真理——智慧思考的發展，說到底是一個社會過程。我們當然**有能力**自行思考，有些問題或是工作，也確實需要獨力思考。儘管如此，獨力思考的基礎，是我們一輩子社會互動的經驗。語言學家與認知科學家認為，大腦經常會出現的喋喋不休，是一種內化的對話。大腦演化出跟別人**一起**思考的能力，包括指導別人、跟別人爭論，或是與別人分享故事。人類的思考對於情境格外敏感，而最強而有力的情境之一，是其他人的存在。因此，與其他人一起思考，就會有不同的思考，而且效果往往勝過獨自思考。

舉一個例子：大腦儲存社會訊息的方式，與儲存非社會訊息的方式不同。社會記憶是儲存在大腦的某個區域。此外，我們對於社會訊息的記憶較為正確，這種現象就是心理學家所說的「社會編碼優勢」。這樣的研究結果如果讓你覺得意外，那是因為我們的文化，通常將社會互動排除在智能領域之外。按照這種態度的邏輯，與其他人的社會互動也許很愉快、很有趣，但終究只能分散我們的注意力，所以是只有在念書、工作空檔會做的事情。而認真的思考，**真正**的思考，則是獨自一人、與他人隔絕時候的思考。

科學經常強化這種概念。看過功能性核磁共振造影的影像後就會知道，大腦是灰色的團塊，上面一個個色塊，代表主動參與思考的區塊。功能性核磁共振造影之類的科技應用，是傾向只用大腦思考的**產物**。我們因為有這種傾向，所以將大腦獨自拿來檢視，而不是與其他東西放在一起看，也不覺得有任何奇怪或不尋常之處。功能性核磁共振造影的影像廣為流傳，等於**延續**了這個傾向——掃描影像明確呼應一種觀念，也就是所有值得觀察的東西，全都發生在一個頭顱的範圍裡。科學家想要研究社會互動對於認知的影響，也一再受限於技術問題，直到最近才有所改變。功能性核磁共振造影推出之後的許多年，研究人員幾乎都在研究與外界隔絕，獨自關在核磁共振造影（MRI）機器裡面的個人。因此幾十年來，關於人類思考的神經科學研究，探討的都是獨自思考的人。

現在情況有所不同，隨著新一代用途更靈活的工具出現，越來越多人開始研究認知的社會層面。腦波圖（EEG）與功能性近紅外線光譜（fNIRS）之類的技術，讓科學家得以掃描較多在自然環境中互動的人的大腦。所謂的自然環境互動，包括做交易、玩遊戲，或僅僅是彼此交談。研究人員利用這些工具，找到強而有力的證據，能證明所謂的「互動大腦假說」，也就是一群人在社會互動的時候，大腦所進行的神經過程與認知過程，與同樣的一群人獨自思考或獨自行動時有所不同。

這種研究的一個具代表性例子，是探討大腦如何理解與生產語言的研究。早在十九世紀，就有人發現布洛卡皮質區與威尼克氏區這兩塊大腦灰質，是大腦負責語言的「主要」區塊。這兩塊大腦灰質是以兩位科學家保羅．布洛卡與卡爾．威尼克命名。他們研究腦傷病患（也解剖死亡病患的屍體）時，發現這兩個區塊具有語言相關的功能。兩位科學家的研究結果，在一百年後得到呼應。另一組研究團隊要求研究對象朗讀或聆聽單字，並進行功能性核磁共振造影，結果發現，掃描影像中的布洛卡皮質區與威尼克氏區發亮。但學術界長久以來對於大腦區塊功能的理論，現在也遭到運用新一批工具所進行的新一波研究推翻。

研究人員追蹤並未朗讀或被動聆聽，而是跟別人**說話**的研究對象的大腦活動，發現了在此之前從未發現的第三種與語言相關的神經迴路。功能性近紅外線光譜是一種大腦掃描技術，是以具有彈性的頭帶，包覆研究對象的整個頭部。使用功能性近紅外線光譜的研究證明，這個新發現的中央下區，負責預測並回應每一刻對話所使用的語言。這項發現也呼應了不斷累積的科學證據，再次證明參與即時對話，牽涉到大量敏銳且微妙的認知過程，絕對不是只認得單字就能應付。我們必須預測談話對象會使用的語言，還要臨時想出要回應的語言。

另一組科學家同樣使用功能性近紅外線光譜，比較研究對象與人類玩家玩撲克牌，以及與電腦玩撲克牌在大腦掃描時的差異，得到了類似的結果。研究對象與人類玩家競爭的時候，負責產生「心智理論」，也就是推斷另一人心理狀態的大腦區塊，是處於活躍狀態，與機器鬥智則是處於靜止狀態。可以說，這兩種根本不是「相同的競賽」。與人類玩家鬥智，會激發出截然不同的大腦活動。許多大腦區塊因而啟動，彼此之間的連結也更緊密。從神經學的角度來看，與人類競爭的經驗，比與電腦競爭更為豐富。其他研究也發現，負責規畫與預測的大腦區塊，以及負責同理的大腦區塊，在與人類對決時，會比跟電腦對決時更為活躍。與人類對手較量，尤其是**取勝**的時候，與酬賞相關的大腦區塊，也會受到較為強烈的刺激。

這些研究使用的工具並不顯眼，甚至可以用在嬰幼兒身上。藉此，科學家就能理解兒童在成長過程中，思考會受到社會互動怎樣的影響。腦波圖（ＥＥＧ）是藉由研究對象戴在頭皮上的電極，追蹤並記錄腦波模式。華盛頓大學心理學家派翠西雅·庫爾就在研究中使用腦波圖。庫爾與同僚觀察講英語家庭的九個月大嬰兒，與說西班牙語家庭教師的互動。家庭教師一邊指著玩具，一邊以西班牙語說出玩具的名稱，研究人員計算嬰兒的目光從教師身上，轉移到教師指著的玩具次數。庫爾說，目光的轉移代表兒童發揮社會能力，學習新語言的努力程度。

完成十二堂家教課之後，研究團隊得到嬰兒的第二語言學習神經量測結果，運用腦波圖判斷嬰兒聽見大聲說出的西班牙語，大腦反應會有多強烈。參與社會互動最多的嬰兒，也就是目光經常在家庭教師，以及家庭教師所說的玩具之間轉移的嬰兒，學到西班牙語的跡象也最多，這意味著，聽見西班牙語之後，大腦活動較為活躍。這些神經科學研究結果，與更為大量的心理學與認知科學研究結果相同，全都指向明確的結論——跟其他人**一起**思考，效果**最佳**。

但即使越來越多科學研究證明，社會互動與智慧思考確實有關，我們的社會卻依然困在只用大腦思考的泥沼裡。人們在學校、在職場的活動，仍然將思考當作個人大腦內部在操作抽象符號。我們沒人指導，但必須產出事實（考試、報告）；沒人可以討論，也得提出論點（寫文章，寫備忘錄）；沒人跟我們交流故事，也必須闡述資訊（在知識管理系統輸入資訊），或是吸收資訊（閱讀說明手冊）。

我們為了一群抽象的觀眾，必須不斷思考抽象符號，這種期待其實忽視了我們真正的優勢。人類其實不是特別擅長思考概念，但思考**人**的能力卻是一流。想想實驗心理學廣為運用的「華生選擇作業」推理測驗。華生選擇作業由心理學家彼得．華生於一九六六年推出，看起來十分簡單。其中一個版本是這樣的：「看看這些卡片。每一張的一面有一個母音或子音，另一面則是奇數或偶數。哪一張或哪幾張卡片必須翻面，才能判斷**『卡片的一面如果是母音，另一面就是偶數』**？」卡片總共有四張，第一張寫著「E」，第二張寫著「K」，第三張寫著數字三，第四張寫著數字六。

許多人在華生選擇作業的成績慘不忍睹。多年來，多位學者陸續進行研究，結果卻顯示，只有大約百分之十的研究對象，能正確完成作業。即使將作業題目改換成研究對象較為熟悉的問題，例如乘客該搭乘哪一班地下鐵，才能抵達目的地？研究對象的成績依舊低迷。但只要改變這項作業的某個部分，研究對象的答對率就會激增至百分之七十五。改變了什麼？就是把作業變得**社會化**。

在華生選擇作業的社會化版本，研究對象接到下列指示：「假設你在酒吧工作，規定指出，顧客必須年滿二十一歲，才能點啤酒。四張卡片記載著坐在同一桌客人的資訊。卡片的一面記載著客人點的飲料，另一面則是客人的年齡。你必須將哪一張或哪幾張卡片翻面，才能知道有無違反規定？」原本讓人暈頭轉向的問題，一經調整就簡單多了。

有些演化心理學家認為，華生選擇作業的社會化版本呈現的成績大有進步，因為天擇給予了大腦專屬的「騙子偵測模組」，讓人們具備重要能力，能抓出違反社會規則的人。但研究對象之所以能輕鬆解決社會化版本的華生選擇作業，比較可能是純粹因為這個版本是社會化的，而我們又擅長思考社會關係。

科學家確實認為，人類之所以發展出大型的大腦，是因為要解決社會團體的複雜問題。加州洛杉磯大學心理學家馬修．李伯曼說，每一個存活到現在的人，為了對抗演化壓力，都發展出一種非常強大的專業「社會大腦」。具有李伯曼所謂「超強能力」的社會大腦，在我們的幼年時期開始發展，到了青春期開始高速成長。

＊＊＊

「來，看這張地圖就能搞清楚北岸。」

詹妮斯．伊安一邊說著，一邊將一張紙塞進瞪大了雙眼的凱蒂．荷朗手裡。在二〇〇四年上演的電影《辣妹過招》中，凱蒂（琳賽．蘿涵飾演）是北岸高中的新生。她在學校認識的第一個人，是愛說俏皮話的詹妮斯（由麗茲．凱普蘭飾演）。詹妮斯自告奮勇要帶領凱蒂熟悉地面，她那張詳細的餐廳圖，就是理想的嚮導。

詹妮斯戳了戳凱蒂手上的地圖說道：「妳在餐廳的座位很重要，因為**大家**都在餐廳。」攝影鏡頭拍攝聚集在餐廳桌邊的幾群人，詹妮斯一一介紹，把不甚政治正確的標籤，貼在各團體身上：「這些是新生……預官訓練營的……預備班的……校隊二軍……亞洲的書呆子……很酷的亞洲人……校隊高手……壞心眼的黑人辣妹……看心情吃飯的女生……**什麼都不吃**的女生……想出名想瘋了的人……累到爆的人……夜夜笙歌的樂團玩家。」說到最後，詹妮斯語帶嘲諷地介紹一群精心打扮的女生，也就是她口中的「整形人」。她說：「**小心那些整形人。**」

幾乎每一位青少年，心裡都有一張類似的圖表，只不過詹妮斯是直接寫在紙上。十幾歲的年輕人可能不記得如何計算分數的平方根，也不記得化學元素周期表的每一個元素，但卻能輕而易舉地分析自己就讀高中的複雜社會階層。打從青春期一開始，年輕人就迫切想要與同儕建立關係，在同儕之中擁有一席之地，因此需要強烈關注同儕之間的複雜關係。他們無法克制自己——十幾歲的年輕人大腦內部結構變化與激素變化，硬是拉著他們走向社會圈。

在青春期，十幾歲年輕人的大腦，對於社會線索與情緒線索較為敏感。舉例來說，他們的大腦對於臉龐的照片反應，會比兒童或成人的大腦更強烈。十幾歲年輕人的大腦對於酬賞也較為敏感，因為進入青春期之後，製造多巴胺（一種讓心情愉快的化學物質）的神經迴路變得更為活躍。對十幾歲的年輕人來說，最甜美的酬賞，就是得到同儕的接受與喜愛。十幾歲年輕人的社會大腦，為了在他們相當重視，且頗為複雜的全新人際生態系統找到方向，似乎必須一直「開啟」。加州洛杉磯大學的馬修・李伯曼說：「大腦真正想做的，尤其是在青春期，是探索社交圈，成為社交圈的主宰。」

但我們偏偏告訴青春期的年輕人，到了學校要**關閉**社會大腦，專心學習毫無社會意義或社會脈絡的抽象資訊。老師、父母，以及其他成人認為，社交生活會害年輕人分心，忽視眼前真正重要的事情，因此他們積極爭取學生的注意力與精力。結果可想而知——無聊、分心、抽離，甚至情緒大爆發。我們當然也不能放任年輕人整天經營社交生活，但**可以**引導他們將迅速發展的社交能力，用於學習他們必須學習的教材。怎麼做？有個有效的辦法——安排他們參與以學術內容為重心的高度社會關係，也就是安排他們**教導別人**。

眾所皆知，十幾歲年輕人對於學校有著矛盾心理，指望他們充當老師的角色似乎不太可行。但這就是事實，人類並不是天生就在乎畢氏定理與一八一二年戰爭，但**確實**天生就懂得教導別人我們種族的重要奧祕（例如在學校餐廳或學生交誼廳大量上演的青少年社會規範非正式「課程」）。人類天生就能扮演老師的角色。我們天生就會指導他人，也會向他人學習。從幾十萬年的考古紀錄，即可發現教學活動的證據。從世界各地的人類文化，包括現在仍然過著類似我們遠祖的狩獵採集生活部落，都能看見教學活動。

現代人也同樣展現出了「教學本能」。我們在日常生活的互動中，常常會在無意間提供線索給他人，例如目光接觸、語氣變化，展現出指導他人的意願。我們的社會夥伴接收到這些線索，也更能接受我們要傳達的資訊。這種線索的傳達，從我們出生就開始——新生兒的父母立刻對著寶寶說「父母語」，也就是一種尖銳、慢速、誇張的說話方式。研究發現，嬰幼兒聽「父母語」，比聽尋常的言語來得更能學習新單字。用不了多久，兒童自己也開始扮演人師。研究發現，僅僅三歲半的幼兒，就已經出現教學行為。

在人們一生當中，與他人交流會引導我們吸收新資訊，但必須親身與真人交流，才能經歷這種反射的調整。耶魯大學的研究團隊運用功能性近紅外線光譜大腦掃描技術進行研究，發現成年人互相直視眼睛時，社會大腦的某個區塊會啟動；而凝視著影片中其他人的眼睛時，同樣的區塊並不會啟動。主持這項研究的耶魯大學神經科學家喬伊．赫許說：「目光接觸開啟了兩人之間知覺系統的大門，資訊得以流通。」另一個「開啟大門」，也就是啟動學習過程的因素，是**應變**溝通，意思是，兩個人進行社會交流，其中一人說的話，是直接回應另一人說的話。少了應變溝通，可能完全無法學習。有一個特別明顯的例子：不到兩歲半的幼兒，能從成人的回應學到新單字與新動作，但觀看螢幕上預先錄製的說明，卻幾乎完全學不到東西，研究人員將這種現象稱為「影片缺失」。

人類從其他（活生生的）人類學習的效果最好。也許更令人意外的是，人類**教導**別人時，自己往往比教導對象能學到更多東西。看看這個研究結果——長子或長女的智商分數，平均比弟弟妹妹高出二．三分。研究人員排除了幾種可能原因，例如營養較好，或是父母給予不同的照顧，最後發現，長子女的智商分數之所以較高，是因為家庭生活的一項簡單事實——哥哥姐姐會教導弟弟妹妹。在家庭之外，實驗室研究與真實世界的個案陸續證實，安排學生指導同儕，對於雙方都有好處，尤其對教的一方更有好處。教導別人為什麼自己也能學到東西？答案是，教導是一種非常社會化的行為，會啟動一連串強大的認知過程、注意過程，以及激勵過程，能改變教導者的思考方式。

即使在教學開始之前，其中一個過程就已經開始運作——學生為了教導別人，自己預先研讀資訊，會比為了準備考試而研讀相同資訊的學生，研讀得更為密集，大腦也會更徹底整理資訊。對於像我們這樣的社會動物，參與人際互動儘管可能受人仰慕，也有可能尷尬，但激勵程度遠高於一個人默默在測驗中寫出答案。同樣的道理，與他人進行社會互動時，自己的生理狀況也會改變，學習效果會更佳。在振奮的精神狀態中，思想會更為敏捷，注意力與記憶力也會增強。自行研讀的學生，無法經歷這種生理激起的提升，因此容易覺得無聊，或是分心，只好打開音樂，或是開啟 Instagram，補充自己缺少的人類情緒與社會刺激。

在教學過程中，教學者會學到更多。教學者解說學術內容，就必須將自己可能沒弄清楚的細節，向學習者說明清楚，同時也會看見自己在知識與理解上的缺失。教學者向學習者說明主題最重要的部分，並解說這些部分的關連時，自己也會進行更深層的心智處理。教學者探討學習者的問題，自己也提出問題，也必須對教材採取「後設認知」的立場，有意識地留意學習者知道的東西，還有自己也知道的東西。研究人員發現，學生通常具備理解困難學術內容所需的心智工具，但自己念書的時候卻不拿來運用。但學生一旦扮演老師的角色，就必須運用這些工具，也得以享有先前未曾享有的學習效果。

老師的角色其實強大到即使「學生」不存在，也照樣能發揮某些認知效應。荷蘭烏特勒支大學教育學助理教授文森·胡格海德先後進行幾項研究，研究對象必須面對攝影機，對著想像的觀眾解說學術內容。研究對象自行研讀教材，再錄製一段簡短的課程影片（例如計算或然率，或是直言三段論推理等等）。現場沒有學生，也沒有師生互動，但胡格海德發現，老師透過影片教學，對自己的學習也有幫助，測驗成績有所進步，也更有能力將學到的資訊「轉移」到新的情境。研究對象參考同樣的教材，寫出教學內容給想像的學生看，並不會得到同樣的效益。胡格海德認為，對著攝影機教學，具有一種逼真的「社會臨場感」，覺得自己的教學確實有人看、有人聽。他說，教學者對著攝影機解說，自身的生理激起也會顯著增加，記憶力、注意力，以及敏捷度也會隨之提升。

不過，最理想的狀況，仍然是師生之間的面對面互動，這麼做，能收穫的效益不只是學術成績而已。許多真實世界的同儕教學計畫，例如非營利計畫 Valued Youth Partnership 已經證明，教學行為有助於提升學生的認同與自我形象。一般可能認為，最傑出的學生才有資格當老師，但 Valued Youth 卻是反其道而行，刻意募集成績不佳的學生，安排他們指導小朋友。從這項計畫的評估結果可以看出，參與教學的學生成績較佳，上學的出席率較為穩定，長期註冊率也高於實力相近，卻沒有參與教學的學生。之所以會有這種結果，或多或少是因為心理學家所謂的「助益作用」，意思是，認為自己的行為對另一人有益。能親眼看見自己努力的成果，會特別有成就感。研究顯示，老師若能親眼看見自己的學生回答與上課內容相關的問題，自己也能學到更多，得到更多激勵。

扮演指導他人的老師，自己也更能融入學術界或職場。加州爾灣大學醫學院推出 Summer Premed Program，召集一群非裔美籍與拉丁裔醫學生，指導少數族群大學生。這些大學生再去指導爾灣絕大多數非裔與拉丁裔的公立高中學生。這項方案於二〇一〇年推出，結果證實，三組學生的自信與激勵程度，均有所提升。

這種「層疊式師徒關係」模式，也就是指導他人，自己也得到指導，在包括職場在內的許多環境中，都能展現良好成效。學生指導同學，自己也能受益，專業人士指導同僚也是如此。布魯克林學院企業管理的邱姓助理教授（音譯：Holly Chiu）在二〇一八年發表的一項研究表示，員工與同事分享與工作相關的知識，也能擴展自己的專業。她表示，這些員工「按部就班吸收知識，檢視知識，理解知識，整合知識，呈現知識」，既能擴展自己知識的深度與廣度，工作表現也更受到主管肯定。

社會互動並非輕佻之舉，而是思考活動的重要補強，也是啟動某些性向與能力的唯一途徑。但只以大腦思考的模式，無論資訊是在何處取得，我們都會習慣將資訊一視同仁，因此思考的社會元素，往往被犧牲以換取效率與便利。科技在教育與職場上的應用，更是強化了這種傾向。學生必須觀看可汗學院的影片，學習數學運算，員工也必須學會使用線上資源。但科技也能用於另一種方式——促進頗能擴展心智能力的、人與人之間的社會交流。

我們可以舉非營利教育組織 PowerMyLearning 開發的工具 Family Playlists 為例。學生在學校學到新的概念後，將這個概念帶回家告訴爸媽、親戚或照顧者。學生使用 Family Playlists，可以透過簡訊將一個連結傳送給「家人」。家人點選連結就會開啟一個網頁，內容是他們要參與的「合作學習活動」。家人也可以使用這個平台，告訴子女的老師，子女對於課程的理解程度與教學能力。全美各地已有超過一百間學校使用 PowerMyLearning 的 Family Playlists。PowerMyLearning 執行長伊莉莎白．史達克表示，內部研究發現，學生使用這項工具後，數學成績進步的幅度，相當於額外學習四個月。她說，更重要的是，老師也表示，自己與學生家人的關係變得更好，學生對於學習也更為投入、更有熱情。

教學是一種社會互動模式，可以特別利用其來促進智慧思考。還有另一種社會互動也有妙用，就像人類的本能一樣自然，那就是辯論。

***

這項研究的設計邪惡得很。

研究對象首先必須解決一連串的邏輯問題：「一家農產品店販售各種蔬菜水果，有些是有機的，有些則不是。這家店賣的蘋果並非有機。關於這家店的商品，下列敘述何者為真？並請說明理由。（一）所有水果都是有機。（二）所有水果均非有機。（三）有些水果是有機。（四）有些水果並非有機。（五）我們無法確定店裡賣的水果是否為有機。」研究對象解決邏輯問題之後，必須評估**其他**研究對象的答案，判斷其他人說出的理由是否成立。

問題在於，第二輪出現的答案當中，有一個並**不是**別人提供的答案，而是研究對象自己在第一輪給出的答案。有些研究對象記得自己的答案，但也有很多研究對象並不記得。接下來發生的事情很精采。以為自己看的是別人答案的研究對象當中，超過半數將其實是自己提出的答案判斷為**不成立**！他們自己如果一開始就給出不符邏輯的答案，到了第二輪就特別有可能推翻自己的答案。換句話說，他們分析（誤以為是）別人的論點，比分析自己的論點更認真，而且因為認真分析，所以判斷較為正確。

這項研究的設計如此狡詐，背後有其原因。胡戈・梅希爾是位於巴黎法國國家科學研究中心的認知科學家。他與他的共同作者揭露了人類這種奇特推理背後的祕辛。我們已經知道，人們在邏輯思考的表現往往不理想。大家是否還記得，標準版（非社會化）的華生選擇作業，只有不到百分之十的人正確完成？其他標準化推理測驗的成績，例如「思考能力評估測驗」以及「認知反思測驗」也同樣平平。即使是教育程度較高，受過論證與辯論訓練的人，成績照樣不理想。

有一整個學術領域專門研究妨礙理性思考的認知偏誤及其他心智扭曲。例如許多研究已經證實，我們有驗證性偏誤的問題，意思是我們會選擇性尋求與先前思想相符的證據，而且會選擇性相信這些證據。驗證性偏誤也是彼得・華生首創，後來由心理學家丹尼爾・康納曼深入研究。他在二〇一一年的著作《快思慢想》表示：「科學家認為，測試假說最好的方法，就是想辦法推翻假說，但人們（常常還包括科學家在內）卻往往去尋求與自己現在抱持觀念相符的資料。」他感嘆地說，人類的大腦「是一台武斷的機器」。

但為何會這樣？地球上最有智慧的生物，為何會被這些與生俱來的心智缺陷困住？胡戈・梅希爾說，康納曼以及其他研究認知偏誤的學者，對於這個問題並沒有確切的答案。他們似乎將人類的推理能力，當成一種「有瑕疵的超強能力」，既有強大的能力，卻又不知為何很容易崩潰。在這些心理學家看來，大腦推理能力的這些小毛病是與生俱來、無可避免的。他們認為，我們頂多只能時時察覺冒出來的偏誤，努力改正。

梅希爾並不認同。他與法國國家科學研究中心的另一位認知科學家丹・史普柏一起提出另一種截然不同的理論，對於推理能力的瑕疵有不一樣的解釋，也提出不一樣的解決之道。他們說，人們並不是天生就懂得解決棘手的邏輯問題，所以即使知道人們不擅長解決邏輯問題，也不應該驚訝，因為這就好比知道人們不擅長在水中呼吸一樣。人們天生就**會做**的事情，是說服他人接受自己的觀點，也防止自己受到他人誤導。換句話說，推理是一種社會活動，也應該當成社會活動執行。

梅希爾與史普柏在二〇一七年的著作《推理之謎》提出了一個假設，合理解釋人類思考一個非常令人困惑的層面——人類有能力嚴格評估論點是否正確，卻往往無法評估自己的論點是否正確。梅希爾與史普柏所提出的「推理的論證理論」，就提到這兩種傾向。人們有很強烈的動機，去仔細檢視別人的論點，畢竟別人可能是為了自己的利益，存心利用我們，但我們很少有檢視自己論點的誘因。畢竟我們完全相信自己的論點滴水不漏，只會讓別人更容易相信我們。而且我們本就不需要花費太多精力，去剖析自己的論點，只要能將這件事情，交給跟我們辯論的另一方就好。

論證理論也明確指出，推理能力在怎樣的環境下會發揮得最好，例如將推理能力運用在推理能力發展環境以外的情境，其缺陷會最為明顯。這種情境是非常明顯的**社會化**。若只是自己一個人用大腦推理，就很容易出現驗證性偏誤，會全力證明自己的觀點正確，在過程中愚弄了自己。在只用大腦思考的文化中，獨自思考當然是最常見的思考方式，但結果不理想也是可想而知。梅希爾與史普柏主張採用另一種方法——**一起爭論**，以一起達成接近真理的結論為目的。

布萊德．博德與經常合作的搭檔約翰．沃克把一起爭論變成一種藝術。博德是皮克斯動畫電影《料理鼠王》與《超人特攻隊》的導演，曾獲奧斯卡獎。沃克是負責包括這兩部電影在內的製作人。博格坦承，他們兩人是「出了名的會公開吵架」，「因為他要的是做完，我要的是做完還要盡量做好。」他們在《超人特攻隊》製作期間的幾次爭論堪稱史詩，甚至載入電影DVD附帶的花絮。在鏡頭捕捉到的一個畫面中，沃克吼道：「你聽我說，我只是想把事情做好。」博德吼了回來：「我**本來**就是要把事情做好！」

電影上映之後，博德接受採訪，表示他需要沃克反駁自己的想法。他提起他的製作人時說道：「我不要他告訴我：『布萊德，你要怎樣就怎樣』……我喜歡跟約翰合作，因為他會直接告訴我壞消息。最後他跟我都是贏家。你到皮克斯打聽打聽，就會知道我們倆是出了名的有效率。我們拍電影都是花大錢，但花了錢能看到效果，因為我們不怕公開起衝突。」

訪問博德的史丹福大學商學院教授羅伯特．薩頓，說博德「積極實踐創造性的衝突」。他說，博德所用的方法是正確的：「許多研究顯示，人與人之間即使在思想方面起了衝突，只要還能互相尊重，就會更有創造力與生產力。」確實陸續有研究發現，爭論的方式只要正確，就有助於深化學習，正確決策，催生更創新的解決方案（更不用說還能拍出更好的電影）。

爭論為何有助於思考？梅希爾與史普柏認為，積極投入辯論，就必須評估他人的論點，而不是只建構（並倡導）自己的論點。這種客觀的分析不會受到基於私利的驗證性偏誤蒙蔽，還能將人類高低不一的智商發揮到極致。但衝突之所以能提升認知，還有其他原因，同樣也與根深柢固的人性有關。

舉個例子，衝突難免會攻占注意力，也會刺激人們學習更多東西，這是很簡單的事實。我們看的小說或是電影，若是在開局沒出現衝突，我們大概就不看了，無論這個衝突是果敢英雄逆流而上、一對被命運捉弄而不得不分離的戀人，或是一場或有可能避免的災難。衝突固有的戲劇性，是吸引人們一直看下去的原因。但我們卻指望學生與員工留意毫無衝突的資訊，直接拿來當成已經成立的論述或共識。明尼蘇達大學心理學家大衛·強森說，其實幾乎每一個主題，都能呈現出正反兩面的觀點，也應該要呈現出來。他寫道：「一般的教學原則，是老師若無法在課堂一開始的幾分鐘內營造思考的衝突，學生就不會認真聽課。」強森幾十年來都在研究他所謂的「建設性爭議」的用處。「建設性爭議」就是以客觀的態度，探索分歧的思想與觀念。強森的研究發現，參與思想爭論的學生，會向圖書館借閱更多書籍，也會閱讀更多課堂教材，還會更積極向內行人士求教。衝突會創造不確定性，誰是錯的？誰是對的？人們遇到這種不明確的難題時，就越想得到更多確切的事實，揭曉謎底。

思想的衝突也能製造心理學家所謂的「負責效應」。學生知道自己往後要將教材內容傳授給其他人，就會更認真準備。同樣的道理，我們知道往後必須捍衛自己的觀點，而不是僅需寫出自己的觀點，就會提出更強大的觀點，還會以更多更好的證據佐證。辯論一旦開始，還能以另一種方式提升思考——辯論能將思想立場有效分配給辯論各方，進而減輕認知負荷。一個人獨自推理時，必須將自己思考的每一種主張的細節，全都記在腦子裡。但若是與其他人辯論，就能將這項責任分配給參與辯論的各方，每個人代表一種觀點。自己就不必在大腦上演辯論，也可騰出更多心智資源，評估各種論點的長處。

任何一個做父母的都知道，爭論的能力在人生初期就已出現。僅僅兩、三歲的幼兒，在發現自己與父母或兄弟姊妹意見相左時，就已經能為自己辯解，建構論點。研究論證思考發展的芝加哥大學心理學家南希．史坦恩說：「兒童累積越來越多的語言能力、認知技巧，以及關於規則與權利的社會知識」，就越來越懂得維護自己的觀點。評估**其他人**的論點，也就是分辨論點強弱的能力，也是在幼年初期出現。

梅希爾說，我們「生來就懂得爭論」。我們也能刻意運用這種天生的能力，改正錯誤，釐清思想，做出更理想的決策。關鍵在於，爭論的目的不應是不惜一切代價取勝，而是努力提出主張，評估反面意見，進而獲取真理。盡全力提倡自己主張的同時，也接受反面的意見；認真評論對方立場的同時，也願意接受對方立場的可取之處，就能將爭論的效用發揮到極致。史丹福大學商學院教授羅伯特．薩頓說，我們應該「謙和地持有有力的意見」。他說，換句話說就是「要將自己的論點當成真理辯護，聽取他人的意見時，則應該拿出彷彿自己立場有誤的態度」。

社會互動還能以另一種方式提升思考，這種方式是以聽與說為重心，亦即故事的交流。

⁂
⁂
⁂

二〇一二年的一項教學方法研究，所有參與其中的七年級與八年級學生，都在學習放射性元素的科學，但學習方式截然不同。一組學生拿到的是像教科書一樣令人昏昏欲睡的書面資料，上面寫道：「元素是個別的物質，元素與元素之間的結合，形成了我們周遭的一切。我們在世界上看見與使用的大多數東西，例如空氣與水，並不是由單一元素組成。舉例來說，用來烹調的鹽，是由鈉與氯兩種不同的元素組成……」接著又是一堆沉悶的解說，又寫道：「目前已知地球含有九十二種天然元素。」

第二組學生研讀相同的教材，但有個地方不太一樣。他們接觸到的教材版本是這樣的：「科學家在一八〇〇年代末，已經知道這些元素當中的大多數，但還有一些仍未發現。這個時候，居住在法國的波蘭化學家瑪莉．居禮與她的先生，也就是同為化學家的法國人皮耶爾，正在發掘地球所有的自然元素。這項研究非常不易，但夫妻倆很喜歡解開元素的謎團。有一天，另一位科學家亨利．貝克勒向夫妻倆介紹一種特殊的岩石，叫做瀝青鈾礦。亨利將這一塊瀝青鈾礦放在暗室，瑪莉看見瀝青鈾礦發出了淡藍色的光芒。」

第二個版本的教材繼續說道：「亨利說，瀝青鈾礦含有很多一種叫鈾的元素。他認為光芒就是來自鈾。瑪莉與皮耶爾確實沒看過這麼奇怪的岩石，所以他們想盡可能研究這個神祕的淡藍色光芒，也想知道光芒是否與鈾有關。」第二組學生接著發現，瑪莉與皮耶爾將瀝青鈾礦弄碎，以不同溫度燃燒，又加入不同的酸，看看會有怎樣的效應。學生也得知，瀝青鈾礦含有的鈾會釋放高能粒子，也就是具有兩位科學家所說的「放射性」。學生還發現，「皮耶爾與瑪莉摩拳擦掌，希望發現全新的元素，卻也發現自己漸漸覺得累，身體不舒服」，這是輻射中毒的跡象。

加州聖塔芭芭拉大學教育學助理教授黛安娜．艾利亞負責主持這項研究，她想知道，不同的資訊呈現方式，是否會創造不同的學習效果。研究證實，果然有影響。學生接觸到的教材，若是以**故事**的方式呈現，學生的理解會更透澈，記憶會更正確，尤其是這個故事能說明人類的哪些動機與選擇，造就了現在大家所熟悉的知識。艾利亞說，第二個版本的教材並不是刻意營造成充滿戲劇性的敘事，而是傳統教材缺乏「起初帶動整個發現的重要感與懸疑感」。

問題是，學生在學校接觸到的大多數資訊，還有員工在職場接觸到的大多數資訊，都是這種缺乏人類故事與人類感情的傳統教材。這種其他教育心理學家稱為的「去除個性」的教學方法，無法發揮敘事的獨特力量。認知科學家認為，故事具有「心理學的優先地位」，意思是大腦會特別處理。相較於其他形式的資訊，人們更**專注**於故事，更能**理解**故事，也更能正確**記憶**故事。研究發現，對於故事資訊的記憶，比對於說明資訊的記憶，多出高達百分之五十。

故事為何會對人們有這些影響？一個原因是故事能以適合認知的方式分享資訊。人類的大腦生來就會尋找能證明因果關係的證據——**這個**之所以發生，是因為**那個**。故事本身的重點就是因果關係，事件一引發了事件二，事件二又導致事件三等等。講者所說的故事，第一部分倘若與第二部分無關，那聽者抱怨這個所謂的「故事」沒道理，也是情有可原。而且故事並不會呈現所有細節。說故事的人要是費心費神去串連每一個敘事的點，那就不能怪聽者又要抱怨：「**好了，我們懂了！**」高明的說故事技巧是只說高潮，由聽者自行推斷因果關係，讓故事的意義變得完整。要完成這種推論，需要花費一些心智能力，但不必太多，所以聽故事與思考故事才會是一種享受。但正因為我們**確實**需要思考故事，才能理解內容，大腦就必須記住一連串的情節，將開頭、中段及結尾串連在一起，所以相較於不需要這種認知處理過程的資訊，反而更容易記住故事。

故事對我們的影響，之所以更甚於非敘事性的資訊，還有另一個原因——在聽故事的同時，大腦也會經歷故事的情節，彷彿我們親身經歷般。大腦掃描研究發現，聽見故事中人物誇張地展現情感時，大腦掌管情緒的區塊會變得活躍；聽見故事中的人物大肆行動時，大腦掌管運動的區域會變得活躍。我們甚至會記得故事中人物記得的內容，忘記他們忘記的東西。研究人員基於這些證據，認為人們是藉由在大腦中模擬故事，進而理解故事。所謂的故事，就是人類行動者進行看得見的行動，因此我們會在大腦上演故事情節，而看見一組事實或指示時，大腦並不會上演這種想像中的電影。這種模擬有點像是透過代理進行練習，從故事中得知的經驗，並沒有真正發生在身上，但因為一邊聽故事，一邊在大腦進行彩排，等到真的遇到這些事情，就能更有準備。

克里斯多福・邁爾斯在一項不尋常的學術研究中，親眼見證了這種現象。他是約翰霍普金斯大學凱瑞商學院的管理學助理教授，為了觀察醫療護送團隊工作，累積了不少空中飛行時數。護理師與急救護理人員會先搭乘直升機到意外現場或小型社區醫院接取病患，然後送往大型機構進行進一步醫療。運送過程中，醫護人員必須處理五花八門的傷病。沒有一個醫療護送團隊的成員，敢說自己處理過團隊遇到的每一種傷病，因此必須依賴其他團隊成員累積的專業。邁爾斯發現，專業多半是透過敘述分享。

他幾個月來搭著直升機觀察，發現飛機上護理師的知識，多半並非來自正式訓練，亦非來自指南或手冊，而是來自任務間隔休息時間中所聽見的故事。一位護理師對邁爾斯說：「我不想看看書上介紹的毒性休克症候群。跟我說說你們剛剛載的病患。他的症狀是什麼？症狀是什麼樣子？你們怎麼處理？我們有標準作業程序，但你們需不需要添加程序裡沒有的東西？為什麼要這麼做？有用嗎？」團隊成員會定期分享自己的故事，例如操作直升機上設備所遇到的技術問題，在各醫院接管病患所遇到的人際問題，當然也包括他們親手做過，或是目睹過的醫療行為。

舉例來說，有個故事是有位女士在婚禮中，從陽台摔下來，被婚禮歌手的麥克風架刺傷。團隊的一名護理師，聽過醫療護送團隊如何治療這位女士的故事，幾年後，輪到她自己的團隊去醫治一名被自己單車手把刺穿軀幹的單車騎士。護理師跟邁爾斯說起這名受傷的單車騎士時說：「我從來沒看過這樣的傷勢，但我聽過麥克風架的故事，所以我們到現場的時候，馬上就想到該怎麼做，就像是『嗯，他們當初是這樣做的，所以這樣開始準沒錯。』」

正如邁爾斯所言，各行各業都越來越需要這種替代學習。無論在什麼時候，都有可能發生各式各樣的意外，任何人都不可能全都親手處理過。專業人員遇到不熟悉的情況，也許沒時間翻閱程序手冊，甚至沒時間上網找答案。嘗試錯誤法不僅太耗時，也太危險。但專業人員若是平常有與同事交流故事的習慣，就有深厚的替代經驗可以參考。邁爾斯研究的醫療護送團隊，每年要執行超過一千六百趟飛行任務。每一位護理師的出勤次數只占很小的比例，大概兩百次左右。一位護理師對邁爾斯說，聽同事分享的故事，「等於一年多出一千四百次我沒有親身參與的經驗。對於其他病患的案例了解得越多，就越知道該怎麼照顧下一位病患」。

在與他人溝通的過程中，敘事會以有組織的方式出現。領導者與管理者的角色，就是促進員工自然參與說故事，去除會妨礙自然參與說故事的因素。企業高層能提供的兩項最重要資源是**時間**與**空間**。邁爾斯研究醫療護送團隊的護理師發現，在值班時間的高峰，護理師之間通常不會分享故事。他訪問的一位護理師對他說：「要忙的事情太多，所以沒辦法『嘿，聽我說個故事』，也沒辦法『發生了這件事，然後又是這件事……』大家坐在一起，分享戰鬥經驗，感覺像是比較休閒的事情。」

有些主管可能不太認同這種「坐在一起」，但研究證實，將時間花在這上面非常划算。例如一項研究發現，犧牲百分之一的效率，作為「員工隨意互動」的時間，長期的整體績效就會成長三倍。乍看之下，員工的隨意互動彷彿只是閒聊八卦。珊蒂・潘特蘭是計算科學家，也是麻省理工學院教授。她曾進行多項研究，證明職場互動確實有益。她說：「什麼是八卦？八卦就是發生過的事情，還有你做出的反應。」邁爾斯也說：「我們思考健全的企業該做哪些事，員工必須知道規則，知道事情該怎麼做，所以一定要聽故事。」

這種互動發生的地點也很重要。以邁爾斯研究的醫療護送團隊而言，特地設置的說故事地點，是直升機停機坪門附近、補給室外面，一處十英尺乘以十五英尺的地方。長時間下來，這個不起眼的地方，就成為交換工作相關故事的非正式地點。這個地方的非正式性，既是一種吸引力，也是一種價值。邁爾斯說，醫療護送隊的護理師另外還有一個較正式的場合可以分享故事，也就是由醫師監督的每周會議——「大巡迴」。邁爾斯說，這些會議中分享的病患個案，比補給室外面分享的故事更為「乾淨」，意思是較為簡明扼要。但護理師潤飾敘事的結果，就是往往忽略了同事將來遇到類似情形，可用來參考的最重要細節。

這些重要的細節，就是心理學家所謂的「默會知識」——事情在何時、何種情況、如何做的資訊。員工在較正式的會議與訓練中所接觸到的去個人化資訊，通常缺乏默會知識。許多企業斥資建構的「知識管理系統」也都有這個問題——這些系統產生的資訊缺乏情境脈絡，少了細節，因此幾乎可說是無用。邁爾斯說：「員工在職場學習所獲得勝任工作所需的知識，通常不是線上資料庫或知識管理系統通常提供的正式資訊。成功的關鍵往往在於掌握企業的默會知識，也就是那些難以捕捉，難以明言，通常很微妙的複雜解釋性知識。」

這一類資料庫並不實用，邁爾斯也因此想起他所進行的另一場訪問，訪問的對象是一家大型科技公司的專業人士。這家企業斥資數百萬美元，打造複雜的知識管理系統，打算將裝在員工大腦裡面的專業，納入系統之中。這名員工對邁爾斯說：「我一直都在使用知識管理系統。」「只是使用的方式並不符合公司高層的原意：「我只是捲動到資料的最下方，看看是誰寫的，再打電話給他們。」這個人要的是具有豐富情境脈絡的資訊，充滿細節與細微差別的資訊。簡言之，他要的是故事。

第九章
與團體一起思考

美國海軍帛琉號結束為期幾天在加州外海的軍事操練後回到了基地。這艘大到足以運送二十五架直升機的航空母艦，疾駛進入聖地牙哥港。在飛行甲板上方兩層的駕駛台上，操舵室裡面的氣氛很愉快。艦上的人員很快就能下船到岸上享樂。大家開始聊起那天晚上要到哪裡用餐。這時，對講機突然傳來艦上輪機員的聲音。

輪機員吼道：「駕駛台，這裡是主控室。蒸汽鼓壓力一直在降。找不到原因。我要關閉油門。」

一名艦上航海官轄下的初級軍官立刻跑向對講機，說道：「是，關閉油門。」航海官轉向坐在操舵室左側的艦長複述一遍：「艦長，輪機員那裡的鍋爐流失蒸汽，原因不明。」

在場所有人都知道情況緊急。汽壓降低等於全艦動力流失。這起意外的影響很快就顯現了出來。輪機員報告才過了四十秒，蒸汽鼓已經歸零，蒸汽發動的系統全數停擺。尖銳的警報響了幾秒後，一陣詭異的寧靜席捲整個駕駛台，因為雷達的電動機與其他裝置運轉速度越來越慢，終至停擺。

但失去電力並不是這場危機的唯一問題。沒有蒸汽就代表無法減慢航行的速度。航行的速度太快，就無法拋錨。降低動力的唯一方法，是倒轉螺旋槳，問題是，螺旋槳當然也是由蒸汽發動。最嚴重的是，蒸汽流失導致艦上的人員無法**駕駛**軍艦，眾人立刻就面臨危機。航海官焦急望著船頭，叫舵手將舵向右轉十度。舵手照做，卻沒有作用。

舵手大叫：「長官，我沒辦法掌舵！」

舵確實有一個手動備用系統，兩位船員在船尾的艙房，使出洪荒之力想轉動動也不動的舵，哪怕只有一公分也好。航海官仍在望著船頭，他低聲說：「轉啊，他媽的，轉啊！」但一萬七千噸的航空母艦，仍然朝著擁擠的聖地牙哥港前進，嚴重偏離原本規畫的航線。

埃德溫．哈欽斯親眼目睹這一切。他是位於聖地牙哥海軍人員研發中心的心理學家，當時以觀察員的身分，在帛琉號進行研究，他一邊做筆記，一邊錄下對話。現在帛琉號陷入危機，按照船員的行話是「事故」，哈欽斯正好也捲入其中。

哈欽斯從操舵室的一角望著艦長。他發現艦長很冷靜，彷彿眼前的一切再正常不過。但哈欽斯知道，「這種情況絕不正常」——「偶爾發出的爆裂聲、低聲咒罵，現在明明是涼爽的春季午後，卻有人脫掉外套，露出裡面汗濕的上衣，在在顯示眼前的真相。帛琉號已經失控，好多人的前途，甚至是生命，已是危在旦夕。」

哈欽斯運用在艦上的時間，研究他所謂的「社會分配認知」現象，也就是用他人的大腦思考。他後來寫道，他的目的是「將分析的認知單位界線，移到個人的身體之外，並將航海團隊視為一個認知與計算系統」。他說，這種系統「本身可能具有很有意思的認知性質」。帛琉號的人員面臨個人難以解決的困境，整體的社會分配認知即將遭到考驗。

蒸汽機故障引發的問題之一，是陀螺羅盤失靈。而陀螺羅盤偏偏是帛琉號航海團隊最倚重的工具。沒有陀螺羅盤，團隊只能人工判別帛琉號的位置，計算岸上眾多陸標方位之間的關係。而且因為帛琉號的位置不斷變動，所以每一分鐘就必須計算一次。帛琉號的總舵手理察斯在操舵室的海圖桌研究，但很快就發現，一個人的大腦不足以應付眼前的工作。

哈欽斯發現，理察斯先是將這份工作，分配給自己身體的各部位，以及他手邊的工具。他「低聲朗誦」正在計算的數字，唸數字的聲音幾乎小到聽不見，以自己的聲音與聽覺，擴展他的工作記憶。他的指尖指著正在累加的一行行數字，用一隻手追蹤他管理的大量資訊。他拿著一枝鉛筆，在航行圖的空白處，寫下中間的總數，保留一種哈斯欽所謂的「外部記憶」。理察斯拿出一台計算機，自己的大腦就不必執行數學運算。但理察斯自己一個人辛苦了半天，卻漸漸力不從心。他又搬出一項法寶——隊友二等舵手席爾瓦的心智能力。但是加入另一個大腦，也就多了一個問題——如何一邊做事，一邊想出快節奏的複雜工作最佳分配方法？

在這段時間，帛琉號仍在移動，現在又出現新的緊急事故——帛琉號逐漸逼近一艘小帆船，小帆船上的人渾然不知大船的危機。哈斯欽說：「通常遇到這種情況，帛琉號的大喇叭會連響五聲。」問題是，帛琉號使用的是汽笛，沒有汽壓發不出聲音。船上有一個小小的手動霧角，用哈斯欽的話形容，「其實就是一個自行車打氣筒，再加上簧片跟鈴」。負責航海日誌的初級軍官接獲命令，飛快去拿霧角，並到船頭弄響。艦長則是拿起飛行甲板廣播系統的麥克風說道：「帛琉號船頭前方的帆船，請注意我們沒有動力。你們若靠近，將要自行承擔風險。我們沒有動力。」

這時，從帛琉號船頭已經看不見帆船，從操舵室只能看見船帆的頂端。船員已經做好相撞的準備。負責航海日誌的軍官總算抵達船頭，發出五聲微弱的號角聲，但顯然已來不及避開災禍。但幾秒鐘後，帆船又從右舷船首下方出現，仍在航行，至少避開了一次事故。

回到操舵室，理察斯與席爾瓦仍然聚在海圖桌，努力分配眼前的工作。根據哈斯欽的細心觀察，兩人試了三十二次，「才出現一貫的行動模式」，也才建立有效的分工。他發現，試到第三十三次的時候，「他們第一次做出了穩定的框架」。

有了框架，團隊成員就有了頭緒，接收新的方位資料，算出新的位置。他們通力合作，再加上其他船員從旁協助，終於將大船引至安全處。「帛琉號發生事故過了二十五分鐘，航行超過三公里之後，最終在航道外側的寬闊海域，在原本預定的地點停航拋錨」。

哈欽斯說：「帛琉號能平安抵達目的地，主要是駕駛台人員航海技術高超。但無論是主管整個航海團隊的艦長、航海官，還是總舵手，駕駛台上的任何一個人單憑一己之力，絕對不可能引導帛琉號安全拋錨。」

對於研究「社會分配認知」的心理學家而言，遇到這樣的例子是絕佳的機會。但人們往往沒注意到這種團體思維的例子。我們的文化與機構，往往偏重於個人，包括個人的獨特性、與眾不同之處，以及獨立於他人的程度。在商業與教育領域，以及在公領域與私領域中，人們重視個人競爭，更甚於集體合作。人們抗拒眼中的一致性（至少是公開、有組織的一致性），也懷疑所謂的「團體思維」。

在某種程度上，會質疑也是合理的。不分青紅皂白的團體思維，可能會引發愚蠢甚至致命的決策。但過度「認知個人主義」的侷限，也越來越明顯。在資訊氾濫、高度專業化、問題複雜的世界，個人的認知根本不足以應付所有挑戰。在這樣的環境下，一個大腦要獨自奮鬥以解決問題或是產生新構想都很不容易。除了獨自思考，還需要別的東西，必須營造一種對人類來說完全自然，卻又覺得陌生而新奇的狀態，——**團體心智**。

***

一群大腦如何一致思考？感覺似乎很神祕，甚至可以說是神奇。西方科學對於團體心智的研究，一開始確實也沒有明確的結論。近代的一起歷史事件告訴我們，除了我們的文化根深柢固崇尚個人主義之外，還有別的原因讓我們對團體心智存疑。這起事件發生在十九世紀末、二十世紀初，當時的知識分子，例如法國醫師古斯塔夫．勒龐以及英國心理學家威廉．麥克杜格爾，對於人類似乎擁有的集體心智非常好奇。當時的想法是，團體心智很強大，卻也很危險，因為它原始、不理性，且偏向暴力。重要的是，當時也認為團體**不如**個人聰明。勒龐在一八九五年首度出版的《烏合之眾》中主張，複雜的觀念「必須簡化為非常簡單的形式，才能為群眾所吸收。尤其是遇到高深的哲學或科學思想時，就會知道這些思想須要調整的幅度有多大，才能降低到符合群眾的智慧。」麥克杜格爾在一九二〇年出版的《團體心智》一書中也提出類似的主張。他說：「不僅是暴民或愚民，就連陪審團、委員會，形形色色的企業，這些或多或少有組織的團體做出的判斷、決策，制訂的規則與法律，多半是明顯錯誤、愚蠢、有瑕疵的，任何人，甚至是團體中最不聰明的人，也許都能做得更好。」

團體心智的概念影響深遠，我們現在之所以強烈質疑，甚至貶斥團體思維，也是受到這個概念的影響。但團體心智的概念缺乏有力的實證研究佐證。團體心智的理論無法說明團體心智運作的原理，只能訴諸不明確、不科學，甚至超自然的推測。勒龐主張，群眾內部有一種「磁性感應」。麥克杜格爾則認為，可能有「心電感應溝通」。就連心理分析師卡爾．榮格也來湊熱鬧，主張是一種共有的「基因外質」，將一群人團結成一個群體。最後整個領域就被自身的不精確與不連貫搞垮。有人寫道，團體心智的概念「不甚光彩地溜進社會心理學的發展史」；另一人則說，團體心智的概念「被逐出體面的科學論述領域之外」。社會科學家幾乎只關注獨自思考、獨自行動的個人。

但令人意外的是，團體心智的正式研究，如今又捲土重來。之所以能重新崛起，純粹是需求使然——當代環境需要團體心智。現在的知識更為豐富、技術更為專業化、問題更為複雜。要因應這些趨勢，唯一合適的辦法就是發揮團體心智，將事實知識、專業技術、心智工作分配給眾人。團體思維越來越重要，越來越多人也想知道如何進行高明的團體思維。在此同時，研究人員運用重新思考過的理論，以及全新的研究方法，重新了解團體心智真正的運作原理，於是這個領域有了真正的科學基礎。團體思維既非毫無道理，也與超自然能力無關，而是一種複雜的人類能力，運作的基礎是少數基本機制。以下就從**同步**說起。

⁂

每天早上六點半，節目在輕快的鋼琴叮鈴聲中展開。日本幾十年來每日播出的三分鐘廣播體操的旁白說道：「站直，伸展全身！」一聲令下，聚集在辦公大樓、工廠、工地、社區中心，以及公園的數百萬日本人，開始做一套他們從小做到大，早已熟悉的運動。

「一、二，放下來。伸展背部，還有雙手與雙腳！」一群群同學、同事、年輕媽媽，以及老人家一同伸展、屈曲、扭彎、跳躍。「現在往前彎，跳躍要有節奏喔！彎三次，雙手放在臀部上，再往後彎。」雙臂搖擺，膝蓋往下，眾人動作一致，一路做到廣播體操的結尾：「最後要深呼吸，慢慢吸進去，慢慢吐出來，五、六，再一次！」

很多人都會做這套體操，從年齡最小的學童，到索尼與豐田的高層，好處絕不僅止於增進健康與靈活度。大量研究顯示，**行為**同步，也就是調整我們的行動，包括身體動作與其他人的行動一致，也會促進所謂的**認知**同步，意思是，眾人以有效且快速的方式一同思考。

舉個例子，華盛頓大學的心理學家進行過一項研究，安排四歲兒童兩人一組，玩安裝在實驗室的鞦韆。研究團隊再悄悄控制，讓兩台鞦韆同步或是不同步移動。結果發現，與同伴同步盪鞦韆的四歲兒童，較有可能與同伴合作，進行後續的任務。針對同步玩電腦遊戲的八歲兒童的研究，也得到類似結果。相較於與同儕不同步玩遊戲的八歲兒童，同步玩遊戲的八歲兒童表示，遊戲過後覺得跟同儕更相似、更親近。針對成人的研究也得到相同結果——同步行動能促進合作。

為何會有這樣的結果？從最基本的層面來看，同步會向其他人發出有形的訊號，讓他們知道我們**願意**合作，也有**能力**合作。同步動作就像邀請其他人跟我們一起合作，也向對方保證，合作一定會有成效。除了發送訊號，同步似乎也會啟動一連串的變化，改變對自己及其他人的看法。知道自己與其他人同步行動時，身為團體一分子的意識就會更強，因此比較不會聚焦在自己一個人身上。其他人的動作與我們類似，因此我們更能解讀、預測他們的行動。研究也顯示，人們更傾向於揣摩其他人的心智，也就是去思考他人在想什麼。同步甚至會改變知覺，視覺系統對於動作的出現會更敏感。這些變化會讓我們對於同步夥伴的記憶更為正確，包括他們的長相、動作，以及說過的話。我們更能向他們學習，溝通更為流暢，也更能與他們一起達成目標。

在情緒層面同步，能讓其他人，甚至是陌生人，變得有點像自己的親朋好友。對於曾經跟自己同步的人，我們會覺得更親切，也更願意幫助他們、為他們犧牲。與其他人之間的界線也許會變模糊，但我們不但不會覺得個人的自我變小，反而會覺得自己變大、變得更有力量，彷彿團體所有資源盡在我們掌握之中。針對舞者與運動員的研究甚至發現，同步動作能增強耐力，減少身體疼痛的感覺。同步會將人們捲入一位研究學者所說的「社會漩渦」，變得較不重視個人利益，將團體的表現放在第一位。置身在社會漩渦中，會覺得與其他人的合作很順利，幾乎不費吹灰之力。

日本是一個以集體精神與內部團結聞名的社會，同步運動在日本的高人氣不僅有堅實的科學根據，也符合人性的原理。在每個文化、每個時代，軍隊、教會等機構都曾使用同步動作，將迥異的個人凝聚成一體。例如想像一群美國公民將右手放在胸口，背誦《效忠宣誓》，或是天主教會眾低頭跪倒，同時大聲說出祈禱書的祈禱文。神經科學家華特．費里曼說，同步是非常有效的「團體形成生物科技」，但為何需要這樣的科技？

強納森．海特說，因為「人性百分之九十是黑猩猩，百分之十是蜜蜂」。海特是紐約大學史登商學院心理學家。他認為，人類主要是利己的競爭性動物，一心一意追求私利，這是人類像黑猩猩的地方。但人類也跟蜜蜂一樣，是能一起為團體利益著想，一起努力的「超社會性」動物。海特認為，人類有一種心理觸發機制，也就是他所謂的「蜂巢開關」。蜂巢開關一旦開啟，大腦的焦點就會從個人轉移到團體，從「我」模式轉移到「我們」模式。若要一起思考如何做事、如何以所屬的團體擴展大腦，就必須開啟這個開關。

同步動作是開啟開關的一種方式。同步動作能激發已故史學家威廉．麥克尼爾所謂的「肌肉連結」。他說，歐洲軍隊的軍事實力之所以能長年稱霸，或多或少是因為密集隊形教練的心理效應。密集隊形教練起源於十六世紀的荷蘭，後來流傳至其他歐洲國家。軍人長時間列隊行進，動作整齊畫一，因此形成了心理與情緒的連結，也得以提升戰場上的表現。

麥克尼爾是知名的軍事學家。他筆下所主張的軍事訓練對人類的影響，不僅是根據他的博學多聞，也是根據他的個人經驗而來。他年輕時候受到徵召進入美國陸軍，前往德州接受基本訓練。在德州，他與同袍奉命行軍，他回憶當時的情景挖苦地說道：「我們一連好幾個小時，依據口令，動作整齊，在大太陽下流著汗水，有時還要一邊行軍，一邊數節拍：『喝！哼！嘿！四！』很難想到還有比這更無謂的操練。」但走著走著，他發現自己進入「一種共有的欣喜情緒。」

他寫道：「操練這種長時間的一致行動所激起的情緒，是言語不足以形容的。我記得當時瀰漫著一種幸福感，更具體地說，是一種整個人擴大的奇妙感覺，感覺整個人膨脹了，變得比實際還大，這都是因為參與集體儀式的關係。」麥克尼爾接著說：「這顯然是一種內在的效應，我後來覺得這種效應遠比語言古老，在人類歷史具有關鍵地位，因為這種效應激發的情緒，能建立可以無限擴張的基礎，促進社會凝聚，將每一個團體即時凝聚在一起，讓一群強健的肌肉男動作一致，喊口號、唱歌，喊叫也一致。」

麥克尼爾與同袍在「德州平原塵土飛揚的碎石路」的經歷，絕對是行為同步的產物，是一致行動的產物。但他們應該也受到另一因素的影響——不只是共同的**動作**，還有共同的**激發**。他們的身體共同回應行軍的操勞、炙熱的陽光、長官喊出的口令，也會助長團體心智的生成。

由研究學者約書亞．康拉德．傑克森設計，二〇一八年刊登於《科學報告》期刊的一項巧妙實驗，證明了共享激發的重要。傑克森與同僚「模擬實際行軍的情境」，發現「需要使用比傳統心理學實驗室更大的場地」。他們選擇專業的體育館作為研究場地，並在研究對象上方二十五公尺的高處，安裝高解析度攝影機。一百七十二位研究對象聚集在體育館，分為幾組，在研究人員的安排之下，體驗同步與激發——一組與同組的人列隊行進；第二組則是未整隊，行走的動作不一致；第三組則是快速走過體育館，增強生理激起；第四組則是悠閒散步。傑克森與同僚再安排每一組進行同樣的一套活動，要他們聚集成小圈圈，照自己的意願在體育館的球場上散開，最後再一起完成一項作業（拿取散落在球場各處的五百個金屬墊圈）。

結果發現，研究對象同步行動，**而且**一起經歷激起，就會出現較為特別的行為，例如組成較具包容力的團體，站得離彼此近一些，合作也更有效率（可從裝設在屋頂攝影機錄下的影片觀察到）。研究團隊寫道，結果發現，「小組的行為同步與共有的生理激起，各自都能促進社會凝聚與合作」。研究結果讓我們理解，「同步與激起為何是經常同時發生在世界各地的儀式」。

這項研究發現，身體運動絕對能促進生理激發，但身體運動並不是唯一的辦法。經歷更強的情緒，也能達到同樣的效果。無論是因為跑操場，還是因為聽見精采的故事而心跳加速，這種共有的激起，也能讓一群人凝聚。行為同步的一群人，手腳動作彷彿是同一個人；生理同步的一群人心跳加速、皮膚出汗，彷彿是同一個身體。行為同步與生理同步都能增強認知同步。越來越多的研究甚至顯示，還有所謂的「神經同步」。這是一項很有意思的發現，意思是一群人若是順利一同思考，他們的大腦活動就會非常相似。我們可能覺得自己是獨立的個體，但大腦與身體卻有很多種跨越藩籬的方式。

***   ***   ***

許多實驗室進行的實驗，以及真實世界的無數儀式都告訴我們，只要引發行為同步與生理激發，就確實有辦法開啟團體心智，也確實能打開蜂巢開關。重點在於營造某種團體經驗，也就是即時的接觸，人與人之間得以近距離一起行動、一起感受。但越來越多學校與企業卻反其道而行。在科技的協助之下，帶給學生與員工個人的、不同步的、原子化的經驗，從個人化的學術課程「播放清單」，到可以自行控制進度的線上訓練課程。然後我們又納悶，為何團體沒有凝聚力？為何團體作業往往成效不彰？為何與團體一起思考並不能擴展智慧？

現在使用的方法為何如此不起效用？現在的方法認為資訊就是資訊，無論是以何種方式獲得；工作就是工作，無論作業的方法為何。但新出現的團體心智科學已經證明，身為緊密團結的團體一分子，思考會不同於我們作為個體的時候，而且往往更理想。**注意力**與**動機**尤其是如此。作為集體的注意力與動機，與作為個人的時候明顯不同。

首先是注意力。跟其他人同時聚焦在同樣東西，或同樣資訊上時，就會出現心理學家所謂的「共同注意力」現象。我們知道自己跟其他人一起專注在某個刺激物上，大腦就會認定這個刺激物特別重要，會將其貼上格外重要的標籤。我們還會分配更多心智資源給這個刺激物，會更深入處理。以科學家的話來說，我們會賦予這個刺激物「認知優先」。在資訊氾濫的世界，我們會使用共同注意力，釐清該關注的東西，再將心智資源分配給共同注意力關注的對象。因為這些（多半是自動進行的）過程，讓我們跟其他人一起關注要學習的內容時，**學習效果**會更好；跟其他人一起注意要記住的內容時，**記憶**會更好，也更有可能按照跟其他人一起關注的資訊**行動**。

人們從嬰兒時期，就會與他人共享注意力。九個月大的嬰兒看見成人轉頭，也會開始順著成人眼光的方向看去。嬰兒會看著身邊成人看著的東西，甚至會凝視得更久，而且相較於自己一個人注意過的東西，嬰兒更容易認得曾經跟照顧者一起注意的東西。父母以這種細膩而且多半並非刻意的方式，持續告訴子女什麼是重要的，什麼必須注意，什麼又大可忽略。

即使成人沒有轉頭，一歲大的嬰兒也會順著成人的目光看去。我們都擁有肉眼可見的眼白，因此要依循他人的目光更為容易。人類是唯一擁有眼白的靈長類，科學家也因此提出「視覺合作假設」，意思是人們的眼睛演化出能促進社會互動合作的能力。科學作家克．泰恩說：「我們的眼睛能看見，但生來也要讓其他人的眼睛看見。」

人類演化出從共同觀點體驗世界的能力，也因此具有最強的能力，能與其他人類共同思考、共同行動。團體成員擁有共同注意力，能將更多認知資源投入在共同關注的資訊上，對於一個問題的「心智模式」就更為相似，合作解決問題也更為順利。人類之所以能有所成就，從一起搬運一件家具通過狹窄的門，到一起設計並發射火箭到月球，可以說這就是關鍵。而且是從嬰兒順著成人的目光看去開始。

共同注意力對於成人來說也很重要，只是扮演的角色不同於照顧者與兒童之間的互動。對於成人而言，共同注意力與其說是專家教導初學者，還不如說是維護共同的資訊與印象儲存。我們覺得必須持續留意同儕關注的對象，要將自己的注意力放在相同的對象上（例如街上每個人朝著天空看時，我們也會仰起臉來往上看）。如此一來，我們對於這個世界的心智模式，就會始終與身邊的人同步。

共同注意力所建立的共同點，對於合作解決問題的團隊而言格外重要。研究發現，團隊合作進行一項任務時，無論是一群學生設計機器人程式，或是一群外科醫師做手術，在成功合作的團隊中，成員通常會同步凝視，亦即同時看著相同的地方。這種「共同注視的時刻」越多，成功的結果就越多。研究證實，這種同步能力是可以練就的。一項針對醫師團隊進行模擬手術的研究顯示，經驗豐富的外科醫師，其凝視重疊率大約為百分之七十，而初學者的凝視重疊率大約只有百分之三十。但成功的合作團隊也並非**一直**同時看著同個地方，而是時而自行注視，時而共同注視。

我們身為團體的一分子，會有不同的注意力，**動機**也會改變。一般對於動機的概念，例如賓州大學心理學家安琪拉・達克渥斯所提出、進而普及的「恆毅力」，背後的思想是參與及堅持都是個人的事情，也是個人的意願。但這種想法所忽略的是，我們如果是代表一個在乎的團體做事，就更願意堅持。參與一個團體可以是很強烈的動機，若覺得自己真正屬於一個團體，覺得個人認同與團體及團體的成功緊緊相連，就會具有強烈的動機。若具備這些條件，團體成員的身分就會是一種**內在**動機——行為會受到工作的內在因素影響，例如參與集體行動時所得到的成就感，而不是受到金錢或名氣等外在酬賞影響。而且心理學家已經屢次證明，內在動機比外在動機更強大、更持久，也更容易保持。有了內在動機，會覺得工作更愉快，也更能勝任。

作為集體的「我們」而不是單一的「我」，也會改變注意力與精力的分配，而且往往是好的改變。但在重視人各為己的社會中，難以形成強大的「我們」感。強調個人成就、忽視團體團結，代表無法收穫共同注意力與共同動機的眾多益處。團體即使名義上存在，往往功能不彰，凝聚力差。心理學家發現，團體在心理學所謂的「群體性」，或者換個比較好記的說法——「群性」，是非常不同的。用於培養個人才能的時間與精力，若能挪出一部分發展真正具有群性的團隊，會更有意義。

有幾種方法可以刻意培養群性的感覺。第一，一群人如果必須一起思考，就必須一起學

習，而且要同時親自一起學習。現在的數位裝置無所不在，即使是身在同一間教室的學生，也很難保證一定會共同學習。幾年前，高中老師保羅．巴威爾發現，他的很多學生在課堂上都是人在心不在。他在肯塔基州路易維爾的芬恩溪高中教英文，他說：「學生們在桌子底下滑手機，看臉書跟簡訊。」

他還發現，就算他得到學生的注意力，讓學生參與團體作業，學生也不知道該怎麼進行學術討論。學生太習慣非同步簡訊交流那種走走停停的節奏，卻不熟悉即時的實質交談，也沒練習過（重要的是，研究發現非同步溝通，不只是十幾歲年輕人之間常有的那種，也是成年專業人士之間常見的那種，會降低團體作業的效率與效果）。巴威爾使用高明的柔道招數，指導學生將科技用於其他用途——他要求學生互相拿智慧型手機錄音，分析自己與同學的對話模式。不久之後，全班學生開始熱烈對話，思考與行為更像一個團體，也收穫了只有團體才能擁有的認知成效。

營造群性的第二項原則是——一群人如果必須一起思考，就必須一起**訓練**，而且要同時親自一起訓練。研究證實，集體訓練的團隊，合作成效更好，犯的錯誤較少，表現比成員各自訓練的團隊更好。一起訓練也能減少常見的「穀倉效應」現象，也就是各部門、各領域的同仁無法溝通合作。但許多產業並沒有一起訓練的慣例。例如在醫療業，從業人員具有不同的專長，比方說外科醫師、護理師、麻醉師、藥劑師，必須密切合作才能照顧病患。但他們向來都是在不同的部門，甚至不同的機構各自訓練。

目前有些醫學院與醫院開辦跨領域團體訓練。明尼蘇達大學的方式尤其受歡迎——建立一個「逃脫密室」。在這項活動（依據冒險遊戲設計）中，明尼蘇達大學主修護理、藥學、物理治療、社會工作等領域的學生，聚集在模擬的醫院空間。他們拿到一位虛構病患的資料，例如「五十五歲男性，有躁鬱症與第一型糖尿病病史，最近躁症發作，引發糖尿病酮酸症，因此送入急診室」。這群學生必須在一小時之內，使用現場所有東西與資訊，發揮各自的專長，解決一連串的問題，為病患設計出院計畫。遊戲結束後，這群學生要在師長的引導下，進行任務報告，思考跨領域合作的挑戰。這種「跨專業逃脫密室」如今已是明尼蘇達大學主修生命科學學生正規課程的一部分。在賓州費城、紐約州水牛城、亞利桑那州圖森市，以及德州拉巴克市，醫院與醫學院也開辦了類似的活動。

營造群性的第三項原則，是一群人如果必須一起思考，就必須一起**感覺**，而且要同時親自一起感覺。無論是實驗室研究，還是針對戰爭與天然災害倖存者的研究都發現，會造成身體或情緒痛苦的事件，就像一種「社會膠水」，將擁有類似經驗的人串連在一起。但並不是非得要如此悲慘的情緒，才能凝聚一個團體。研究也發現，只要請團體成員大方分享想法與感覺，團體就會更團結，表現也會更好。

位於紐約的訓練與顧問公司 The Energy Project，每星期三固定召開全公司的「團體會議」。在會議上，公司每名員工都必須回答一些簡單的問題，首先是「你現在心情怎樣？」這家公司的創辦人兼執行長湯尼．舒瓦茲說：「這個問題跟我們每天問候彼此的『你好嗎？』很不一樣。每個人停下來思考，再輪流說出自己真正的感覺，就會開啟更深層的對話。」他說，有時候同仁的答案是發自內心，甚至令人心碎的，譬如娓娓道來個人危機或家庭悲劇時。而且員工之間因為非常團結，即使答案較為普通，彼此之間也能分享充滿情緒的經驗，透過其餘的問題，拼湊出經驗的內容。後續的問題包括「你上星期學到最重要的東西是什麼」「你這個禮拜的目標是什麼」「你最感激是什麼」。

營造群性的第四項，也是最後一項原則，是一群人如果必須一起思考，就必須一起**參與儀式**，而且要同時親自一起參與儀式。這裡所說的儀式，可以是任何一種團體成員一起參與的有意義、有組織的活動。儀式若含有同步動作或共同的生理激起就更理想。明尼蘇達州舍本郡的克列琉小學就具備這兩種條件。在這間學校，每周一至周五一早固定登場的是「早晨里程」。每個年級的學生在上課之前，都要快走二十分鐘，通常是在戶外進行。快走必然會引發生理激起。這間學校的老師表示，進教室的學生臉頰紅潤（尤其在明尼蘇達州寒冷的冬季）。「早晨里程」其實也包含同步動作。研究顯示，一群人一起步行或跑步，身體的動作會在不知不覺間自動同步。

即使是共同用餐這種尋常至極的儀式，也能改變一個團體集體思考的表現。美國麻州巴布森學院企業管理助理教授拉克希米．巴拉欽卓，要求一百三十二名MBA學生扮演企業高層，負責協商兩家公司之間一項複雜的合資經營協議。在她安排的模擬情境，任何一方若是判斷另一方的偏好，再一起將整個合資經營案的利益最大化，而不是只考量自家公司的利益，就能得到最大的利益。巴拉欽卓發現，研究對象在一起用餐的時候協商，無論是在餐廳用餐，或是將餐點帶進會議室享用，創造的獲利比並未在用餐時協商的研究對象，平均高出百分之十二。

原因也許又是同步。巴拉欽卓發現，一群人一起用餐時，會互相模仿彼此的動作，例如將食物拿到嘴邊、咀嚼，還有吞嚥。她寫道：「這種無意間的互相模仿，會讓我們對談判的另一方，以及談判的主題產生好感。」其他研究發現，研究對象若是「家庭式」用餐，也就是享用同樣的餐點，從同一個碗盤分裝，一同進食就更能促進合作。餐桌上若有很辣的餐點，也有助於合作，因為吃很辣的食物，體溫會上升，出汗會變多，血壓會升高，心率會加速，刺激腎上腺素分泌，這些都是生理激起的特徵。澳洲的一個研究團隊發現，一群人一起吃過辣度極高的鳥眼辣椒後，經濟合作更為緊密。

與他人一同用餐，除了能使得我們現在熟悉的行為同步與引發生理激起之外，本身也獨具意義——我們需要這種基本的分享資源行為才能生存。康乃爾大學管理學助理教授凱文．尼芬表示：「一起用餐比一起看 Excel 試算表更親密，這種親密會往回擴散到工作。」尼芬與同僚在發表於《人類績效》期刊的一項研究中表示，一起用餐的消防員，表現優於獨自用餐的消防員。他認為，我們重視個人成就，以及個人酬賞，因而忽略了團體儀式能提升表現的作用。他說：「一起用餐的同事，表現往往優於同僚，但企業經常忽略餐廳的重要性。」那提供豪華員工餐廳的科技公司又怎麼樣呢？重點也許不在於壽司的新鮮度，或是全素穀類是否可口，而是員工是否**一起**享用這些美食。

這些營造群性的方法，全都是作為體現、情境、社會動物根深柢固的本能。這些方法要想奏效，人們就必須一起活動、說話、工作，而且要密切到大腦與身體都和他人同步。這與人氣不斷高漲的「群眾外包」及「蜂巢思維」等概念不同。這些概念在理論及實務上，都非常偏向只用大腦思考，是一群脫離肉體的大腦提出構想，而且通常是在網路上進行。科技整體而言往往造成人與人之間的疏離，將我們封鎖在自己的數位泡泡裡面。但科技並不是非得如此。現在已經出現一些有潛力的延伸技術，之所以得以延伸，是因為運用人類群體歷史悠久的資源。

舉個例子，德國的馬克斯普朗克學會，以及其他地方的科學家，正在研究團體內部的自動

「友好偵測」機制。裝設於會議室及視訊會議設備的感應器，能以不干擾研究對象的方式，觀測團體成員的非言語行為（臉部表情、手部動作、凝視方向等）。觀測資料經過即時分析，就能得知一個團隊合作的成功程度。友好值若是低於某個門檻，即可採取措施，提升團體的凝聚力，例如系統可能會提醒團體的領導者，應該邀集大家一起喝咖啡，或是透過彈出式訊息提醒領導者，應該多模仿自己的同事。系統安裝在「智慧會議室」，也許還會將溫度調高幾度，或是播放能鎮靜情緒的白噪音。

另一種運用科技營造群性的方法，是要求團體成員一起跳舞，或隨著音樂擺動身體，動作必須與團體的其他成員同步。穿戴在身上的感應器，能計算團體成員的同步程度，還有即時回饋功能，研究對象能依據回饋內容，適度將自己的動作調整到更貼近同儕。加州聖塔克魯茲大學運算媒體教授凱瑟琳．伊斯比斯特說：「我們要設計一個行動的遊戲經驗，促進人與人之間的社會互動與連結。」她說，她是受到證明「身體『同步』能凝聚團體的情緒，建立信任」的研究啟發。她也說，她設計的遊戲 Yamove! 並不是要玩家看著螢幕，而是看著其他玩家。「玩家看著彼此的次數越多，合作成果就越理想，長期的正面社會效應也越強大」。Yamove! 之類的遊戲可以用來打破僵局或建立團隊，但有些人可能會覺得尷尬或荒謬。然而這些推動同步的數位發明，與我們必須忍受的那些遊戲不同，確實可能奏效。

而且撇開可能會有的尷尬感覺不談，這裡探討的團體經驗特別之處，是非常**正面**的。軍事史學家威廉・麥克尼爾在接受基本訓練時，與同袍一起行軍，進入「一種共有的欣喜情緒」。顧問公司 The Energy Project 創辦人湯尼・舒瓦茲說，他與員工都覺得在每周團體會議「很有力量」「得到解放」，甚至可以說是「脫胎換骨」。參與教學目的逃脫密室遊戲的研究對象，認為整個經驗「很有意思」「能激發動力」，甚至「好玩」。

客氣地說，這並不是大多數人對於團體作業的看法。無論是求學還是工作，大多數人都不喜歡團體作業，甚至還會厭惡。不少人都覺得團體作業沒效率、不公平，純屬煩人。研究文獻甚至將這種現象命名為「團體厭惡」，意思是「面對團體作業，心中浮現出畏懼」。我們知道，人類已經**演化**出集體思考與集體行動的能力，那麼集體思考與集體行動的具生產力、振奮精神，甚至令人狂喜的理想，與大多數人所經歷的灰暗現實，究竟差異從何而來？答案也許就在現代知識工作的需求，以及過往根深柢固對於知識工作概念之間的巨大差異。

＊＊＊

以下這封信是寫給愛因斯坦的，上面的日期是一九二四年六月四日，開頭相當恭敬。「先生：冒昧打擾，還請見諒，隨函附上文章一篇，懇請撥冗斧正。期盼您的寶貴意見，謝謝。」這封信的作者是薩特延卓．納斯．玻色，他當時是東孟加拉一間大學沒沒無名的學者。他寄給愛因斯坦的論文，先前已投稿到一家專業期刊，不幸遭到拒絕。這封信的收件人，按照耶魯大學物理學教授史東的話來說，「不僅是他那個年代最知名的科學家，也是地表最知名的人物」。但玻色敢於聯繫愛因斯坦，他在信上說：「因為我們都是您的學生。」因此玻色秉持著史東所謂的「敬重與厚臉皮的綜合體」，大膽向愛因斯坦求教。

玻色寫道：「我認識的德文不足以翻譯這篇文章。若您認為文章值得發表，還請您安排《物理學期刊》刊出，感激不盡。」《物理學期刊》是德國頂尖的物理學期刊。更令人吃驚的是，愛因斯坦竟然答應了。他看完這篇論文，發現玻色解決了一個困擾自己多時的問題——德國物理學家馬克斯．普朗克大約在二十四年前提出的輻射定律，為何會源自「光是一種粒子，也是一種波」的理論（愛因斯坦自己於一九〇五年提出的理論）。愛因斯坦在寫給玻色的信上說，這篇論文「往前踏出了漂亮的一步」。玻色自己走出這一步，只憑藉自己的好奇心往前走。他後來說道，其實原因很簡單，「我想知道該怎麼以自己的方式與難題搏鬥」。一九二五年，玻色的論文登上他提過的《物理學期刊》，附帶一篇愛因斯坦所寫的評論。這可以說是一個人獨自的思考，改變了整個科學史的路線。

九十年後，另一篇論文刊出，玻色貢獻良多的科學發現進程，又往前推進一步。這篇論文探討的是希格斯玻色子的全新準確量測法（玻色子是以玻色命名，是一種粒子，符合物理學的「玻色—愛因斯坦統計」規律。玻色子的質量，是以粒子加速器衡量。粒子加速器是一台超大的機器，會將帶電的粒子以極高的速度推進）。**這篇**論文的作者是喬治斯．埃德、布萊德．阿巴特、賈拉爾．阿布杜拉、奧芙塞特．阿布迪諾夫、蘿絲瑪莉．艾本、馬利斯．阿柏林斯、奧薩瑪．阿布塞德、哈琳娜．阿布洛莫維奇、亨索．阿布琉……等等，總共五千一百五十四位。論文於《物理評論快報》期刊刊出，是一個非常鮮明的例子，凸顯出目前在各種產業與各種行業的一大趨勢——為了完成現代世界極為複雜的工作，人類必須集結成團體一同思考。

在曾經以個人研究為多數的社會科學與物理科學中，這種轉變顯而易見，也容易衡量。現在不到百分之十的科技期刊論文是只有一位作者。針對社會科學的專書章節與期刊文章的分析也發現，「單一作者發表數量遽減」。在經濟學的領域，單一作者的文章曾經占大多數，現在僅占發表總數大約百分之二十五。在法律領域，二〇一四年一項針對法律文章的研究發現，現在「團體作者的法律文章發表量，遠超過個人作者」。即使是大家所熟知的個人發明家（想想愛迪生或貝爾），也不再是多數。二〇一一年的一項研究發現，過去四十年來，每一項美國專利申請案的申請者人數持續增加，將近百分之七十的申請案，發明者都不只一位。

西北大學管理學教授布萊恩．烏奇主持了其中幾項研究，他表示，這種趨勢並不只是學術界一時的熱潮。他說：「這代表知識產生的過程從根本開始改變。」從更廣的層面來看，「人類現在所做幾乎所有能創造價值的事情，不再是由個人完成，而是由團隊完成。」**沒有**改變的，是我們對於智慧思考的觀念。我們仍然相信，好的構想，新的領悟，以及聰明的解決方案，來自一個大腦。我們置身在粒子加速器與大量合作的年代，卻是一群奮筆疾書的玻色。這種基本層面的矛盾，就是我們面對集體作業的許多問題根源。

我們應該拋棄個人模式，換成更適合現實世界的模式。首先，我們可以找出團體思考與自行思考的差異，採取有助於團體心智順利運作的新方法。研究顯示，團體一旦採取有效的新方法，團體思考的效率與成效，就會超越團體中任何一個人的思考。心理學家將這種現象稱為「集體智慧」。

團體思考與個人思考的差異很明顯，但幾乎總是遭到忽略。第一個差異：獨自思考時會聽見自己所有的想法，但若是作為團體的一分子思考，就要刻意安排每個人發表意見，分享知識，否則無從得知。團體動態研究發現，這種情況很少發生，經常出現的情況，反而是極少數人，有時候只有一人主導整個對話。此外，團體成員往往忘了要貢獻自己的「獨家資訊」，反而傾向於討論在場眾人已經知道的資訊。這種不理想的溝通模式，正是團體作業缺乏效率，引人憎惡，無法發揮任何潛在效益的原因。

但這種結果其實是可以避免的。只要簡單改變溝通方式，團體就能朝向團體心智發展。北卡羅來納夏洛特大學管理學教授史蒂芬．羅傑博格說，團體成員「往往在會議上有所保留，擔心其他人覺得自己難搞、狀況外，或是搞不清楚狀況，所以會先等其他人開口，等老闆開口」。他說，要求與會人員寫下自己的意見，而不是說出自己的意見「可以解決這個問題，獨有的知識與新奇的想法就有空間出現」。與會人員將自己的想法寫在索引卡上，再由團體的領導者大聲唸出。或是寫在紙上，貼在會議室各處，再由其他成員寫下對於同僚的想法的意見，最後再由整個團隊討論。

另外一個改變溝通模式的契機，是團體領導者的行為。哈佛大學法學院教授卡斯．桑斯坦也是歐巴馬時代的白宮資訊與監管事務辦公室行政官。他自從擔任行政官，學到了團體領導的寶貴一課。他發現，他若是在會議一開始就先發表自己的意見，接下來討論的坦率與公開程度，就會遠低於他一開始說「你們怎麼看？這個問題不好辦」。他說，領導者一說出自己的偏好，手下的員工就會選擇「自我封口」，不敢提出會破壞現狀的意見。他也說，「有些人比其他人更有自我封口的傾向」。這些人可能包括女性以及少數族群，以及地位較低、經驗較少，或學歷較低的個人。問題是，團體心智要發揮獨特的力量，最需要聽見的就是這些人的聲音。

桑斯坦說，有一種解決方法，就是領導者**自己**封口。他認為，管理者若是採取「好奇、自我封口」的立場，就不會只聽見其他人呼應自己的意見。

團體思考與個人思考的第二個差異，是我們作為團體的一分子思考，必須讓團體其他成員**看見**思考的過程。我們私下思考的時候，確實會為自己留下「痕跡」，在某些字詞下方畫線，在空白處寫下筆記，將文件從「未讀」搬到「已讀」的一疊。這些痕跡必須要夠具體、夠明確，其他人才能有效使用。哲學家安迪．克拉克發現，人們逐漸將心智運作委由裝置處理，所以他說，現在「心智越來越少在腦袋裡」。不僅如此，心智也**必須**越來越少在腦袋裡，越來越多展示在世界上，人們才能以其他人的心智，擴展自己的心智。

言語溝通仍然是關鍵，但並不是那種老是迎合以及強化個人導向思考模式的、沒有結構的言語溝通。研究學者建議，我們應該對隊友的意見做出一連串具體的回應。對於隊友表達的意見，應該**承認**、**重複**、**重述**、**闡述**。研究顯示，採用這種溝通模式，能得到更完整、更詳盡的資訊。整個團體能再次接觸一開始分享的資訊，也能強化團體成員對資訊的理解與記憶，分享資訊的正確度也會提高，這個過程就是心理學家所謂的「誤差修剪」。這樣做也許有些麻煩累贅，但研究證實，這種強化的溝通，正是專家團隊合作如此成功的關鍵之一。例如一項針對飛機飛行員的研究發現，經驗豐富的飛行員經常重複、重述、闡述同事所說的話，但新手飛行員不會這樣做。因此新手飛行員對於自己飛行經驗的記憶較為稀少，也較不正確。

另一種讓其他人看見思考的方式，是一起創造蓋瑞．歐森與茱蒂絲．歐森所說的「共有作品」。歐森夫婦倆都是加州爾灣大學的資訊學教授，三十多年來都在研究人類如何共同思考與共同工作。他們發現，促進團體認知最重要的因素之一，是有效使用這種作品，也就是必須完成的工作的有形表現，理想的作品應該要**大型**、**複雜**、**持久**、**可修正**。歐森夫婦在漫長的職業生涯中，常常研究視訊會議軟體與數位協作平台之類的職場科技功用。但他們比較這些工具所用的基準，也就是他們認為最理想的安排，絕對是一致的，同樣是一群人聚集在專為當前工作而設置的空間，牆上有足夠的空間，可以放置共同作品（可以是清單、示意圖、圖表、草圖）。

最重要的是，這些作品一定要共享。在歐森夫婦旁觀的一場設計會議當中，所有與會人員都拿到一張系統示意圖。歐森夫婦在一篇學術論文提到：「他們一邊討論達成共識，一邊在自己的示意圖上做筆記，增添一些東西，也刪掉一些東西。我們發現，到了會議結束的時候，每個人做的記號都不一樣，代表每個人對於共識的理解都不一樣。」歐森夫婦說，這些員工沒有同一件共有作品可以參考，因此「最後只能『各唱各的調』」。

團體的作品除了必須共享，最好也要夠大、夠複雜。歐森夫婦發現，很多人往往會對著大型作品做手勢，這樣不僅能促進自己的思考，還能提升觀察他們的人的思考。而且複雜的作品（相對於簡明扼要的作品）能清楚闡述團體的思考給所有人看，而不是一直隱藏在個人的大腦中。最後，能持久的共有作品最實用，所謂持久的意思是可保存、保留，並且持續可見，而且還要能修正，以納入新的資訊、新的領悟。歐森夫婦觀察另一個團隊，發現這個團隊的作品「經常是按照製作順序陳列。大家知道作品製作的日期，所以也就知道該去哪裡找。而且看見其他成員目光的方向，就知道此人在注意什麼」。歐森夫婦感嘆，「現在許多的電腦作品，生來就讓人看不見」，意思是說，我們看不見同事筆電裡的東西，正如看不見同事腦袋裡的東西。歐森夫婦說，製作這些有形表現的最佳材料其實很簡單——一枝可用於大張紙上的氈製粗頭筆。

團體思考與個人思考的第三項差異，是在個人思考的過程中，我們當然很清楚自己全部的知識與技能。但是團體思考並非如此，這其實是好事。團體心智最大的優勢之一，是能聚集各式各樣的能力，最後包含的專業能力，遠超過一個人大腦所能容納。我們**無法**得知團體其他成員所知道的一切，也應該不會想知道。要是全都知道，心智容量很快就會超載。但我們必須知道**他們**知道，必要時才能取用。運用所知的其他人擁有知識的過程，就叫做「交換記憶」。

交換記憶的研究，可以說是從丹尼爾・韋格納與東妮・朱利安諾結婚的那天開始。韋格納後來寫道：「我們結婚後不久，就發現彼此會分擔記憶責任。我負責記得汽車跟院子的東西放在哪裡，她負責記住家裡的東西放在哪裡，我們各有所長，互相依靠，自己就不必樣樣都記得。」他們兩位都是社會心理學家，很快就發現這種經驗並不只是新婚生活的趣味，也是值得探討的科學研究主題。一年後，夫婦倆（以及同僚寶拉．賀泰爾）發表一篇論文，闡述韋格納所說的「理解團體心智」的新方法。他說：「誰也不能什麼都記得。無論是婚戀還是團體，當中的每一個人都會記得一些事情，如果知道還有誰知道自己不知道的事，記憶量就會多出很多。如此我們就成為交換記憶系統的一分子。」

過去幾十年來，心理學家也呼應韋格納的理論，證實強大的交換記憶系統，確實能大幅增加團體每一位成員所擁有的資訊。團體成員也能深化自己的專業領域，同時透過同僚，持續接觸更大範圍的重要資訊。他們也能減輕認知負荷，因為當下只需要留意湧入的資訊中，自己在意的部分，而且知道隊友也這樣做，自己就能放心。團體成員也能進行流暢有效率的協調，將工作交給團體中最能勝任的人做。研究發現，如此一來，建立起堅實交換記憶系統的團隊，表現就優於交換記憶系統較為鬆散的團隊。

在任何規模的團體中，交換記憶系統都能自動形成，韋格納夫婦婚後共同經營的生活即是明證。但因為交換記憶系統通常不是刻意培養的，所以很難發揮擴展團體智慧的潛力。發展交換記憶系統的目的，是讓團體知道各成員知道些什麼，不必要求每一位成員熟悉隊友全部的專業知識。要注意，這個模式與先前「團體心智」概念不同。先前的「團體心智」概念認為，團體成員是在同一時間，思考同樣的想法。相較之下，交換記憶系統的價值，在於成員思考**不同**的想法，同時始終知道其他成員的想法。很多人無力處理資訊超載，只好使用科技過濾資訊，例如智慧型手機的警示，以及電子郵件的應用程式，以分辨哪些資訊需要關注，哪些又可以忽略。但研究顯示，**其他人**可以是最敏感、分辨力最強的過濾器。只要我們知道他們知道些什麼，若有需要，也能參考他們的知識。

每一個人都有一套心智標示，能讓我們找到目前沒有的資訊。我們也許無法記住報告裡的每一個細節，但卻知道要到哪一個檔案夾（實體或數位）去找報告。心智標示也能告訴我們，哪些人擁有我們所沒有的知識。建立堅實的交換記憶系統目的，就是要讓這些標示盡可能明確、正確。應該在團隊合作的初期，就明訂這些標示。必須從一開始就確認誰負責**做**什麼，還要確定誰負責**知道**什麼。團體成員必須清楚知道，同僚具有哪些特殊才能或專長領域，也要訂定明確的程序，知道哪些問題與工作應該交給誰。研究顯示，若是每個人負責的專業領域非常明確，每個主題都有指定的「知識家」，這樣的團體表現最佳。研究也發現，團體最好能指定一位「知識**總管**」，負責掌握團體成員的知識內容，時時更新團體成員誰知道什麼的「心智索引」。

個人思考與集體思考還有一種差異。獨力思考的個人，大可將心智力量直接用於推動自身利益。但若是一群人一起思考，也許各自有不同的利益，必須經過引導，才能邁向集體的目標。因此必須設計誘因，引導團體成員不去追求自身利益，而是追求「共同命運」，意思是，覺得一位成員的成果，能嘉惠整個團隊。無論是心理學研究，還是一些仍然重要的歷史事件，都證明這種再造工程能創造顯著的效果，即使在變動最大的情況下也能奏效。

＊＊＊

一九七一年時，德州奧斯汀的公立學校陷入了危機。教育體系在法院的要求之下，實施反種族隔離政策，白人學生、非裔美籍學生，以及拉丁裔學生，史上第一次得以在同一個教室上課。各校衝突四起，甚至爆發暴力事件。負責掌管各校的助理局長馬修．史耐普向他以前的老師，德州大學社會心理學家艾略特．阿隆森求助。

阿隆森說：「第一步是要搞清楚，教室裡面到底是怎麼回事。」他跟他的研究生坐在教室後面觀察，他們看見的無論在當時還是在現在，在很多方面都可以說是中學教育的典型特色。

阿隆森說：「老師站在教室前面問問題，等學生表示自己知道答案。最常見的情況是，六到十位年輕人在座位上拉長了身體，舉起手，有些還會拚命揮手，想吸引老師注意。其他幾個學生靜靜坐著，迴避老師的目光，彷彿希望自己隱形。」

他每天看見這種狀況，他說：「學生學到的，不只是課堂上詳細講解的教材內容。媒介也是要傳達的訊息，學生也會從過程中，學到隱含的課程。」他們學到的是「與同儕討論不會有收穫」，收穫完全來自「給出正確的答案，就是老師所想的答案」。

即使在最好的情況下，這樣一心一意追求自己的利益，對於合作及協作都是有害的。在當時那種不穩定的大環境下，會加重衝突對立、加深刻板印象。阿隆森與他的團隊想要培養學生之間的團隊精神，但他們知道，純粹鼓勵學生合作並沒有用。因此他們改變能吸引學生的誘因，用阿隆森的說法就是，「要讓他們必須彼此合作，才能理解教材」。他們將這種程序稱為「拼圖教室」。

拼圖教室的運作方式是這樣的：學生分為五至六人一組。課堂開始教新單元，比方說艾琳諾．羅斯福的生平，每組的每一位學生，都要負責教材的一部分：羅斯福的童年與青少年時期，或是她的第一夫人的身分，或是她為民權、為世界和平所做的努力。學生必須熟讀自己負責的範圍，再向同組學生報告自己所學到的內容。阿隆森說：「每一位學生掌握了獨特且重要的資訊，就像拼圖的碎片，必須完整拼出，才能看見全貌。」他改用這種教學方式，等於在課堂上創造一個交換記憶系統，每個學生成為某個主題某一部分的專家。阿隆森說：「在這種情況下，孩子要想有效學習，唯一的方法是開始學習傾聽與訪問的藝術。」拼圖制度「要求學生將彼此當成資源使用」。

新方法的效果立即顯現——那些希望自己聰明才智得到肯定的學生，或是很想縮進隱形斗篷的學生，現在全都一心一意互助合作。阿隆森與他的研究生比較拼圖法與傳統教學法，發現拼圖法也具有長期效應。接受拼圖教學法的學生，學習教材的速度較快，考績成績較好，對待同學也較有同理心和尊重。在實施拼圖教學法的德州奧斯汀的學校，種族對立與缺課案例逐漸減少，學生也表示更喜歡學校。

阿隆森為了盡量多蒐集客觀證據，於是要求他的一位研究生爬到他們所觀察的學校屋頂上，拍攝操場在課堂間休息時間的照片。一開始拍攝的照片，呈現出了慘澹的現實——學生緊守著自己的種族、國籍、性別的團體。但實施拼圖實驗之後，拍出來的照片完全不一樣，原本涇渭分明的小團體開始打散。學生隨意打成一片，玩耍的方式也反映他們在課堂上的新體驗。從幾層樓的高處往下看，可以看見奧斯汀學生的轉變，他們總算逐漸走出了自己的大腦。

結論

艾略特．阿隆森勇闖德州奧斯汀喧鬧的學校教室大約十五年之後，他的二十五歲兒子踏上他的職業生涯。他的兒子在一九八六年進入普林斯頓大學攻讀博士學位。但約書亞．阿隆森在實現成為社會心理學家夢想的路上，很快就遇到意外的障礙——他發現自己每次遇到研究所指導老師，也就是知名學者愛德華．瓊斯時，就講不出話來。他說：「我看見他就嚇死了。我盡可能做好準備，可是一踏進他的辦公室，我的智商就會下降十到十五分，每次都是這樣。光是出現在他面前，我的智商就會下降。」

他在瓊斯教授的辦公室呆站著，腦袋一片空白，舌頭完全打結，這種打擊對他的影響極大，甚至波及他迅速發展的職業生涯。不到十年之後，他成為了德州奧斯汀大學的助理教授，並設計了一項後來成為心理學史上最具影響力的研究，甚至擁有「現代經典」的美名。他與共同作者克勞德．斯蒂爾在研究論文中，首次提出「刻板印象威脅」的現象，這是一種暫時的現象，受到影響的人腦力會衰退，變得較不聰明。阿隆森與斯蒂爾的實驗證明，背負著課業成績不佳刻板印象的團體，例如修讀數學與科學課程的女學生，或是就讀大學的非裔美籍與拉丁裔學生，在強調他們自身性別或種族的智力測驗上，分數也較低。

刻板印象威脅從此成為心理學的重要概念，學者也紛紛開始研究相關主題，例如理工領域的女性為何較少？為何成績不差的少數族群在高中畢業之後，大學成績卻還是有可能不理想？阿隆森說，這些研究的基礎是一個普遍的真理，能套用在每個人身上。他說，智慧並不是「腦袋裡一團固定的東西」，而是「一種交換」，是大腦、身體、空間、關係之間一種流動的互動。智慧思考的能力，來自巧妙調動這些內部與外部元素的能力。而且研究也證實，心智如此擴展之後，遇到了刻板印象威脅之類的難題，就更能聰明思考。運用在第一章學到的「認知再評估」，重新詮釋身體的訊號，就能減輕焦慮對表現的負面影響；將在第五章學到的「歸屬感的線索」加入實體環境，就能產生心理緩鬆的感覺，有助於智慧思考；按照第七章的建議，仔細規劃給予「認知學徒」的專家意見，就能增強克服自我懷疑所需要的自信。

約書亞．阿隆森（現為紐約大學心理學副教授）帶著諷刺的微笑，說他以前遇見指導教授就結巴是一種「條件式愚蠢」。知道該如何運用心智擴展，以及心智擴展的原理，就能一一串連眾多條件，形成智慧，甚至是才華。在這本書中，我們一次詳細探討一種擴展方式，包括內感受信號、動作、手勢、自然空間、人造空間、「思想的空間」、專家、同儕，以及團體。但研究顯示，若能合併運用這些擴展方法，納入日常心智運作，與我們手邊所有的神經外資源一同使用，就能發揮最強效果。

巧妙運用擴展心智的方法，是一種學校與職場經常忽視、疏於培養的能力，心理學家、教育學家與管理學家多年來也不甚重視。但有效擴展的一般原則現在已經出現，就蘊藏在先前章節討論過的近代研究中。以下將討論三項原則，就像三個鏡頭，讓我們得以一窺擴展心智的大業。

第一項原則是應該培養的心智習慣，首先應該盡量**卸載**資訊，將資訊外化，從腦袋中搬移到世界。在這本書中，討論過許多資訊卸載的例子，也看見多種效益。卸載資訊就不必將大量細節「放在大腦裡」，因此能釋出心智資源，用於較為困難的工作，例如解決問題、產生構想，同時也能帶來「分離效益」，意思是我們可以憑藉感覺，檢視曾經只存在於想像中的景象或想法，而且往往也能重新感受。

最直接簡單的卸載方式，是將思想寫在紙上，但在我們這種提倡只用大腦思考的世界，這種簡單的做法往往不受青睞。從達爾文的故事，以及他在英國海軍小獵犬號所寫的航海日誌可以發現，養成**持續**卸載的習慣，包括使用日誌或野外研究筆記本，能增強我們從新的角度觀察、產生新構想的能力。史學家羅伯特．卡羅的例子證明，若將資訊卸載到**身體**可以操縱的適當空間（一整面牆大小的大綱、超大概念圖，以及多台顯示器的工作站），就能將空間推理與空間記憶能力，運用到這項資訊上。

將資訊外化須要投入更多心力，也許須要將一項工作設計成即使一部分須要全神貫注，另一部分也照樣能卸載。這就是法學教授蒙特．史密斯採用的方法。在他的指導之下，學生將撰寫法律備忘錄的工作，交由一個模型處理，自己則是全神貫注在理解並表達新獲取的法律知識。卸載並不見得需要書面語言。有時候也可以**體現**。例如做手勢時，等於是將一些想法交給雙手「拿著」，否則只能保留在腦袋。同樣的道理，用雙手移動東西，等於是將想像新配置方式的工作，卸載到這個世界，而新的配置也在這個世界、在我們眼前具體成形（舉個例子，想像室內設計師操作模型，試試家具的全新擺放方式，或是拼字遊戲的玩家重新排列字母磚，拼出新單字）。

而有些時候，卸載則是**社會性**的。我們都知道參與辯論，就能將列舉某個命題正反意見的工作，分配給參與辯論的各方，也知道建構交換記憶系統，能將監控與記憶不斷湧入的資訊的工作，卸載給同僚。卸載也會發生在人際關係的情境中，例如為了隊友著想，將自己思考過程的「痕跡」予以外化。在這種情況下，卸載不是為了減輕自己大腦的負擔，而是促進與他人的合作。

接下來第二項原則是應該盡可能將資訊轉換為作品，將資料變成**實質**的東西，再與這個東西互動，例如製作成圖表，拿來感受、把玩、給別人看。人類天生適合處理有形的東西，而非思索抽象的東西。給自己大腦一個能抓住的東西，就能擴展智慧，例如將一種物理概念，轉化為在手中旋轉的單車車輪，或是將一個外語單字，轉化為能看見、感覺得到，也能示範給別人看的手勢。「極佳工作品質」的抽象概念，可化為實質模型，當成努力的目標（還記得「奧斯汀的蝴蝶」嗎）。枯燥的理性思考，經過仔細研究、命名、追蹤身體浮現的內部訊號，就會成為一種根深柢固的體現。我們現在的生活，都在處理不斷湧入的符號，只要用點巧思，就能將這些抽象的符號，變為有形物體與感覺經驗，並能以全新的方式思考。

順著這個思路就會看到相關的第三項原則，亦即在發揮心智力量的過程中，應該盡可能改變**自己的狀態**。我們屢次看見大腦像電腦的比喻的侷限，現在更是遇到也許是這個比喻最顯著的缺陷。電腦每次收到一大堆資訊時，都會以相同方式處理，無論是運作五分鐘或五小時，無論是位於日光燈照明的辦公室，還是透入陽光的窗戶旁邊，無論旁邊還有其他台電腦，或者是現場唯一一台電腦。電腦就是這樣運作的，但人類不一樣。我們思考資訊的能力，深受接觸資訊時的狀態影響。

因此，想有效擴展心智，就必須刻意讓自己進入最適合眼前工作的狀態。例如可以先劇烈運動一段時間，再坐下來學新東西；若需要團體合作，可以尋求參與團體同步與共有的生理激發機會（例如一起吃辣）；想理解空間概念時，可以從座位上站起來，動動雙手與身體；需要補充創意時，可以規劃三天的荒野之旅；想刻意改變自己的狀態時，可以在需要重整渙散注意力的時候，到附近的公園走走；或是想確認自己的想法是否正確，就找一個討論的對象。若想智慧思考，與其將大腦當成機器盲目驅使，不如理解大腦其實是對情境敏感的器官，以正確方式使用大腦。

第二項原則是依據大腦演化出的能力，從較高層級探討心智擴展的原理。大腦完全可以感覺並移動身體，以在實體空間找到方向，並與其他人類互動。文明以這些人類的基本能力為基礎，建立了浩瀚的抽象，大腦因此必須進行並非本就擅長的符號處理與概念認知。做這些抽象的工作時，我們的能力當然會大幅增強，但矛盾的是，若要繼續進步，可能必須將整個過程顛倒過來。為了進行現代生活所需越來越複雜的思考，必須將抽象**復原**為原始身體的、空間的、社會的型態，也就是大腦依然最擅長處理的型態。

看看第四項原則，就能初步理解箇中意義。第四項原則是應該盡量**重新體現**思考的資訊。追求知識時，人們常常將思考與身體脫勾，將思想提高到大腦層面，脫離骯髒的身體。以擴展大腦為主題的研究，卻建議採取相反的路線——應該將身體拉回思考過程，例如可以將內感受訊號，作為選擇的依據。偏重資料導向的決策，常常會忽略內感受訊號的指引。同時，我們也可以用身體動作，體現那些變得抽象、脫離原本屬於實體世界的學術概念。或者也可以留意自己與其他人的手勢，再次關注早在語言出現之前就已存在多時的人類第一語言。體現認知的研究告訴我們，大腦在深層層面仍然能將抽象的概念，當成身體的動作理解，我們使用的文字即是明證（「努力達成目標」「進度落後」）。將身體拉回思考的過程，就能輔助大腦思考。

第五項原則強調人類的另一項長處——應該盡可能將思考的資訊**再度空間化**。正如安迪．克拉克所形容，我們遺傳了「雙腳上的大腦」，意思是說，大腦天生懂得選擇一條往前走的道路，也能找到回家的路。神經科學研究已經證實，大腦會將資訊，甚至或者應該說尤其是抽象的資訊，以心智圖的形式處理並儲存。我們將遇到的資訊，放入特別創造的空間，例如打造記憶殿堂，或是設計概念圖，即可發揮大腦與生俱來的空間導向。教育研究專家現在提倡「課程空間化」，意思是要求學生運用空間語言與手勢，繪製草圖與地圖，以及學會解讀並製作表格、圖表、示意圖，讓學生同時發揮並增強空間能力。空間化的課程顯然適用於幾何學之類的學科，但研究也發現，空間學習也有助於學生思考化學、生物學、歷史等學科。空間推理並不是只能在學校運用。職場提供了充分的機會，讓我們從空間的角度，再度發揮我們天生的方向感，重新思考資訊。

第六項原則能豐富我們天生的能力——應該盡量將思考的資訊**重新社會化**。在這本書中，先前已討論過，在大腦中不斷的喋喋不休，其實是一種內化的對話。同樣的道理，在學校、職場遇到的書寫文字，包括測驗、評估、人物簡介、個案研究、文章與提案，其實都是將社會交換（問題、故事、論點）寫在紙上，呈現給某個想像中的聽者或對話者。我們已經知道，將這些互動復原為實際的社會互動，確實具有很大的優勢。我們討論過的研究證實，若有其他人參與，無論是模仿其他人、跟其他人討論、與其他人交換故事、與其他人同步及合作，或是指導其他人或由其他人指導，大腦都會以不同的方式處理「相同」的資訊，而且成效更好。我們天生就是社會動物，思考過程若能加入其他人會更理想。

心智擴展的最後一項原則是退後一步思考，放大視野，也提出一個相當深奧的問題——我們到底是**哪一種**動物？我們對於自己非常特殊而奇異的人性，若沒有細膩的理解，就無法設計出有效的擴展方式。坦然面對我們的怪癖，就能創造新的心智常規，例如第七項原則所蘊含的——應該盡量創造**認知循環**，以管理思考。

正如安迪．克拉克所言，電腦科學家研發人工智慧系統所設計出的機器並不是要運算一段時間後、列印出結果、檢視印出的結果、填補一些缺漏、發送給所有同仁，再重新開始整個過程。電腦不是這樣運作，但**我們**是這樣運作的。就像克拉克常說的，我們「本就是瘋瘋癲癲的動物」。我們不時在內部認知與外部認知之間來回穿梭，在大腦、身體、世界之間來回穿梭，這有益於生理智慧發展。因此，我們應該克制衝動，不要將思考引向電腦那種輸入、輸出、搞定的線性路徑，而是允許思考走在較為蜿蜒的路徑上。

我們可以讓思想在身體各處流通，例如尋求內感受的判斷、了解手勢想表達的意思、以動作表達思想、留意在劇烈運動過程中，以及運動後所湧現的靈感。我們可以在空間中攤開思考，將大腦裝著的內容，當成一個有待標示、導航、測量與探索的領域。我們可以將想法交由認識人的大腦去思考，從他們身上得到單憑一己之力無法得到的領悟。最美妙的是，思想可以在這三個領域間循環。我們**不該**做的，是把想法一直放在腦袋裡面，一直停滯，完全不因與大腦之外的世界互動而改變。

我們是瘋瘋癲癲的動物，也是對情境敏感的動物，會回應眼前的境況。這就要提到第八項原則——應該盡可能**創造對認知友善的情境**，以管理思考。我們常常覺得大腦是很神奇、幾乎深不可測的器官，但也常常對大腦頤指氣使，當成使命必達的溫順傭人。我們告訴大腦，注意**這個**，記住**那個**，**現在**要全力以赴，達成使命。結果卻常常發現，大腦是個不可靠，甚至不敬業的僕人，注意力不集中、記憶力不可靠、時而認真時而懶散。問題就出在我們想指揮大腦。

若是不發號施令，改以營造能促進理想結果的情境，大腦的表現就會更好。

舉例來說，與其告訴學生該學習哪些內容，還不如請學生在同學面前講解。學生所做的手勢，能助長更深層的理解。與其交給員工寫滿指令的手冊，還不如營造空間與場合，方便員工與同事分享充滿默會知識的故事，而這些故事是手冊無法傳達的。與其命令團隊成員互相合作，還不如規劃一場活動（例如聚餐、健行、卡拉ＯＫ），一場必定會出現同步動作與共同生理激起的活動。創造能擴展智慧的情境，是每一個父母、老師、經理人必須學會的藝術。

心智擴展的最後一項原則是回過頭來探討自己。我們是什麼樣的動物？是一有機會，就積極擴展的動物。思考一下，神經科學與認知心理學的研究都證實，我們一旦開始使用工具，「身體基模」，也就是我們對於自己身體的形狀、大小，以及位置的感覺，就會迅速擴張，包圍整個工具，彷彿握在手中的工具，變成手臂的延伸。心智擴展也會出現類似的情形，一旦有機會擴展，尤其若是不斷出現機會，人類就會將擴展納入思考。因此就有了第九項原則——應該盡可能將**擴展機制植入**日常環境，以管理思考。

舉個例子，想想書房與工作環境，若是含有歸屬感與認同的線索，動機就會更強烈，表現就能提升。想想與一群同事長期下來一起建立的交換記憶系統，團隊成員會一起分擔關注與記憶資訊的責任。甚至可以想想室內植物，還有「綠色」牆與屋頂，經常看見大自然，有助於恢復注意力。這些擴展機制一旦內建在環境中，就能順利輔助我們的神經能力，補強智慧思考的能力。

要注意的是，這項原則有一種穩定偏誤。在實行無固定辦公桌制度的工作環境中，很難保有長久的歸屬與認同線索。在流動率高、團隊成員經常變動的工作環境中，很難建立交換記憶系統。在變動迅速、講求新奇與靈活的社會，理應尊敬維護重要心智擴張機制的努力。我們可能要等到失去這些機制，才會知道它們將我們的智慧擴展了多少。

＊＊＊

這套原則可以稱之為「擴展心智課程」，這套課程目前並沒有納入學校或職場訓練中，但我們應該要改變這種情況，任何人的教育內容，都應該包括擴展心智訓練。目前如果說有人知道該如何擴展心智，那也是他們自行領悟的結果。顯然，現在的科學研究可以證明，每個人擴展能力的發展程度確實不一樣。科學家也發現，使用傳統智力測驗的改版，就能精準評估擴展心智的能力（原版的智力測驗刻意排除每一種心智擴展，受試者不能使用計算機、網路之類的工具，也不能移動身體、重新布置環境，或是與鄰座說話）。最有意思的是，這些研究發現，測驗顯示的擴展能力，與真實世界的表現相符——實驗研究證實，擴展心智能力較健全的人，在日常生活中也更能解決問題。

二〇一九年二月，一群來自荷蘭的心理學家，以及哲學家安迪．克拉克在《自然人類行為》期刊發表一項研究。他們寫道，研究團隊要「以量化方式，研究人類智慧一種非常強大、卻少有人研究的特質——運用外部物體、道具與輔助，解決複雜問題的能力。」他們首先進行傳統智力測驗「瑞文氏標準推理測驗」。這款智力測驗從一九三八年推出以來，已在全球各地進行數百萬次。受試者必須解決一連串的幾何問題，每個幾何圖形都少了一塊。受試者必須從幾個選項中，選出一個能讓幾何圖案完整的選項（這項測驗有紙筆版本，但現在多半是以電腦版本執行）。

在標準版本的「瑞文氏測驗」中，受試者必須在腦中思考，想像每一個選項是否能填滿幾何圖形。按照測驗規則，受試者不能運用神經外資源擴展自己的大腦，必須完全依賴自己的內部推理過程。相較之下，克拉克與同僚設計的測驗版本，則讓受試者能以數位方式操作每一個選項，在螢幕上移動、拼出新的圖形。研究團隊為了評估新版本測驗的效度，邀集了荷蘭萊登大學與伊拉斯姆大學四百九十五名學生。學生隨機分為兩組，一組接受原版瑞文氏測驗，另一組接受擴展心智版的瑞文氏測驗，研究團隊會觀察第二組學生在螢幕上操作圖形的積極程度。

測驗沒多久，很快就出現了明確的結果——充分運用新互動功能的受試者，往往能找出在尚未搬移圖形之前難以找出的答案。研究團隊分析受試者在測驗期間所做的動作，發現積極擴展心智的受試者，其思考過程似乎會連續經歷幾個循環，他們會在能有效改變解決問題空間的外部行動，以及因此形成的新配置內部評估之間來回穿梭。伊拉斯姆大學心理學助理教授，也是這項研究的主要作者布魯諾．博卡尼格拉說：「我們的研究結果很明確，研究對象參與的互動量，以及他們解決問題的能力確實相關。我們看見研究對象與圖形選項互動，思考新的配置，重新評估自己的策略，再次在螢幕上互動。透過這樣一再循環，就能順利解決問題。」

最終的研究結果證實，研究對象使用可搬移的圖形，擴展自己心智的次數越多，就越能解決複雜的幾何題目。而且研究團隊還發現，擴展心智版本的測驗，比標準版的「靜態」瑞文氏測驗，更能預測學生在實驗室外的思考表現，也就是大學學業成績。研究團隊寫道，評估學生心智擴張能力的測驗，「也許也能評估傳統智力測驗無法評估的智商的另一種行為層面」。布魯諾．博卡尼格拉說：「每個人其實都會運用大量策略解決問題，只是自己沒察覺。之所以沒察覺，或多或少是因為不擅長描述自己的思考過程。他們通常不會意識到自己採取的策略，但其實還是在動用策略。我們想長期觀察，看看他們能否發展出更複雜的策略。」

博卡尼格拉發表的研究只是個開始，但不難想像，未來會有大量類似的研究。想像一種測驗，能看出一個人運用內感受、動作，以及手勢思考的能力。這個人能否吸收自然環境、設計人造環境，以及利用思想的空間，提升自己的認知？又是如何巧妙運用與專家一起思考、與同儕一起思考、與團體一起思考？這種測驗會是一種新的智力測驗，評估的是一種新的智力（這裡「新」的意思是新加入我們社會對於聰明的定義。我們從這本書已經知道，人類從遠古時期就不斷擴展自己的心智）。

博卡尼格拉說：「人類使用環境解決問題的頻率，可能遠超過我們所知。這個環境包括實體環境與社會環境。從這個角度看就會發現，我們要是以為可以將智慧當成一種內部、固有、個人的特質衡量，未免太過愚蠢。」這種測驗當然也有被誤用的可能，畢竟智力測驗常常遭到誤用，不但無法幫助人們成長，反而淪為排名、分化、排擠他人的工具。但這類誤用其實可以避免。一旦能看見心智擴展，就能自行決定該如何運用這項新知識。

我們可以先將這種測驗套用在困擾當今社會的一個問題——美國普遍的不平等現象，已經到了讓很多人看來是令人髮指、無法容忍的地步。認為現狀沒問題的人，始終主張社會與經濟不平等，只是反映了一種自然的結構性不平等，畢竟每個人天生的才華與能力本就不平等。從擴展心智的角度看，會覺得這種論點更不合理。如果智慧思考的能力確實深受神經外資源影響，那我們怎麼能繼續接受神經外資源嚴重不平等的分配？

有一項知名的思考實驗是，當代哲學家約翰·羅爾斯想設計理想的社會，但要躲在「無知之幕」後面設計，意思是設計者並不知道自己在自己創造的新世界會有怎樣的遭遇。羅爾斯寫道，要決定社會的財富與機會如何分配，「沒人知道自己在社會的地位，屬於哪一個階級。誰也不知道自己能分配到多少天生的資源、能力、智慧、力量等等」。

羅爾斯的情境乍看之下很有趣，但始終很難完全實現。畢竟我們太認同自己認定的「天生的資源與能力」，尤其是「智慧」。我們可以將擴展心智理論當成一種工具，漸漸化解這種本能的認同。我們認為天生的智慧是「身分」不可或缺的一部分，至於心智擴展的契機，在我們眼裡則是一種偶然的運氣。這種全新的概念理論，蘊含著古老且謙卑的道德觀——「多虧上帝的恩典」。承認擴展的心智確實存在，也許將能迎來擴展的心胸。

中英名詞對照

人物

三至五畫

大衛・史崔耶　David Strayer
大衛・吉爾里　David Geary
大衛・克比　David Kirby
大衛・拉奇倫　David Raichlen
大衛・庫許　David Kirsh
大衛・強森　David Johnson
大衛・雅登　David Yaden
小甘迺迪　T. R. Kennedy Jr.
小亞伯特・拉姆斯戴爾・格尼　A. R. Gurney Jr.
小約翰・皮斯普・埃克特　J. Presper Eckert Jr.
丹・史普柏　Dan Sperber
丹尼爾・丹奈特　Daniel Denett
丹尼爾・韋格納　Daniel Wegner
丹尼爾・高曼　Daniel Goldman
丹尼爾・康納曼　Daniel Kahneman
丹尼爾・舒華茲　Daniel Schwartz
丹尼爾・雷斯博格　Daniel Reisberg
戈登・奧里安斯　Gordon Orians
文森・胡格海德　Vincent Hoogerheide
比爾・布朗寧　Bill Browning
加布耶拉・葛舒密特　Gabriela Goldschmidt
加布爾・赫丘里　Gabriel Hercule
卡門・派翠克・史密斯　Carmen Petrick Smith
卡斯拉・費多斯　Kasra Ferdows
卡斯・桑斯坦　Cass Sunstein
卡斯登・史都柏　Karsten Stueber
卡爾・威尼克　Carl Wernicke
卡爾・威曼　Carl Wieman
卡爾・榮格　Carl Jung
卡蘿・杜維克　Carol Dweck
古斯塔夫・勒龐　Gustave Le Bon
史東　A. Douglas Stone
史蒂文・史洛曼　Steven Sloman

史蒂芬・古爾德 Stephen Jay Gould
史蒂芬・強森 Steven Johnson
史蒂芬・羅傑博格 Steven Rogelberg
史賓塞・凱利 Spencer Kelly
尼可拉斯・費茲 Nicholas Fitz
尼采 Friedrich Nietzsche
布萊恩・烏奇 Brian Uzzi
布萊德・阿巴特 Brad Abbott
布萊德・博德 Brad Bird
布魯諾・博卡尼格拉 Bruno Bocanegra
布蘭卡・米利沃耶維奇 Branka Milivojevic
布蘭登・傑弗瑞斯 Brendan Jeffreys
皮耶爾 Pierre

六至十畫

伊曼紐・羅茲 Emmanuel Roze
伊莉莎白・史丹利 Elizabeth Stanley
伊莉莎白・史達克 Elisabeth Stock
伊森・伯恩斯坦 Ethan Berstein
伊隆・馬斯克 Elon Musk
多爾・亞伯拉罕森 Dor Abrahamson
安卓雅・法柏・泰勒 Andrea Faber Taylor
安東尼奧・達馬西奧 Antonio Damasio
安迪・克拉克 Andy Clark
安琪拉・達克沃斯 Angela Duckworth
安・赫魯 Ann Holum
安德烈亞・帕拉第奧 Andrea Palladio
安德斯・艾瑞克森 Anders Ericsson
安德魯・梅佐夫 Andrew Meltzoff
朱爾丹先生 Monsieur Jourdain
米哈里・契克森米哈賴 Mihaly Csikszentmihalyi
米歇爾・德・蒙田 Michel de Montaigne
艾文・波曼 Evan Polman
艾倫・雪帕德 Alan Shepard
艾略特・阿隆森 Elliot Aronson
艾莉森・戈普尼克 Alison Gopnik
艾莉森・伍德・布魯克斯 Alison Wood Brooks
艾莉諾・奧克斯 Elinor Ochs
艾提爾・卓爾 Itiel Dror

艾琳諾・麥奎爾　Eleanor Maguire
艾琳諾・羅斯福　Eleanor Roosevelt
艾瑞克・格林　Erick Greene
艾瑞克・康乃爾　Eric Cornell
艾瑪雅・貝克維　Amaya Becvar
艾德加・米契爾　Edgar Mitchell
艾摩・菲利浦斯　Emo Philips
西塞羅　Cicero
亨弗里・雷普頓　Humphry Repton
亨利・貝克勒　Henri Becquerel
亨利・摩爾　Henry Moore
亨索・阿布琉　Henso Abreu
克里斯多夫・克雷茲　Christoph Kreitz
克里斯多福・亞歷山大　Christopher Alexander
克里斯多福・邁爾斯　Christopher Myers
克里斯蒂安・希斯　Christian Heath
克・泰恩　Ker Than
克莉絲汀・朗漢斯　Christine Langhanns
克勞德・斯蒂爾　Claude Steele

克雷格　A. D. Craig
克雷格・奈特　Craig Knight
希奧多・羅斯福　Theodore Roosevelt
李・克拉斯納　Lee Krasner
沃爾夫邁克爾・羅斯　Wolff-Michael Roth
沙賈汗　Shah Jahan
阿莫斯・特沃斯基　Amos Tversky
狄摩西尼　Demosthenes
貝蒂・哈特　Betty Hart
亞倫・柯林斯　Allan Collins
亞莉安・范德瓦爾　Arianne van der Wal
亞瑟・柏克斯　Arthur Burks
亞瑟・葛連伯格　Arthur Glenberg
亞歷斯・哈斯蘭　Alex Haslam
奈德・布洛克　Ned Block
尚・皮亞傑　Jean Piaget
尚恩馬丁・沙爾科　Jean-Martin Charcot
帕維爾・萊維基　Pawel Lewicki
彼得・戈德　Peter Golder

彼得・華生 Peter Wason
彼得・瑞納 Peter Reiner
拉克希米・巴拉欽卓 Lakshmi Balachandra
拉爾夫・沃爾多・愛默生 Ralph Waldo Emerson
東尼・諾伊斯 Tony Noice
東妮・朱利安諾 Toni Giuliano
林登・詹森 Lyndon B. Johnson
法布萊斯・帕曼提爾 Fabrice Parmentier
法蘭西斯・奎克 Francis Crick
法蘭克・蓋瑞 Frank Gehry
波利斯・尼可萊・康拉德 Boris Nikolai Konrad
肯尼斯・柯丁傑 Kenneth Koedinger
芭芭拉・特維斯基 Barbara Tversky
芭芭拉・麥克林托克 Barbara McClintock
芭芭拉・羅戈夫 Barbara Rogoff
金納里・阿提特 Kinnari Atit
迪米奇・夏拉波夫 Dmitry Sharapov
保羅・巴威爾 Paul Barnwell
保羅・布洛卡 Paul Broca

保羅・布魯姆 Paul Bloom
南希・史坦恩 Nancy Stein
哈利・法蘭西斯・馬格雷夫 Harry Francis Mallgrave
哈琳娜・阿布洛莫維奇 Halina Abromowicz
威廉・巴特勒・葉慈 William Butler Yeats
威廉・布雷克 William Blake
威廉・麥克尼爾 William McNeil
威廉・麥克杜格爾 William McDougall
威廉・詹姆士 William James
威廉・蘇利文 William Sullivan
查爾斯・威爾森 Charles Wilson
查爾斯・韋納 Charles Weiner
柯林・艾拉德 Colin Ellard
派翠西雅・庫爾 Patricia Kuhl
珊蒂・潘特蘭 Sandy Pentland
珍娜・布朗 Janet Browne
約書亞・阿隆森 Joshua Aronson
約書亞・韋森 Joshua Wesson

約書亞・康拉德・傑克森　Joshua Conrad Jackson
約納斯・沙克　Jonas Salk
約瑟夫・諾伐克　Joseph Novak
約瑟夫・錢尼奇　Joseph Chinnici
約翰・安德考夫勒　John Underkoffler
約翰・安德頓　John Anderton
約翰・希利・布朗　John Seely Brown
約翰・希爾勒　John Searle
約翰・沃克　John Walker
約翰・哈維・凱洛格　John Harvey Kellogg
約翰・洛克　John Locke
約翰・科茨　John Coates
約翰・莫奇利　John Mauchly
約翰・麥頓　John Mighton
約翰・斯本格勒　John Spengler
約翰・普芬布拉克　John Puthenpurackal
約翰・繆爾　John Muir
約翰・羅爾斯　John Rawls
胡戈・梅希爾　Hugo Mercier

胡安・路易斯・維韋斯　Juan Luis Vives
埃德溫・哈欽斯　Edwin Hutchins
恩立奎・巴迪亞　Enrique Badía
朗恩・博格　Ron Berger
泰絲・佩普　Tess Pape
海爾嘉・諾伊斯　Helga Noice
班・瓦伯　Ben Waber
班傑明・梅格　Benjamin Meagher
班傑明・富蘭克林　Benjamin Franklin
班・普利摩爾　Ben Pridmore
索倫・齊克果　Søren Kierkegaard
茱莉・舒懷澤　Julie Schweitzer
茱蒂絲・歐森　Judith Olson
馬丁・卓斯勒　Martin Dresler
馬丁・保拉斯　Martin Paulus
馬克・芬頓歐克雷維　Mark Fenton-O'Creevy
馬克・博曼　Marc Berman
馬克斯・貝爾　Markus Baer
馬克斯・普朗克　Max Planck

馬利斯・阿柏林斯 Maris Abolins
馬修・史耐普 Matthew Snapp
馬修・李伯曼 Matthew Lieberman
馬庫斯・法比尤斯・昆體良 Marcus Fabius Quintilianus
馬諾斯・薩基利斯 Manos Tsakiris

十一至十五畫

強納森・海特 Jonathan Haidt
曼努拉・馬塞多尼亞 Manuela Macedonia
梅樂蒂・貝里 Meredith Berry
梅樂蒂・洛維 Meredith Rowe
梭羅 Henry David Thoreau
理察・柯因 Richard Coyne
理察・泰勒 Richard Taylor
理察・爾文 Richard Irvine
笛卡兒 René Descartes
莫希・巴爾 Moshe Bar
莫里哀 Molière
莫琳・辛克 Maureen Zink
陶德・瑞斯里 Todd Risley
麥克・福爾 Michael Foale
麥爾康・葛萊威爾 Malcolm Gladwell
傑夫・費德勒 Jeff Fidler
傑・艾普頓 Jay Appleton
傑克森・波拉克 Jackson Pollock
傑拉德・泰利斯 Gerard Tellis
傑拉德・馬丁 Gerald Martin
凱文・尼芬 Kevin Kniffin
凱文・拉蘭 Kevin Laland
凱莉・安・迪克森 Kerry Ann Dickson
凱瑟琳・伊斯比斯特 Katherine Isbister
凱瑟琳・舒茲 Kathryn Schulz
喬・卡巴金 Jon Kabat-Zinn
喬伊・赫許 Joy Hirsh
喬治斯・埃德 Georges Aad
喬許・弗爾 Joshua Foer
斐德利克・葛霍 Frédéric Gros

湯尼・舒瓦茲 Tony Schwartz
湯瑪斯・艾倫 Thomas Allen
華特・傑克森・貝特 Walter Jackson Bate
華特・費里曼 Walter Freeman
菲利普・迪克 Philip K. Dick
菲利普・強森 Philip Johnson
費德里克・達・蒙特費爾卓 Federico da Montefeltro
費德芮卡・史多勒 Fredricka Stoller
費德瑞克・瓦萊圖朗若 Frédéric Vallée-Tourangeau
費德瑞克・米什金 Frederic Mishkin
費德瑞克・奧姆斯德 Frederick Law Olmsted
費德瑞克・溫斯洛・泰勒 Frederick Winslow Taylor
雅尼克・喬伊 Yannick Joye
奧芙塞特・阿布迪諾夫 Ovsat Abdinov
奧黛麗・弗拉克 Audrey Flack
奧薩瑪・阿布塞德 Ossama AbouZeid

愛德華・威爾森 E. O. Wilson
愛德華・柯貝特 Edward P. J. Corbett
愛德華・瓊斯 Edward Ellsworth Jones
瑞秋・薛爾 Rachel Scherr
葛妮絲・派特洛 Gwyneth Paltrow
葛拉罕・布朗 Graham Brown
葛雷格里・布萊曼 Gregory Bratman
葛雷格里・勞倫斯 Gregory Laurence
詹姆士・華生 James Watson
賈拉爾・阿布杜拉 Jalal Abdallah
路克・藍戴爾 Luke Rendell
路易斯・康 Louis Kahn
道格拉斯・安德森 Douglas Anderson
達契爾・克特納 Dacher Keltner
雷內・奇濟爾塞克 René Kizilcec
雷貝嘉・索尼特 Rebecca Solnit
圖密善皇帝 Domitian
熙安・貝洛克 Sian Beilock
瑪莉切拉・柯莉亞查維茲 Maricela Correa-

Chávez
瑪莉·居禮 Marie Curie
瑪莉·墨菲 Mary Murphy
瑪琳·羅賓森 Marin Robinson
瑪瑞麗·奧佩佐 Marily Oppezzo
翠西·史密斯 Tracy Smith
蒙特·史密斯 Monte Smith
蓋瑞·歐森 Gary Olson
蜜雪兒·庫克 Michele Cooke
赫柏特·萊特 Herbert Wright
赫爾曼·穆勒 Hermann Müller
德瑞克·帕菲特 Derek Parfit
潔茵·克拉克 Jean Clarke
潔茵·芭蒂克 Jean Bartik
黎東瑩 Dongying Li

十六畫以上

霍華德·嘉納 Howard Gardner
戴維·查爾莫斯 David Chalmers
薇薇安·安莉 Vivien Ainley
黛安娜·艾利亞 Diana Arya
黛安娜·奈雅德 Diana Nyad
黛芙娜·奧塞曼 Daphna Oyserman
簡麥克·羅斯 Jan-Michael Ross
薩特延卓·納斯·玻色 Satyendra Nath Bose
薩普娜·雪莉安 Sapna Cheryan
羅丹 Auguste Rodin
羅伯特·卡羅 Robert Caro
羅伯特·佛洛斯特 Robert Frost
羅伯特·波爾 Robert Ball
羅伯特·莫西斯 Robert Moses
羅伯特·菲爾德 Robert Feld
羅伯特·費茲羅伊 Robert FitzRoy
羅伯特·薩頓 Robert Sutton
羅罕·席爾瓦 Rohan Silva
羅素·施威卡特 Rusty Schweickart
羅傑·巴克 Roger Parker
羅傑·烏立奇 Roger Ulrich

麗茲・凱普蘭　Lizzy Caplan
麗莎・布萊克威爾　Lisa Blackwell
麗莎・薩尼可拉　Lisa Sarnicola
寶拉・賀泰爾　Paula Hertel
蘇西・奧巴赫　Susie Orbach
蘇珊・戈丁梅朵　Susan Goldin-Meadow
蘇珊・費雪　Susan Fischer
蘭斯洛特・布朗　Lancelot Brown
露絲・貝德・金斯伯格　Ruth Bader Ginsburg
蘿倫・安柏森　Lauren Emberson
蘿絲瑪莉・艾本　Rosemarie Aben

心理學專有名詞

互動大腦假說　interactive brain hypothesis
互動性　interactivity
內感受　interoception
分布認知　distributed cognition
分離效益　detachment gain
反芻思考　rumination
功能特性　affordance
外部記憶　external memory
本質主義　essentialism
交換記憶　transactive memory
共同注意力　shared attention
共有作品　shared artifacts
成長心態　growth mindset
位置記憶法　method of loci
助益作用　productive agency
刻板印象威脅　stereotype threat
注意力流失效應　attention drainage effect
社會分配認知　socially distributed cognition
社會編碼優勢　social encoding advantage
建設性的爭議　constructive controversy
思考能力評估測驗　Thinking Skills Assessment
負責效應　accountability effect
重演的同理心　re-enactive empathy
偏誤　biases
啟發式教育法　heuristics

情境認知　situated cognition
情緒耗竭　emotional exhaustion
組集　chunking
華生選擇作業　Wason Selection Test
視覺合作假設　cooperative eye hypothesis
間歇合作　intermittent collaboration
集體智慧　collective intelligence
概念構圖　concept mapping
瑞文氏標準推理測驗　Raven Advanced Progressive Matrices
蜂巢開關　hive switch
團體心智　group mind
團體思維　groupthink
團體厭惡　grouphate
認知反思測驗　Cognitive Reflection Test
認知再評估　cognitive reappraisal
認知紅利　cognitive extra
認知個人主義　cognitive individualism
認知學徒制　cognitive apprenticeship
誤差修剪　error pruning
輕度入迷　soft fascination
影片缺失　video deficit
穀倉效應　silo effect
諷刺漫畫優勢　the caricature advantage
默會知識　tacit knowledge
嬰兒經驗失憶　infantile amnesia
環境歸屬感　ambient belonging
驗證性偏誤　confirmation bias
體感認知　embodied cognition

單位／機構

ISM管理與經濟學大學　ISM University of Management and Economics
大都會藝術博物館　Metropolitan Museum of Art
中西部心理學田野研究站　Midwest Psychological Field Station
巴布森學院　Babson College
巴伊蘭大學剛達多領域大腦研究中心　Gonda

Multidisciplinary Brain Research Center at Bar-Ilan University
巴耶西托小學　Vallecito Elementary School
加州州立大學洛杉磯分校　California State University, Los Angeles
加州河濱大學　University of California, Riverside
加州能源委員會　California Energy Commission
加州聖地牙哥大學　University of California, San Diego
加州聖塔克魯茲大學　University of California, Santa Cruz
加州爾灣大學　University of California, Irvine
加州戴維斯大學　University of California, Davis
北卡羅來納夏洛特大學　University of North Carolina at Charlotte
北德州大學　University of North Texas
卡文迪希實驗室　Cavendish Laboratory
可汗學院　Khan Academy
史丹福大學預防研究中心　Stanford Prevention Research Center
史登商學院　Stern School of Business
布萊頓與薩塞克斯醫學院　Brighton and Sussex Medical School
本篤會　Benedictine
白宮資訊與監管事務辦公室　White House Office of Information and Regulatory Affairs
伊拉斯姆大學　Erasmus University
伊莉莎白女王小學　Queen Elizabeth's Grammar School
全錄帕羅奧多研究中心　Xerox PARC
印第安納布魯明頓大學　Indiana University Bloomington
西北大學　Northwestern University
佛蒙特大學　University of Vermont
克列琉小學　Clearview Elementary School
沙加緬度市政府公用事業部　Sacramento Municipal Utility District
沙克研究院　Salk Institute

里昂商學院 Emlyon Business School
亞西西的聖方濟各聖殿 Basilica of Saint Francis of Assisi
亞利桑那州立大學 Arizona State University
和平號太空站 Mir
拉德堡德大學 Radbound University
法國國家科學研究中心 National Center for Scientific Research (CNRS)
法國國家圖書館 Bibliothèque Nationale
波茨坦大學 University of Potsdam
芝加哥大學 University of Chicago
芬恩溪高中 Fern Creek Traditional High School
威斯康辛麥迪遜大學 University of Wisconsin–Madison
帝博大學 DePaul University
查爾姆斯理工大學 Chalmers University
柯蓋德大學 Colgate University
約翰克卜勒林茲大學 Johannes Kepler University
美國國家醫學院 Institute of Medicine

美國聯邦航空總署 Federal Aviation Administration
耶夫勒大學 University of Gävle
耶魯大學普魯夫教學中心 Yale University Poorvu Center for Teaching and Learning
倫敦大學皇家哈洛威學院 Royal Holloway, University of London
倫敦國王學院 King’s College London
唐塞德修道院 Downside Monastery
唐德斯大腦認知與行為研究院 Donders Institute for Brain, Cognition and Behaviour
埃爾姆赫斯特大學 Elmhurst University
海軍醫療中心 Naval Medical Center
紐約市立大學利曼學院 Lehman College of the City University of New York
索邦大學 Sorbonne University
馬克斯普朗克學會 Max Planck Institute
馬里蘭大學醫學中心 University of Maryland Medical Center

基森尤斯圖斯李比希大學 Justus Liebig University
梅奧醫院 Mayo Clinic
現代藝術博物館 Museum of Modern Art
麻州阿默斯特大學 University of Massachusetts Amherst
凱尼恩學院 Kenyon College
凱瑞商學院 Carey Business School
凱瑟帕曼南特南舊金山醫學中心 Kaiser Permanente South San Francisco Medical Center
凱瑟琳格林領導與永續學院 Kathleen Grimm School of Leadership and Sustainability
喬治城大學 Georgetown University
普蘭特高中 H. B. Plant High School
硝石庫慈善大學醫院 Hôpital Universitaire Pitié-Salpêtrière
萊登大學 Leiden University
開放大學 The Open University
奧勒岡大學 University of Oregon
瑞典皇家科學院 Royal Swedish Academy of Sciences
聖保羅座堂 St. Paul's Cathedral
維吉尼亞理工學院 Virginia Tech
維吉尼亞聯邦大學 Virginia Commonwealth University
維多利亞大學 University of Victoria
賓州大學理查茲醫學研究實驗室 Richards Medical Research Laboratories at the University of Pennsylvania
摩爾電機工程學院 Moore School of Electrical Engineering
邁阿密大學 Miami University
韓國電力公社 Korea Electric Power Corporation, KEPCO
薩塞克斯大學 University of Sussex
醫療研究與品質管理局 Agency for Healthcare Research and Quality

書籍／媒體

《人非聖賢，孰能無過》 *To Err Is Human*
《人格狂熱》 *The Cult of Personality*
《人類績效》 *Human Performance*
《大腦這樣記憶，什麼都學得會》 *Moonwalking with Einstein*
《中產階級紳士》 The Middle Class Gentleman
《內外科護理》 *MEDSURG Nursing*
《分析》 *Analysis*
《化學寫作》 *Write Like a Chemist*
《天真與經驗之歌》 *Songs of Innocence and of Experience*
《心理學原理》 *The Principles of Psychology*
《心態致勝》 *Mindset*
《犬狼之間的時刻》 *The Hour Between Dog and Wolf*
《生理學與衛生學的第一本書》 *First Book in Physiology and Hygiene*
《羊》 *Sheep Piece*
《自然》 *Nature*
《自然人類行為》 *Nature Human Behaviour*
《艾尼亞斯記》 *Aeneid*
《快思慢想》 Thinking, Fast and Slow
《走路，也是一種哲學》 *A Philosophy of Walking*
《物理評論快報》 *Physical Review Letters*
《物理學期刊》 *Zeitschrift für Physik*
《物種起源》 *The Origin of Species*
《阿爾比恩女兒們的夢幻》 *Visions of the Daughters of Albion*
《哈佛商業評論》 *Harvard Business Review*
《建築模式語言》 *A Pattern Language*
《恆毅力》 *Grit*
《星際大戰》 *Star Wars*
《星際爭霸戰》 *Star Trek*
《秋韻》 *Autumn Rhythm*
《科學》 *Science*
《科學人》 *Scientific American*
《科學報告》 *Scientific Reports*

《美國生物教師》 *The American Biology Teacher*
《美國放射醫學學會期刊》 *Journal of the American College of Radiology*
《美國國家科學院院刊》 *Proceedings of the National Academy of Sciences*
《耶路撒冷》 *Jerusalem*
《料理鼠王》 *Ratatouille*
《烏合之眾》 *The Crowd: A Study of the Popular Mind*
《閃光物質》 *Shimmering Substance*
《參議院之王》 *Master of the Senate*
《崛起之道》 *Means of Ascent*
《推理之謎》 *The Enigma of Reason*
〈散步〉 *Walking*
《發現空氣的人》 *The Invention of Air*
《超人特攻隊》 *The Incredibles*
《團體心智》 *The Group Mind: A Sketch of the Principles of Collective Psychology*
《演講學校》 *Institutio Oratoria*
《管理學刊》 *Academy of Management Journal*
《辣妹過招》 *Mean Girls*
〈獨處〉 *Of Solitude*
《餐廳》 *The Dining Room*
〈擴展的心智〉 *The Extended Mind*
《雙面情人》 *Sliding Doors*
《關鍵報告》 *Minority Report*
《權力掮客》 *The Power Broker*

地點

大道樂園 Midway Plaisance
川騰花園 Trentham Gardens
內華達山脈 Sierras
巴拉那河 Rio Paraná
卡拉卡拉浴場 Baths of Caracalla
古比奧 Gubbio
史泰登島 Staten Island
布萊恩特公園 Bryant Park
朴次茅斯 Portsmouth

伯肯希德公園 Birkenhead Park
坦帕 Tampa
拉霍拉 La Jolla
波爾多 Bordeaux
舍本郡 Sherburne County
長島灣 Long Island Sound
阿爾泰霍 Arteixo
南布萊克斯東大道 South Blackstone Avenue
南岸路 South Shore Drive
美國銀行大樓 Bank of America Tower
海角點 Promontory Point
海德公園區 Hyde Park
密西根湖 Lake Michigan
傑克森公園 Jackson Park
博納克溪 Bonac Creek
斯普林斯 Springs
圓廳別墅 Villa Rotonda
奧本 Auburn
奧斯卡盧薩 Oskaloosa
聖拉斐 San Rafael
路易維爾 Louisville
雷迪奇 Redditch
蓋茲電腦科學大樓 Gates Computer Science Building
歐卡萬哥三角洲 Okavango Delta
霍恩卡斯爾 Horncastle
優勝美地谷 Yosemite Valley
羅徹斯特 Rochester

其他

中央下區 subcentral area
化石森林 fossil forest
太空投資人 Space Investor
木工鑲嵌術 intarsia
世界記憶錦標賽 World Memory Championship
功能性近紅外線光譜 functional near-infrared spectroscopy, fNIRS
史賓塞教育報導獎學金 Spencer Education

Reporting Fellowship
布洛卡皮質區 Broca's area
立體異構物 stereoisomers
同儕評量法 peer-to-peer assessment technique
自利偏誤 self-serving bias
艾倫曲線 Allen curve
克氏循環 Krebs cycle
利他能 Ritalin
希格斯玻色子 Higgs boson mass
沉降 subsidence
定錨效應 anchoring effect
易得性捷思法 availability heuristic
空氣鳳梨 tillandsias
哈扎人 Hadza
威尼克氏區 Wernicke's area
恆河猴 rhesus monkeys
活動測量計 actometer
玻色—愛因斯坦凝態 Bose–Einstein condensate
美洲虎紋鳳蝶 tiger swallowtail butterfly
美洲盃帆船賽 America's Cup
美國海軍帛琉號 U.S.S. Palau
香龍血樹 corn plants
浮雕蝕刻 relief etching
神經建築學 neuroarchitecture
能量劇院 Energy Theater
高能粒子 energetic particles
培樂多黏土 Play-Doh
密集隊形教練 close-order drill
康考特學術講座 Concord Lyceum
彩飾本 illuminated books
眼動追蹤 eye tracking
鳥眼辣椒 bird's eye chilies
智人 Homo sapiens
最後通牒賽局 ultimatum game
棕狒狒 olive baboon
碎形 fractals
誠實信號 honest signal
電子數值積分器及計算機 Electronic Numerical

Integrator and Computer

預期反應　anticipatory response

對應問題　correspondence problem

滴畫　drip painting

語音傳輸指數　Speech Transmission Index

暫時性額葉功能低下　transient hypofrontality

膝下前額葉皮質　subgenual prefrontal cortex

蔓綠絨　philodendrons

凝血酶調節素　thrombomodulin

學科寫作　disciplinary writing

靜默駕駛艙規則　sterile cockpit rule

龜背芋　monsteras

總觀效應　overview effect

藉由都市自然環境體驗恢復　Restoring Through Urban Nature Experience

瀝青鈾礦　pitchblende

羅莎琳卡特心理衛生報導獎學金　Rosalynn Carter Mental Health Journalism Fellowship

在大腦外思考

各領域專家如何運用身體、環境、人際關係，打破只靠大腦思考、決策、學習、記憶的侷限

作者　安妮・墨菲・保羅（Annie Murphy Paul）
譯者　龐元媛
主編　劉偉嘉
特約編輯　楊鈺儀
校對　魏秋綢
排版　謝宜欣
封面　萬勝安
社長　郭重興
發行人兼出版總監　曾大福
出版　真文化／遠足文化事業股份有限公司
發行　遠足文化事業股份有限公司
地址　231 新北市新店區民權路 108 之 2 號 9 樓
電話　02-22181417
傳真　02-22181009
Email　service@bookrep.com.tw
郵撥帳號　19504465 遠足文化事業股份有限公司
客服專線　0800221029
法律顧問　華陽國際專利商標事務所　蘇文生律師
印刷　成陽印刷股份有限公司
初版　2022年3月
定價　460元
ISBN　978-986-06783-7-6

歡迎團體訂購，另有優惠，請洽業務部 (02)2218-1417 分機 1124、1135

國家圖書館出版品預行編目 (CIP) 資料

在大腦外思考：各領域專家如何運用身體、環境、人際關係，打破只靠大腦思考、決策、學習、記憶的侷限／安妮・墨菲・保羅（Annie Murphy Paul）著；龐元媛譯 .
-- 初版 .-- 新北市：真文化出版，遠足文化事業股份有限公司發行，2022.03
面；公分 --（認真職場；20）
譯自：The extended mind : the power of thinking outside the brain
ISBN 978-986-06783-7-6（平裝）
1. CST: 思考 2. CST: 認知心理學
176.4　111000425